행복의 공식

최대한 쉽게 설명해 드립니다

DIE GLUECKSFORMEL by Stefan Klein

© 2002, 2014 Stefan Klein
Korean Translation Copyright © 2020 by EWHA Books
All rights reserved.
The Korean language edition is published by arrangement with Stefan Klein c/o Landwehr & Cie.
KG through MOMO Agency, Seoul.

이 책의 한국어판 저작권은 모모 에이전시를 통해 Stefan Klein c/o Landwehr & Cie.
KG 사와의 독점 계약으로 "이화북스"에 있습니다.
저작권법에 의해 한국 내에서 보호를 받는 저작물이므로 무단전재와 무단복제를 금합니다.

행복의 공식, 최대한 쉽게 설명해 드립니다

초판 1쇄	찍은 날 2020년 7월 20일
초판 1쇄	펴낸 날 2020년 7월 27일
지은이	슈테판 클라인
옮긴이	김영옥
발행인	육혜원
발행처	이화북스
등 록	2017년 12월 26일(제2020-000-138호)
주 소	서울특별시 마포구 월드컵북로 400 서울산업진흥원 5층 15호
전화	02-2691-3864
팩스	031-946-1225
전자우편	ewhabooks@naver.com
편집	함소연
디자인	책은우주다
마케팅	임동건
ISBN	979-11-90626-02-6 (04300)

이 도서의 국립중앙도서관 출판예정+도서목록(CIP)은 서지정보유통지원시스템 홈페이지 (http://seoji.nl.go.kr)와
국가자료공동목록시스템(http://www.nl.go.kr/kolisnet)에서 이용하실 수 있습니다.(CIP제어번호: CIP2020029578)

전 세계 언론이 격찬한
행복 사용설명서

행복의 공식

최대한 쉽게 설명해 드립니다

슈테판 클라인 지음
김영옥 옮김

이화북스

자기만의 행복 공식을 찾아 떠나는 행복 탐구 여행!

행복과 마주치는 방식은 사람마다 다르다. 어떤 사람은 이른 아침 이슬 머금은 잔디 위를 맨발로 달릴 때 행복을 느끼는가 하면, 어떤 사람은 아이를 품에 안고 있을 때 행복을 느끼기도 한다. 섹스를 통해 행복을 맛볼 수도 있으며, 새로 장만한 옷이나 구운 소시지 또는 모차르트의 피아노협주곡 13번을 통해 행복을 맛볼 수도 있다. 아니면 이 모든 것이 없음으로 인해서 행복을 느낄 수도 있다. 참선을 하는 스님은 공空으로 깊숙이 침잠할 때 행복을 느끼지 않던가.

행복이란 어떤 느낌인가? 뉴질랜드 출신의 영국 소설가 캐서린 맨스필드Katherine Mansfield는 황홀경의 순간을 "마치 오후의 태양 한 조각을 삼킨 것처럼"이라고 묘사한다. 우리 모두는 이러한 느낌을 좇아 내달린다. 그러나 이러한 느낌은 언제나 예기치 않은 순간에 우리를 찾아오고, 제대로 음미하기도 전에 사라져 버린다. 행복을 좀 더 자세히 살펴서 도대체 우리가 어떤 규칙에 따라 행복을 느끼는지 알아낼 시간은 주어지지 않는다.

나는 뇌 연구자인 빌라야누르 라마찬드란Vilaynur Ramachandran을 만나러 캘리포니아로 갔다. 인도 출신의 천재적이면서도 기이한 이 학자는 '신의 모듈'이라는 뇌 이론을 발표하여 세인의 주목을 받았다. 또 그는 수술로 이미 절단된 상처 부위가 여전히 몸에 남아 있는 듯 느끼며 통증을 호소하는 사람들을 특정한 방식으로 정렬된 거울들을 들여다보게 함으로써 치료했다. 「뉴스위크」는 그를 21세기에 큰 영향을 끼칠 100명의 인물 중 한 사람으로 뽑았다. 우리는 사람들이 자기 자신에 대해 얼마나 무지한가에 대해 이야기를 나누었다. 대화를 나누는 동안 그는 끊임없이 자신의 사무실을 채우고 있는 뇌 모형들과 망원경들(그는 취미로 천문학을 연구하고 있었다) 그리고 힌두 신들의 조각상 사이를 왔다 갔다 했다. 그는 한시도 가만히 앉아 있지 못하는 사람이었다. 그러다 갑자기 인도식 색채가 강한 리드미컬한 그의 영어 사이로 "우리는 행복이 무엇인지조차 알지 못하고 있지요"라는 말이 폭발하듯 튀어나왔다.

그것이 바로 이 책을 쓰게 된 계기였다. 나는 행복이 무엇인지 알고 싶었다. 행복을 어디서 찾을 수 있는지 알 수만 있다면 기꺼이 찾고 싶다는 개인적인 희망이 적지 않았다. 또 다른 추동력은 호기심이었다. 호기심이야말로 자연과학자와 언론인들의 직업병이 아니던가. 나 또한 자연과학자이자 언론인이었던 것이다.

자료들을 파고들수록, 그리고 좀 더 많은 연구자들과 동·서의 현자들 혹은 지극히 평범한 사람들과 이야기를 나눌수록 나는 스스로도 놀랄 만한 사실을 발견하게 되었다. 오늘날 우리는 행복이 무엇인지에 대해 상당히 많은 것을 알고 있다! 그러니까 라마찬드란이 틀린 셈이다. 그렇지만 행복에 대한 이러한 지식의 상당 부분은 여전히 사람들의 손이 닿지 않는 곳에 놓여 있다. 수많은 논문들에 실려 있는 이 지식에 대해 많은 사람들은 그 어떤 해석도 하지 못하며, 심지어 많은 것들이 아직 발표도 되지 않은 상태이다. 따라서 이러한 통찰들을 바탕으로 행복에 대한 하나의 일관된 이미지를 만드는 일과 모든 사람이 이해하고 사용할 수 있도록 기술하는 일은 아직 진행되지 않았다. 그렇기 때문에 내가 이 책을 통해 그것을 이루고자 한다.

행복이라는 감정, 즉 세속적 범주를 초월하는 것 같은 이 복합적인 감정을 학문적으로 연구할 수 있다는 말을 들으면 여러분은 의아해 할지도 모른다. 그러나 불행에 대한 연구는 오래전에 시작되지 않았던가. 임상심리학자들은 이미 오래전부터 즐겁지 않은 감정들을 탐구해 왔다. 뇌를 연구하는 학자들 역시 분노나 공포 또는 절망감이 어떻게 생기는지에 대해 연구했다. 이들의 연구 결과를 바탕으로 의료 산업체들은 우울증 환자를 위한 의약품들을 생산해 왔다. 이들의 연구 결과는 많은 환자에게 도움을 주고 있다. 그러나 행복에 관한 한 스스로를 전문가라고 여기는 사람은 없었다.

하지만 사정이 바뀌었다. 이제 뇌 연구자들은 좋은 느낌에도 관심을 기울인다. 짧은 시간에 그들은 놀랄 만한 성과를 이루어 냈다.

얼마 전까지만 해도 공상과학에 속하던 많은 일들이 오늘날 실험실에서 현실이 되고 있다. 촬영 기술의 발달은 생각하고 느낄 때 뇌가 어떤 상태에 있는지 관찰할 수 있도록 해 준다. 예를 들면 우리가 사랑하는 사람을 생각할 때 머릿속에서 어떻게 기쁨이 생겨나는지 보여 주는 것이다. 분자생물학은 그때 1,000억 개에 달하는 우리의 뇌세포에 무슨 일이 생기는지를 분명하게 알려 준다. 또 심리학적 시도들을 통해 우리는 내부의 이러한 변화들이 행동에 어떤 영향을 끼치는지 알 수 있다. 이렇듯 좋은 감정은 어떻게 생기는지에 대한 탐색이 종합적으로 이루어지고 있다.

이로써 우리는 예전부터 사람들이 늘 제기해 왔던 다음과 같은 질문들에 새롭게 접근할 수 있게 되었다. 행복은 불행의 반대말일 뿐인가? 행복은 유전되는가? 화는 발산하면 사라지는가? 행복한 순간들을 연장시킬 수 있는가? 돈은 행복을 가져다주는가? 우리는 평생 한 사람만을 사랑할 수 있는가? 과연 최고의 행복은 무엇인가?

이 질문들에 대한 답변에서 가장 중심적인 역할을 하는 것은 뇌연구 분야에서 비교적 최근에 얻어진 두 가지 통찰이다. 첫 번째 통찰은 좋은 느낌을 생산해 내는 뇌의 부분들에 대한 것이다. 우리 머리에는 기쁨과 즐거움 그리고 환호를 위한 회로들이 설치되어 있다. 말하자면 우리는 '행복체계'를 가지고 있다. 그래서 우리는 말할 줄 아는 능력을 가지고 태어나는 것처럼 좋은 느낌들을 위한 장치도 갖고 태어난다. 이 발견은 지난 세기에 무의식의 심연을 다룬 프로이트의 이론이 그러했던 것처럼 인간에 대한 우리의 이미지를 규정하게 될 것이다.

다른 통찰은 좀 더 놀라운 내용을 담고 있다. 즉 성장한 사람의 뇌도 계속해서 변한다는 사실이다. 수십 년 전 학자들은 뇌 또한 뼈와 마찬가지로 늦어도 사춘기가 끝나 갈 때쯤이면 성장이 완료된다고 믿고 있었다. 그러나 사실은 정반대이다. 언제든 우리가 무엇인가를 배우면 우리 뇌에 있는 회로 방식들은 변화한다. 새로운 그물코들이 신경세포 조직에 연결되는 것이다. 현미경을 통해 우리는 이러한 변화들을 눈으로 볼 수도 있다. 이 책을 다 읽고 난 다음 여러분의 뇌는 이전과는 다른 모습을 띠고 있을 것이다!

생각뿐만 아니라 감정도 이러한 변화를 일으킨다. 다시 말해서 올바른 연습을 통해 행복의 가능성을 높일 수 있다. 우리는 외국어를 습득하듯, 이 좋은 감정들에 대한 생물학적 본성을 훈련시킬 수 있다.

우리는 유전자 연구가 가져온 인식에 매료당해 유전적 상태에서 우리의 존재와 특성에 대한 해답을 찾으려는 경향이 있다. 그러나 우리는 이러한 선천적 조건들이 오로지 삶의 방식과 맺는 관계 속에서만 그 효과를 나타낸다는 사실을 쉽게 간과한다. 우리가 얼마나 행복한가 하는 문제는 우리의 유전자뿐 아니라 주변 환경과 문화에 달려 있다. 따라서 이 책은 뇌에서 행복이 발생하는 현상에만 주목하지 않고, 이러한 과정들이 비로소 가능하도록 영향을 미치는 일상의 문화적 현상과 사건들에도 주목하고자 한다.

독일에서 행복은 그리 오랜 전통을 갖고 있지 않다. 독일 사람들은 행복을 불신해 왔다. 이들은 행복에 대한 이와 같은 무관심의 대가를 톡톡히 치르고 있다. 독일 사람 다섯 명 중 한 명은 살면서 적어도 한 번은 공포나 우울증 같은 심리적 장애에 시달리며, 심지어 수주일 간 지속되는 우울증에 시달린다. 그리고 해마다 1만 명이 넘는 사람들이 심리적 고통에 시달리다 못해 자살을 기도한다.

심한 우울증의 빈도는 모든 산업국가에서 급격하게 높아지고 있다. 무엇보다 심각한 것은 우울증이 발생하는 연령이 점점 낮아지고 있다는 사실이다. 이 심각한 질병은 점점 확산되어, 앞으로 그 어떤 육체적, 정신적 질병보다 더 많은 피해를 가져올 것이다. 어쩌면 우울증은 21세기의 페스트가 될지도 모른다.

물론 불행하다고 해서 반드시 심리적 질병에 시달리는 것은 아니다. 그럼에도 일상적인 상심과 심각한 우울증은 사람들이 오랫동안 생각해 왔던 것보다 훨씬 더 긴밀하게 연결되어 있다. 두 가지 모두 뇌에서 일어나는 유사한 과정의 결과인 것이다. 그렇기 때문에 그에 대항하는 훈련을 해야 한다. 우울증이라는 역병이야말로 행복의 문화가 얼마나 시급한지를 보여 주지 않는가.

"기쁨은 정신이 좀 더 완벽한 상태로 옮겨 가는 것이다"라고 스피노자는 말했다. 그에 따르면 "고통은 그와는 반대로 정신이 좀 더 낮은 단계로 옮겨 가는 것이다".

그러나 기쁨은 정신에만 영향을 끼치는 것이 아니다. 기쁨은 그 무엇보다도 육체에 영향을 끼친다. 불행은 육체를 철저하게 망가뜨리지만, 행복은 육체를 새로 일으켜 세운다. 최근의 연구 결과들은 몸과 정신 사이의 관계를 새롭게 조명한다. 그것은 이전의 학자들이 오랫동안 간과해 왔던 일이다. 지속되는 공포와 상심은 건강을 위협하는 위험을 내포하고 있다. 그것들은 곧 스트레스를 의미하기 때문이다. 예를 들어 스트레스는 심장마비나 뇌졸중으로 사망할 위험을 높인다. 그에 반해 자신의 우울한 기분을 적당히 조절하고 기쁨을 강화시키는 법을 배운 사람은 자신의 육체를 잘 돌보게 된다. 좋은 느낌들은 스트레스와 그로 인한 건강 악화를 막아 줄 뿐만 아니라 면역 체계를 자극하기까지 한다.

좋은 느낌은 우리의 정신이 훌륭한 업적을 낳도록 도와준다. 행복한 사람들은 창의적이다. 많은 연구 결과가 보여 주듯이 행복한 사람들은 문제를 빨리, 더 좋게 해결한다. 행복은 사람을 현명하게 만든다. 그것도 짧은 한순간만이 아니라 지속적으로 말이다. 긍정적인 느낌은 뇌 안에 있는 신경들이 끊임없이 서로 연결되게 만든다. 기쁨과 함께 머릿속에 새로운 연결 고리들이 생겨나는 것이다.

행복한 사람들은 또한 친절하다. 그들은 좀 더 섬세하며, 타인에게서 나쁜 점보다는 좋은 점을 발견하려 한다. 그들은 공동의 행복에 더 많은 관심을 기울이며, 협상을 통해 모든 사람들이 나름대로의 권리를 찾을 수 있도록 하는 데서도 더 나은 능력을 보여 준다.

이처럼 행복은 삶의 목표이자 좀 더 나은 삶을 향한 길이기도 하다. 부정적인 기분은 사람을 제한하고, 반대로 좋은 느낌은 사람의 가능성을 확장시킨다. 행복은 생동감 그 자체이다.

행복을 아는 사람만이 행복을 찾을 수 있다. 이 책은 여러분과 함께 좋은 느낌들을 찾아 떠나는 탐구 여행이다. 이 책을 통해 여러분은 좀 더 행복하게 살기 위해서는 신경의학이 가져온 새로운 인식들을 어떻게 적용해야 하는지에 대해 많은 정보를 얻게 될 것이다.

우리의 뇌 구조는 거의 동일하기 때문에 우리 모두는 행복과 즐거움을 비슷한 방식으로 체험한다. 그러나 이러한 느낌들이 어떤 결과를 낳는가는 서로 다를 수밖에 없다. 결국 모든 사람의 행복은 그의 인격만큼이나 유일무이한 것이다. 그렇기 때문에 일반적인 충고는 큰 도움이 될 수 없다. 궁극적으로 우리 모두는 각자 자기만의 고유한 행복의 공식을 발견해야 한다.

이 책은 크게 네 부분으로 이루어져 있다. 1부에서 여러분은 행복이 어떻게 생겨나는지 그리고 자연은 무엇을 위해 좋은 느낌들을 만들어 냈는지 알게 될 것이다. 쾌적한 기분을 생산해 내고, 부정적인 감정을 조절할 수 있도록 도와주는 뇌의 조직들에 대한 설명이 그 중심에 놓이게 된다. 우리는 뇌의 이 체계를 근육처럼 단련시킬 수 있다. 뇌의 구조는 외부의 경험뿐 아니라 본인의 감정과 관계 맺는 방식에 의해서도 변화하기 때문이다. 뇌는 자기 스스로 다른 프로그램을 입력시킬 수 있다. 놀랍게도 지금까지 발표된 많은 뇌 연구 결과들은 태곳적 지혜를 확인시켜 주고 있다. 고대 철학자들의 생각과 동양 문화에 대한 간략한 비교로 1부가 끝나는 것은 그 때문이다.

2부에서는 호르몬의 역할을 탐색하고자 한다. 발명에 대한 향락적 몰두와 기쁨, 사랑, 그리고 섹스에서 누리는 쾌락은 많은 공통점을 지니고 있다. 그러나 그것들은 서로 다른 경로를 통해 발생하며 서로 다른 목적에 기여한다. 이 기본적인 자극들은 우리에게 선천적으로 주어진 것으로서 수백만 년에 걸쳐 발전해 왔다. 그러한 자극들 중 어떤 것들은 쥐나 벌처럼 비교적 단순한 생물체에서도 관찰된다. 열정은 너무나 깊숙이 인간과 동물 안에 뿌리를 내리고 있다. 때문에 열정에서 벗어나려 하거나 변화시키려는 행동은 무의미하다. 오히려 중요한 것은 열정과 관계 맺는 방식을 배우는 일이다. 우리는 진화의 프로그램에서 가능한 한 많은 기쁨과 가능한 한 적은 싫증을 만들어 내는 방향으로 우리의 삶을 조직할 수 있다. 2부의 마지막 장은 그에 대한 촉매제 역할을 할 것이다.

인간은 진화를 통해 곤충이나 설치류와는 달리 고도로 발달된 대뇌를 갖게 되었다. 이는 본능적인 충동과 신체적 욕구 그리고 공포가 질서 있게 운용되도록 조절하는 능력을 관장한다. 3부에서 우리는 의식의 그러한 수행 능력과 그 능력을 어떤 방식으로 사용할지에 대해 논의할 것이다. 잘 알려져 있다시피 물이 반쯤 담겨 있는 컵을 '물이 반이나 남은 상태'로 볼 것인지, '반밖에 없는 상태'로 볼 것인지에 대한 판단에는, 컵에 실제로 담겨 있는 내용물의 양보다 우리 감정이 한결 더 많은 영향을 끼친다. 우리의 생각과 느낌을 조절함으로써 상실감에, 나아가 우울증에 대항할 수 있다.

대뇌가 할 수 있는 일은 그것뿐만이 아니다. 다른 동물과는 달리 인간은 자유와 무한함 그리고 세계와의 합일이라는 감정을 느낄 수 있다. 또 황홀경에 빠져 태양이 바다 위에 펼쳐 놓는 빛의 유희를 바라볼 수 있으며, 미친 듯이 어떤 일에 빠져들 수도 있다. 주의 깊은 감각적 인지와 집중이야말로 그러한 황홀경의 순간을 가능케 하는 열쇠이다. 어쩌면 뇌의 이러한 상태는 신비적 체험이 사람의 머릿속에서 어떻게 발생하는지에 대해서도 설명해 줄 수 있을 것이다.

우리가 가진 재능과 가능성을 최적화시키는 것이야말로 행복의 중요한 원천이다. 그러나 어느 누구도 혼자 살지 않는다. 미국 독립선언문에도 명시되어 있는 '행복의 추구'를 가능하게 하는 사회적 조건은 무엇인가? 이 책의 4부는 시민들의 행복 추구권을 위해 사회는 어떤 조건들을 충족시켜야만 하는가를 질문한다. 한편으로는 공동체에 대한 신뢰가, 또 다른 한편으로는 자신의 삶에 대한 통제가 가능할 때 행복한 삶을 꾸려나갈 가능성은 높아진다.

따라서 문제는 개인과 사회가 어떻게 행복의 문화를 자기 것으로 만들 수 있는가이다. 행복의 확장 가능성은 이미 2,000여 년 전부터 현자들에 의해 감지되고 있었다. 오늘날 신경과학의 관점에서 볼 때 '행복의 학습가능성'에는 의문의 여지가 없다. 신경과학 덕분에 이제 우리는 우리의 느낌과 체험에 관해 깊은 통찰을 얻을 수 있게 되었다. 이러한 통찰은 고대에는 신들의 전유물로 통했다.

■ 차례 ■

들어가는 글

행복을
준비하다

1

영혼의 달콤한 행복을 찾아서

1967년 샌프란시스코의 한 젊은이는 원시 종족을 찾아 길을 떠났다. 중요한 건 이 원시 종족이 다른 별에 살고 있는 것처럼 그렇게, 세상에서 멀리 떨어져 있어야 한다는 것이었다. 한 번도 외부 사람들의 방문을 받지 않은, 문자도 알지 못하고 TV는 더더군다나 알지 못하는 그런 사람들이 아직도 이 지상에 남아 있을 것인가? 시간이 얼마 남지 않았다는 사실, 폴 에크먼Paul Ekman이 알고 있는 건 그게 다였다. 어쩌면 한두 해 정도? 그 이후에는 방송 전파와 포장된 도로 그리고 비행기가 원시림에 남은 마지막 마을들에 도달할 것이다.

당시만 해도 파푸아뉴기니는 세상의 끝으로 여겨졌다. 그곳은 인간 사냥꾼과 식인종의 나라로 알려진 섬이었다. 그렇지만 서른세 살의 이 젊은이는 아무런 두려움도 느끼지 않았다. 그는 석기 시대를 향해 홀로 길을 떠났다. 그러나 그를 그곳으로 이끈 것은 이국적인 풍습이 아니었다. 인류학 연구에 또 다른 종류의 이색적인 발견을 보태고자 하는 것도 아니었다. 에크먼은 오히려 모든 사람에게 공통적인 것, 바로 웃음의 비밀을 탐색하고자 했다.

그의 시도에 큰 기대를 거는 사람은 아무도 없었다. 동료들은 별소득이 없을 거라고 충고했다. 어머니가 젖먹이 아기에게 미소를 짓는다. 그러면 아기는 어머니를 따라 미소를 짓게 된다. 이렇게 간단하게 감정은 생겨나는 것이다. 이것이 당시 사람들의 생각이었다. 50여 년 전, 그러니까 에크먼이 길을 떠날 때만 해도 인간은 아무것도 쓰여 있지 않은 백지 상태로 세상에 태어난다는 데 대해 그 누구도 감히 이의를 제기하지 않았다. 어린아이는 부모와 주변 환경의 도움을 받아 지식과 관계의 방식들을 채워 나가야 하는 텅 빈 그릇 상태로 여겨졌다. 그렇기 때문에 다른 모든 것이 그러하듯 얼굴 표정도 유년기에 습득된다고 사람들은 믿고 있었다.

그러나 에크먼은 이 사실을 믿을 수 없었다. 감정이란 이미 태어날 때부터 주어져 있는 게 아닐까? 그는 스스로에게 질문했다. 어쩌면 우리는 머릿속에 이미 미소를 지을 수 있는 완성된 회로를 갖고 있는 게 아닐까? 그렇다면 세상의 모든 사람은 비교 가능한 상황에서 동일한 표정을 지어야만 할 것이다. 찰스 다윈이 이미 이와 비슷한 추측을 하지 않았던가?

기쁨이 습득된다고?

젊은 학자는 뉴기니의 고원 지대를 향해 걸어 들어갔다. 배낭에는 카메라와 녹음기 그리고 다양한 표정의 얼굴 사진들이 들어 있었다. 한 원주민이 그를 안내했다. 2주일간의 행군이 끝났을 즈음 그는 한 번도 백인의 발이 닿은 적 없는 땅에 이르렀다. 그곳은 스스로를 포레Fores라고 부르는 부족의 영토였다. 죽은 가족의 뇌를 꺼내 먹지 말라는 금기가 내려진 것은 1959년의 일이었다. 여자들은 풀로 만든 앞치마를 둘렀고, 남자들은 나무껍질로 만든 탕가Tanga를 입고 있었다. 그들은 풀과 나뭇잎으로 엮은 오두막에서 살았으며, 돌을 깎아 만든 연장을 사용했다. 그들은 자신들을 방문한 학자와 그의 안내인을 친절하게 맞이했다.

에크먼은 마을 한쪽에 자리를 잡고 녹음기를 꺼내 들었다. 이곳 사람들은 한번도 그처럼 반짝이는 상자를 본 적이 없었다. 상자 위에서는 두 개의 원이 저절로 돌고 있었다. 그리고 갑자기 그들은 자신의 목소리를 듣게 되었다! 입이 벌어지고 광대뼈가 위로 올라갔다. 포레족의 눈들이 빛을 내뿜었다. 그들은 미소를 짓고 있었다. 녹음기에 매혹당한 것이 분명했다. 안내인이 이 장면을 사진 찍었다. 이로써 세상의 저 끝에 살고 있는 사람들도 우리와 똑같이 미소 짓는다는 사실에 대한 첫 증거물이 탄생했다.

이제 포레족은 에크먼의 주위를 단 한순간도 떠나려 하지 않았다. 잠에서 깨어나기도 전에 이미 그들은 에크먼을 둘러싸고 오늘은 또 무엇으로 자신들을 즐겁게 해 줄지 잔뜩 기대한 채 기다렸다. 에크먼이 고무로 만든 칼을 들고 아이들에게 달려든 날도 있었다. 그러면 에크먼의 안내인은 아이들의 놀란 표정을 사진으로 포착했다. 또 어떤 날은 포레족에게 즐거운 표정과 슬픈 표정을 짓고 있는 미국인들의 사진을 보여 주고 안내인을 시켜 어떤 사진이 자식의 죽음을 기다리고 있는 사람의 얼굴이냐고 묻게 했다. 그들은 모두 한결같이 슬픈 표정의 얼굴을 가리켰다. 저 낯선 나라에서 온 표정들을 이해하는 데 아무런 어려움이 없는 게 분명했다. 2주일이 지난 후 에크먼은 안내인에게 예기치 않은 방문을 연출해 달라고 부탁했다. 마을 사람 하나가 우연히 친구를 방문하는 장면이었다. 카메라는 반갑게 친구를 맞이하는 사람의 미소를 담아냈다.

포레족과 함께 넉 달을 보낸 후 미국으로 돌아온 에크먼은 자신이 찍은 사진들을 살펴보면서 이제 다음과 같은 사실에 의심의 여지가 없다고 생각했다. 즉 포레족의 표정은 서양 사람들과 똑같은 감정을 표현하고 있었다. 언어는 민족마다 다를 수 있다. 그러나 감정은 뉴기니의 고원 지대에 사는 포레족의 얼굴에나 샌프란시스코에 사는 도시민의 얼굴에나 동일한 방식으로 새겨졌던 것이다.

당시의 학문적 입장에서 볼 때 그것은 매우 놀라운 사실이었다. 에크먼이 틀렸음을 주장하기 위해 다른 학자들도 길을 떠났다. 그들은 보르네오의 원시림으로, 이란에 있는 유목민들에게로, 그리고 러시아의 가장 외진 곳으로 갔다. 그러나 그들은 빈손으로 돌아올 수밖에 없었다. 문화가 인간 감정의 다양한 형태에 거의 영향을 끼치지 않는다는 사실은 어디서건 확인되었다. 빈도의 차이는 있었지만 기쁨과 슬픔, 공포와 분노는 모든 사람이 공통으로 갖는 느낌이었다.

에크먼은 자신의 발견으로 두 개의 오류를 동시에 불식시킬 수 있었다. 첫째는 아이들이 주변 어른들을 통해 감정을 배운다는 주장이 틀렸다는 것이다. 만일 아이들이 주변의 어른들을 통해 감정을 배운다면 상이한 형태의 미소가 존재해야 한다. 기쁨을 나타내는 독일어 '프로이데Freude'가 미국인에게는 '조이joy'이고 중국인에게는 '고흥高興'인 것과 마찬가지로 말이다. 그러나 얼굴 표정이 어디서나 동일한 것으로 밝혀진 이상, 우리는 기본 감정과 그 감정을 표현하는 방식이 선천적인 것임을 인정할 수밖에 없게 되었다.

태어날 때부터 눈이 안 보이는, 따라서 그 누구의 얼굴 표정도 본적이 없는 아이들조차 자연스럽게 미소를 짓는다. 사실 기쁨이 습득된다고 믿었던 사람들의 마음에 의혹을 불러일으키기에는 이것만으로도 충분했을 것이다. 다윈도 인간의 제스처에 관한 자신의 책에서 맹인을 대상으로 한 연구를 제안하지 않았던가. 그러나 위대한 진화생물학자의 이 책은 거의 잊힌 것이나 다름없었고 습득된 감정에 대한 믿음은 너무나 견고해서, 그 어떤 연구자도 다윈의 제안에 따라 실행해 볼 생각을 하지 못했다. 그래서 에크먼은 남쪽 바다까지 긴 여행길에 올라야 했던 것이다. 학문 또한 선입견에서 자유롭지 못하다.

에크먼의 발견은 다음과 같은 두 번째 관점에서 좀 더 많은 영향력을 행사할 수 있었다. 에크먼은 포레족의 표정을 담은 필름들로 감정 역시 학문적 탐구의 대상이 될 수 있음을 증명해 보였다. 그것은 결코 사소한 인식이 아니었다. 1960년대 말에 감정을 연구 대상으로 삼는다고 하면 그것은 너절한 심리학으로 간주되었다. 감각적 인지, 사유, 그리고 행동이야말로 진지한 연구에 합당한 주제였다. 반면에 감정에 대한 탐색은 철학자나 시인에게 맡겨야 했다. 그것은 인간의 내면에서 펼쳐지는 드라마이기 때문이라는 것이다. 그러나 에크먼은 사적인 경험도 전적으로 실험 대상이 될 수 있음을 보여주었다.

매력적인 '뒤센 미소'의 비밀

자신의 연구 결과에 용기를 얻은 젊은 학자는 감정 표현을 숫자와 도표로 표시하는 체계를 발명했다. 에크먼에 따르면 인간의 얼굴에 있는 42개의 근육이 표정을 만들어 낸다. 그는 이 근육들의 움직임에 번호를 매겼다. 예를 들어 '9'는 코를 찡그리는 것을, '15'는 꼭 다문 입술을 가리킨다. 이제 연구자들은 가장 거칠게 찡그린 얼굴까지도 컴퓨터로 포착할 수 있게 되었다.

그렇게 해서 에크먼은 모두 19가지의 서로 다른 미소를 발견했다. 그중 18가지는 진짜가 아니지만 그럼에도 우리에게 대단히 유용하다. 그것들은 타인에게 우리의 감정을 완전히 드러내고 싶지 않을 때 일종의 가면으로 사용된다. 난감한 유머를 듣고 난처해진 상태에서 예의상 짓게 되는 미소가 있는가 하면, 공포를 감추기 위해 짓는 미소도 있고, 악한 일을 도모하면서 진심을 숨기기 위해 짓는 선한 미소도 있다. 그 모든 경우에 광대뼈의 큰 근육이 움직인다. 이 근육은 광대뼈에서 윗입술에 이르기까지 펼쳐져 있으며 입술 끝을 위로 끌어당긴다. 매번 얼굴에 있는 각각의 근육이 일종의 오케스트라를 이루어 상이한 유형들의 가짜 미소를 만들어 낸다. 이 신호들이 없다면 인간관계는 거의 작동하지 않을 것이다. 그러나 이것들은 기쁨과 상관이 없다.

단 한 가지 미소만이 진짜다. 입술 끝이 위로 당겨질 뿐 아니라 두 눈이 약간 모아질 때, 그리하여 눈가에 주름이 나타나고 두 뺨의 상반부가 들려질 때 얼굴은 행복한 상태를 나타낸다. 이때 눈가의 괄약근이라 불리는 안륜근(表情筋)이 수축된다. 에크먼은 이것을 프랑스의 심리학자 기욤 뒤셴Guillaume Duchenne을 기리기 위해 '뒤셴 미소'라고 불렀다. 뒤셴은 1862년 처음으로 눈 전체를 둘러싸고 있는 이 근육을 연구한 학자였다. 당시 이 근육은 '무스쿨루스 오르비쿨라리스 오쿨리Musculus orbicularis oculi'라는 라틴어 이름으로 불리고 있었다.

에크먼은 자신의 숫자 체계를 바탕으로 뒤셴 미소만이 유일하게 참된 행복을 표현하는 것임을 보여 주었다. 실험에 참가한 사람들에게 재미있는 영화를 보여 주었을 때 종종 이 미소가 스치듯이 나타나곤 했다. 그러나 다른 종류의 미소는 거의 나타나지 않았다. 영화가 상영될 때 눈가에 잔주름이 자주 나타날수록 그들은 나중에 그 영화가 마음에 들었다고 좀 더 분명하게 말했다. 공포를 자아내는 장면이 나타날 때면 뒤셴 미소는 사라졌다. 이렇듯 눈가의 움직임은 기쁨을 표현하는 명백한 신호이다.

뒤셴은 눈가 근육의 수축을 '영혼의 달콤한 흥분'이라고 불렀다. 의지만으로는 이 근육을 움직이게 할 수 없음을 그는 이미 알고 있었다. '정말 친근하게' 카메라를 응시해야 할 때 사람들이 비참하게 실패하는 데에는 이처럼 다 이유가 있다. 그렇기 때문에 뒤셴은 실험을 할 때 다른 방식을 통해서 사람들이 기쁨의 빛을 발하도록 만들어야 했다. 즉 그는 가느다란 선을 통해 실험에 참가하는 사람들의 뺨 위로 전기가 흐르도록 했다. 이런 방식으로 그는 눈가의 근육을 힘차게 자극해 사람들이 과도할 정도의 기쁜 미소를 보일 수 있게 했다. 이러한 시도를 보여 주는 사진들이 뉴욕 현대미술관에 걸려 있다.

약 10퍼센트에 해당되는 사람들만이 자신의 얼굴 근육을 자유자재로 조절해 특별한 훈련 없이도 원할 때마다 뒤셴 미소를 띨 수 있다. 아마도 이러한 능력은 타고나는 것 같다. 대부분의 사람들은 다른 방법을 통해서만 진짜 미소에 도달할 수 있을 뿐이다. 예를 들어 완벽한 위트라든가, 특별히 행복했던 상황을 떠올리든가 하는 것들 말이다. 정치가는 말할 나위도 없고 배우들조차 이 문제와 투쟁을 벌인다. 얼굴의 움직임과 감정을 조절하는 일이 얼마나 어려운지는 값싸게 제작된 모든 멜로드라마가 잘 보여 주고 있지 않은가.

육체, 행복을 담는 그릇

　누군가에게 칭찬을 들었는가? 혹은 꽃을 선물 받았는가? 아니면 굉장히 맛난 음식을 즐기고 있는 중인가? 좋은 느낌은 얼굴에만 나타나지 않는다. '무엇이 당신을 기쁘게 했는지'와는 무관하게 당신의 육체에서는 활성화된 어떤 상태가 나타나고 있다. 그러한 상태에 주의를 기울여 보는 일은 유용하다. 그와 더불어 나타나는 변화들 중 상당 부분은 감지될 수 있기 때문이다.

　당신이 행복하다면 맥박은 좀 더 빨리 뛸 것이다. 그럴 경우 우리는 정상적인 상태에서 행복의 상태로 육체가 옮겨 갔음을 알 수 있다. 혈액 순환이 좋아져 체온도 약간 올라가고, 흥분으로 인해 피부는 촉촉해지며, 전류에 대한 피부의 저항은 약간 내려갈 것이다. 심지어 당신의 손가락조차 평소보다 조금 더 부드럽게 떨린다. 당신은 이러한 변화를 바늘귀에 실을 끼우려고 하는 경우에나 알아차릴 수 있을 것이다. 지속적인 이 움직임은 기껏해야 10분의 1밀리미터에 지나지 않기 때문이다. 그러나 어쩌면 당신은 이 떨림이 어디에서 오는지 감지할 수 있을 것이다. 연구자가 정확하게 측정한 손가락들의 이 미세한 움직임은 어깨와 팔 그리고 손의 근육이 긴장하고 있음을 반영하기 때문이다. 기분이 좋을 때 몸의 근육은 이완되고 부드러워진다. 거기에다 우리가 직접적으로 느낄 수 없는 중요한 변화가 뒤따른다. 즉 기쁨은 호르몬의 평형을 깨뜨린다. 여기에 대해서는 나중에 다시 이야기할 것이다.

당신이나 당신 주변의 사람들이 미소의 기미를 알아차리기도 전에 얼굴에는 이미 무슨 일인가가 일어났다. 입술 끝을 위쪽으로 끌어당기는 광대뼈 근육이 약간 수축된 것이다. 눈 주위에 주름을 만드는 눈가 근육도 살짝 수축되었다. 그 대신 눈썹 근육은 이완되었다. 슬픔이나 공포를 느낄 때 눈썹을 위로 들어 올려 놀라움의 표정을 만들어 내는 그 근육은 이제 직무에서 해방되었다.

행복의 모습은 이렇다. 모든 감정들이 그러하듯, 행복은 뇌에서와 마찬가지로 육체에서 출발한다. 좋은 느낌은 뇌가 심장과 피부 그리고 근육이 보내는 신호를 제대로 받아들여 해석할 때 비로소 발생하기 때문이다. 육체 없이는 그 어떤 행복의 상태에도 도달할 수 없다.

이런 생각이 처음에는 혼란스러울지도 모르겠다. 음식을 먹을 때 혹은 사랑을 나눌 때 경험하게 되는 행복감은 많은 경우 순전히 육체적인 쾌락에 빚지고 있다. 우리가 친구들과 함께 보낸 즐거운 저녁을 회상하거나 다가올 휴가 여행에 설렐 때 우리의 육체에서는 무슨 일이 일어나고 있는 것일까? 그러한 행복의 순간에 가장 결정적인 역할을 하는 것은 마음의 세계인 듯 보이지만 그것은 착각이다. 생각, 기억, 그리고 희망만으로는 그 어떤 감정도 느낄 수 없다. 그것들이 올바른 육체적 신호와 결합될 때 비로소 우리는 기쁨을 느낄 수 있다. 이러한 신호들을 바탕으로 뇌가 육체적인 행복감을 만들어 내기 때문이다. 긴장된 근육과 두려움 때문에 이마에 맺히는 식은땀, 이런 상태에서 당신은 행복을 찾을 수 있겠는가!

이처럼 행복은 우리의 마음과 생각 못지않게 육체에서, 다시 말해 팔과 다리, 심장과 피부에서 발생한다. 그렇기 때문에 우리는 육체를 지금까지 다루었던 것보다 훨씬 더 진지하게 다루어야 한다.

마음먹은 대로 행복해질 수 없는 이유

좋은 감정은 육체와 연결되어 있다. 원하는 대로 행복을 느끼거나 나타내기가 어려운 건 그 때문이다. 안타깝기 짝이 없는 이 사실은 뇌의 건축적 구조와 관련이 있다. 몸을 조정하고 그로써 감정을 발생시키는 것은 신경삭神經索들이다. 의식은 거기에 대해 아무런 영향력도 행사하지 못한다. 그것을 이해하기 위해 우리는 신체 기관들의 자료 처리 방식을 좀 더 자세히 들여다보아야 한다.

해부학 교재들은 인간 몸의 신경조직을 대부분 머리 위에 서 있는, 말하자면 뇌에 뿌리를 내리고 있는 나무로 묘사한다. 거기에서 척수의 근간이 생겨나고, 다시금 그 척수에서 신호를 보내는 길들이 점점 더 세밀하게 기관과 사지들로 가지를 쳐 나간다. 그렇게 해서 이 모든 길이 하나의 통일된 구조물로 엮어진 것 같은 이미지가 생겨난다. 그러나 그것은 틀린 말이다.

실제로 인간의 신경조직은 서로 독립적으로 작업하는 두 개의 부분으로 나뉜다. 우리는 이것을 자율신경과 비자율신경이라고 부른다. 자율신경(또는 신체적 신경)은 뼈를 움직이게 하는 근육 대부분을 조정한다. 만일 내가 이 글을 컴퓨터에 입력하기 위해 손가락을 수직으로 꺾는다면 그러한 명령은 바로 이 자율신경을 통해 이루어지는 것이다. 그리고 그러한 명령은 두개강 바로 밑에 있는 주름 잡힌 회색의 반구인 대뇌피질에서 온다. 이곳은 소망이나 마음 그리고 생각이 생겨나는 장소이다. 자율신경은 뇌의 이 부분과 직접적으로 연결되어 있다.

그에 반해 비자율신경(또는 독립적 신경)은 목 윗부분에 회백질이나 백질이 뒤섞인 뇌간腦幹에서 생겨난다. 유기체의 근본적인 기능을 조정하는 회로들이 이곳에 자리 잡고 있다. 이 회로들은 수면에 관여하고, 심장박동을 조절하고, 성 기관들을 자극한다. 그렇기 때문에 비자율신경은 골격 근육으로 연결되는 일이 거의 없고, 그 대신 신체 내부 기관들과 혈관에 연결된다. 이것은 심지어 우리의 몸에서 자라나는 털들을 일으켜 세우는 미세한 피부 근육에까지 연결된다. 부끄러울 때 우리의 얼굴이 발그레해지고, 공포를 느낄 때 머리카락이 곤두서는 것, 그리고 사랑에 빠졌을 때 가슴이 뛰는 것도 다 비자율신경 때문이다.

이름이 이미 말해 주고 있듯이 우리는 이 비자율신경에 대해 그 어떤 영향력도 행사할 수가 없다. 그래서 우리는 '행복감을 느끼자'라고 간단히 결정을 내릴 수가 없는 것이다. 진짜 미소를 띠기 위해 필연적인 눈가 근육뿐만 아니라 심장의 맥박이나 혈액 순환 그리고 땀샘의 활동도 이 비자율신경과 관련이 있다. 이것은 뇌가 좋은 느낌들을 만들어 내기 위해 우선 감지해야 하는 모든 무의식적 신체 움직임을 조정한다. 우리는 직접적인 방식으로는 감정을 변화시킬 수가 없다. 그래서 좀 더 세련된 방식을 고안해 내야 한다.

몸이 먼저냐 마음이 먼저냐 하는 문제

우리가 원하는 대로 비자율신경을 조정할 수 있다 해도 그것은 그다지 바람직한 결과를 가져오지는 않을 것이다. 비자율신경은 생명을 좌지우지할 만큼 중요한 과정들을 관리하는 시스템이다. 따라서 비자율신경이 잘못된 결정을 내리게 만든다면 그 결과는 치명적이다. 따라서 오랜 시간 숨을 멈춘다든지, 심장이 뛰지 않게 만든다든지 하는 결정을 우리가 마음대로 내릴 수 없도록 뇌는 프로그래밍되어 있다.

비자율신경이 수행하는 대부분의 과제들은 화학 물질인 호르몬과의 협업을 통해 이루어진다. 이로써 뇌는 유기체가 제대로 작동될 수 있도록 감시하는 두 개의 체계를 갖춘 셈이다. 즉 신경조직을 통해서는 전기 신호가 전달되고 호르몬을 통해서는 화학 신호가 전달된다. 뇌는 뇌하수체에서 직접 호르몬을 생산해 혈관으로 내보낼 수 있다. 이렇게 함으로써 뇌의 회로들은 신경들을 거치지 않고서도 직접적으로 신체 기관들과 연결될 수 있다. 많은 신체 기관들, 예컨대 성 기관이나 신장은 이러한 화학적 방식을 통해 뇌와 소통한다. 호르몬, 즉 특정한 신호를 전달하는 이 심부름꾼들 덕분에 뇌는 생명에 중요한 물질들의 함유율을 지속적으로 관찰할 수 있다. 그리고 필요하다면 개입할 수도 있다. 비자율신경 체계와 호르몬은 이렇듯 유기체가 정상적으로 가동될 수 있도록 공동 작업을 수행한다.

육체가 스스로 살아남도록 하는 이러한 프로그램은 또 다른 장점을 지니고 있다. 바로 머리를 가볍게 해 준다는 것이다. 덕분에 우리는 단순한 신체 기능에 너무 많은 주의를 기울이지 않아도 된다. 만약 간이 어젯밤 마신 술을 해독할 수 있을 만큼 충분한 효소를 지니고 있는지 골똘히 살펴야 한다면, 우리는 다른 일을 할 여력이 거의 없을 것이다.

이 자동 시스템에 뭔가 이상이 생겼을 때에야 비로소 우리는 그것을 느끼게 된다. 그런 경우 몸의 반응 체계는 우리에게 어떤 특별한 행동을 요구한다. 예를 들어 혈당률이 떨어지면 배고픔을 느끼고, 회식 때 마신 알코올이 제때에 혈액에서 사라지지 않을 경우 깨질 듯이 머리가 아프다. 이것은 다음번엔 조심하라는 경고이다.

이런 이유로 몸의 조정 과정들뿐만 아니라 육체적 느낌 자체도 의지의 직접적인 영향력에서 차단되어 있다. 우리는 스스로에게 뭔가 유익한 일을 함으로써, 즉 우리의 환경을 개선한다든가 생각을 바꿈으로써, 혹은 아름다운 상황을 떠올림으로써 간접적으로 육체적 느낌에 개입할 수 있을 뿐이다. 우리는 숲속에서 갑자기 거대한 곰이 나타나 덮치려고 할 때 공포를 느낄 것인가 아닌가에 대해 결정을 내릴 수가 없다. 생각하기도 전에 우리는 이미 공포에 휩싸인다. 심장은 거칠게 뛰기 시작하고 숨은 잦아든다. 그리고 몸은 내달릴 태세를 이미 갖추고 있다. 의식적인 결정을 내리기 위해 필요한 몇 초의 시간이 흐르는 동안 맹수는 이미 우리를 갈기갈기 찢어 버렸을지 모른다. 그래서 몸은 우리가 공포감을 제대로 느끼기도 전에 이미 위협에 반응했던 것이다.

반대로 우리는 뭔가 도움이 될 법한 순간을 알아차리자마자 흥겨움을 느낀다. 그것은 행복을 느끼는 짧은 순간이다. 배가 고플 때 빵집에서 스며 나오는 향기로운 냄새를 맡으면 입 안에는 저절로 침이 고인다. 멀리서 다가오는 친구를 보면 얼굴에는 환영의 미소가 살짝 스치고 지나간다. 그리고 그 순간 우리는 기쁨을 느낀다. 이렇듯 우리는 몸의 비자율적인 반응들을 감각적으로 인지함으로써 감정을 체험하게 된다.

쉬지 않고 일하는 '직관'이 없었다면?

뱃머리에 부딪치는 파도가 배에 앞서듯이, 몸의 반응은 그렇게 감정에 앞선다는 것인가? 우리는 이러한 질문에 대한 대단히 인상적인 실험 중 하나를 신경학자 안토니오 다마시오Antonio Damasio에게서 찾아볼 수 있다. 미국 아이오와 대학에 있는 그의 실험실은 '육체적 느낌'을 연구하는 데 선구자적인 역할을 하는 곳으로 평가된다. 무엇보다도 다마시오와 그의 부인 한나는 손상된 뇌의 사진들을 세계에서 가장 많이 수집한 학자들이다. 다마시오 부부는 지금까지

2,500개가 넘는 머리들을 탐색했다. 컴퓨터를 사용한 단층촬영 기술을 통해 살아 있는 뇌의 내부 사진을 찍는 일이 가능했다. 이렇게 해서 다마시오 부부는 인간의 정신이 어떤 방식으로 작동하는지를 파악할 수 있었다. 이 학자 부부는 병든 뇌의 내부를 탐색하면서 환자들이 들려주는 자전적인 이야기에 귀를 기울였다. 그들 모두 사고 능력이나 느낌 혹은 행동에 심각한 장애를 겪고 있었다.

아이오와 대학의 이 두 학자는 비교적 단순한 방법을 사용해 기쁨이나 혐오감 또는 공포나 분노가 실제로 머릿속에서 어떤 방식으로 펼쳐지는지를 보여 주었다. 다마시오 부부는 실험에 참가한 사람들에게 카드를 주었다. 그리고 이들에게는 거짓말 탐지기가 연결되었다. '아이오와 카드 테스트Iowa Card Test'라고 알려진 이 게임의 규칙은 반복해서 두 개의 가려진 카드 더미에서 카드를 뽑는 것이다. 적절히 잘 뽑으면 적당한 플러스 점수와 비교적 소소한 마이너스 점수를 받게 된다. 그리고 잘못 뽑을 경우 꽤 큰 플러스 점수를 받을 수도 있지만 어마어마한 마이너스 점수가 나올 수도 있다.

대략 10번쯤 게임이 진행되면 실험에 참석한 사람들은 위험한 경우를 피하기 시작하고, 그들의 손이 위험한 카드에 다가갈 경우 거짓말 탐지기가 약간의 두려움과 심장박동을 알린다. 그때까지도 그들은 자신들이 왜 그렇게 행동하는지 알지 못할뿐더러 자신들의 몸이 보이는 반응을 알아차리지도 못한다. 50번쯤 게임이 진행되었을 때에야 비로소 그들은 자신들이 '느낌상' 위험한 카드를 뽑지 않는다는 사실을 이야기한다. 그러나 사태가 분명해지기까지는 아직도 시간이 더 필요하다. 즉 대부분의 경우 대략 80번째쯤 게임이 진행되었을 때 그들은 자신의 육체적 느낌의 근거를 대고 게임의 법칙을 설명할 수 있게 된다.

이것이 바로 직관이다. 이 기이한 느낌, 예컨대 나중에 우리에게 전혀 호의적이지 않은 것으로 판명되는 사람을 처음 만났을 때 우리가 종종 갖게 되는 그런 느낌 말이다. 그러한 예감은 무의식적인 육체적 느낌에 기반하고 있기 때문에 제대로 근거를 댈 수가 없다. 나중에 적으로 밝혀지는 사람과의 첫 대면에는 종종 어떤 공포의 순간들이 있다. 우리가 감각적으로 인지하지 못하는 이 느낌은 잠깐 상대방의 얼굴을 스치고 지나간 위협적인 표정에서 촉발된 것이다.

우리가 그것을 알고 있든 모르고 있든 간에, 직관은 전체를 조망하기 어려운 상황에서도 우리를 위해 일한다. 지적 능력이 조금 떨어지는 실험 참가자들은 카드 게임의 법칙이 무엇인지 끝까지 알아내지 못했다. 그렇지만 맞는 선택을 했다. 이 점에서 본다면 민간신앙이 과학 앞에서 큰소리를 칠 수도 있을 것이다. 과학은 수백 년 동안 이성에 속하지 않는 모든 인식을 거부했으니 말이다.

그러나 이 재능은 사람들이 추측하는 것처럼 초자연적인 현상에 그 기원을 두고 있지 않다. 직관은 우리의 머릿속에 튼튼하게 닻을 내리고 있다. 우리는 경험을 통해 직관을 얻는다. 카드 게임의 초반부에 실험 대상자들은 어떤 카드 더미가 더 나은 것인지 전혀 느끼지 못했다. 그들의 뇌는 우선 결과를 예견하는 법을 배워야 했다. 카드들이 담겨 있는 통 하나는 좋은 것이고 또 다른 통 하나는 나쁜 것이라는 계산이 아직 의식에 도달하기 전 몸에 전달될 때 예감은 떠오른다. 앞에서 말한 저 공격적인 곰 이야기에서 우리는 이미 직관적인 행동이 의식적인 사고와 무관하게 일어나는 이유를 보았다. 그로써 인간의 삶은 가벼워지고 위험에 처했을 때 귀중한 시간을 벌게 되는 것이다. 때때로 몸은 지성보다 더 많은 것을 안다. 혹은 프랑스의 철학자 파스칼이 표현했듯이 "심장은 이성이 알지 못하는 이유를 알고 있다".

육체가 없다면 슬픔도 기쁨도 없다

카드 게임에 참가한 사람들이 나쁜 카드 더미 앞에서 느끼는 공포를 의식하지 못했듯이, 우리 또한 일상에서 경험하게 되는 육체적 느낌을 온전히 의식하지 못하는 경우가 종종 있다. 얼굴이 빨개졌다는 사실을 누군가가 말해 주었을 때에야 비로소 알게 된다거나, 감탄에 빠져 두 눈을 빛내면서도 자신이 얼마나 기뻐하고 있는지 모른다거나 하는 경우 말이다.

그런 순간 육체적 느낌과 감정이 동일하지 않다는 사실이 분명해진다. 물론 우리는 일상에서 이 두 개념을 대체로 구분 없이 사용한다. 그러나 두 개념 사이에는 분명한 차이가 있다. 육체적 느낌은 흥에 겨워 빛나는 눈, 혹은 변명이 탄로 났을 때 붉어지는 얼굴처럼 특정한 상황에 자동적으로 응답하는 육체의 반응이다. 그리고 이러한 육체적 느낌을 의식적으로, 즉 기쁨이나 부끄러움으로 감지하게 될 때 우리는 감정을 경험하게 된다. 그러니까 육체적 느낌은 무의식적인 것이고 감정은 의식적인 것이다.

육체적 느낌은 어떻게 감정이 되는가? 안토니오 다마시오와 함께 작업한 학자들은 어떤 기구를 사용하여 결정적인 순간에 뇌를 관찰하는 데 성공했다. 학자들은 건강 상태가 양호한 실험 참가자들에게 연인과의 재회나 부모님의 죽음과 같이 살면서 맛본 행복한 순간과 슬픈 순간에 잠겨 보라고 부탁했다. 몇 번의 시도 끝에 연구자들은 실험 참가자들을 거짓말 탐지기로 조절할 수 있게 되었으며, 특별히 강렬한 반응을 보인 사람들 또한 가려낼 수 있었다. 그런 다음 그들은 실험 참가자들을 양전자 방사 단층촬영PET 장치 안에 눕게 했다. 공간을 꽉 채우는 촬영 장치 안에서 실험 참가자들은 촬영되는 이미지들이 흔들리지 않도록 몸이 묶인 채 철로 만든 비좁은 관 안에 가까스로 누워 있게 된다. 환상 여행을 떠나기에는 정말 적합하지 않은 환경이다. 약한 방사성 성분을 지닌 포도당이 혈관으로 주입된다. 실험 참가자들은 자신들의 기억 속으로 깊이 빠져 들어간다. 자신들을 둘러싸고 있는 모든 기계 장치는 다 잊어버린 채. 심지어 그 안에서 눈물을 흘리는 사람도 있었다. 그러는 동안 다마시오와 그의 동료들은 격한 감정이 발생할 때 뇌의 어떤 부분이 활발하게 움직이는지를 화면에서 추적할 수 있었다.

화면에 포착된 뇌의 이 모습들이 발표되었을 때, 다음과 같은 두 가지 이유에서 커다란 반향을 불러일으켰다. 첫째, 이 사진들은 사람들이 기쁨과 슬픔 또는 화와 분노를 느낄 때 도대체 머릿속에서 무슨 일이 일어나는지를 정확하게 보여 주었다. 그토록 정확한 관찰은 처음이었다. 이 단층촬영 사진들 덕분에 지금 막 어떤 감정이 실험 참가자의 내면세계를 움직이고 있는가를 외부에서 관찰하는 일이 가능해졌다. 둘째, 감정이 실제로 몸의 반응 다음에 나타난다는 사실을 그 무엇보다 강하게 증명해 주었다. 화면에서는 머릿속에서 정확하게 몸을 모방하기 위해 요구되는 뇌의 바로 그 부분이 반짝거렸다. 즉 아래쪽에는 유기체 전체를 관리하는 뇌간이, 중간에는 이러한 자료를 정리하는 소뇌와 중뇌의 일부분이, 그리고 마지막으로 위쪽에는 이러한 정보들을 하나의 통일된 이미지로 엮어 내 우리의 의식적인 감각과 생각 및 환상과 연결시키는 대뇌의 영역들이 반짝거리고 있었다. 이처럼 육체적 느낌은 대뇌가 그것을 가공한 이후에 비로소 우리에게 의식된다. (오른쪽의 그림 참조)

따라서 행복을 포함한 모든 감정은 뇌가 몸으로부터 신호를 받아 이것을 가공할 수 있다는 사실에 기반하고 있다. 최고의 행복을 느끼는 순간에도, 즉 구름 위를 둥둥 떠다니는 것 같은 그런 순간에도 우리의 도취감은 우리 자신의 몸을 감각적으로 인지할 때 비로소 생겨난다. 이처럼 다마시오는 우리의 정신이 단순히 뇌에 기반을 두는 것이 아니라 몸 전체에 기반하고 있다는 사실을 밝혀냈다. 따라서 육체가 없는 존재는 기쁨도 슬픔도 느낄 수 없다. 그러나 다마시오에 따르면 육체적 느낌을 이미 충분히 경험한 사람의 경우 그의 뇌는 몸을 무의식적으로 움직이게 할 수 있다. 환상의 이미지가 내

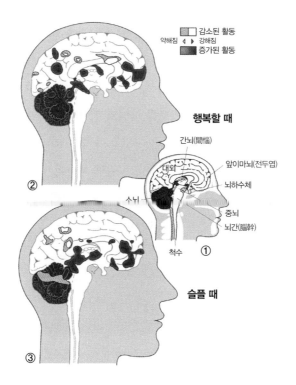

감소된 활동
약해짐 ◀ ▶ 강해짐
증가된 활동

행복할 때

간뇌(間腦)
앞이마뇌(전두엽)
대뇌
뇌하수체
소뇌
중뇌
뇌간(腦幹)
척수 ①
②

슬플 때

③

❖ ― ①: 뇌는 여러 층의 건물처럼 이루어져 있다. 기초를 이루는 것은 뇌간인데, 이곳을 통해 몸의 신호들이 접수된다. 뇌간은 척수에서 자라난 것으로서 중뇌로 연결된다. 그 위에 놓여 있는 간뇌는 자극을 관리하는 기관이다. 이것은 뇌하수체를 통해 호르몬을 내보냄으로써 유기체를 조정한다. 저 위쪽, 두개강 밑에는 대뇌반구가 펼쳐져 있다. 대뇌는 뇌의 다른 부분들을 감시한다. 감각들의 인지와 생각, 계획 짜기, 그리고 모든 의식적 업무들이 대뇌의 기능에 해당된다.

②, ③: 단층촬영은 행복이나 슬픔이 머릿속에서 어떻게 발생하는지 보여 준다. 모든 감정에는 뇌 활동의 고유한 전형이 상응한다. 뇌의 많은 부분들은 다음과 같은 두 종류의 감정에 관여하고 있다. 즉 뇌간에는 몸에서 받아들인 모든 자료가 수집된다. 그때 무엇보다도 활발한 활동을 보이는 것이 중뇌이다. 이러한 활동 상황을 우리는 약간 짙은 색에서 알아볼 수 있다. 배낭처럼 뇌간에 매달려 있는 소간은 뇌간이 보낸 충격들을 가공하여 근육들에게 명령을 전달한다. 예를 들어 우리가 기쁨을 느낄 경우 미소를 지으라는 명령이 내려지는 것이다. 그 위에 놓여 있는 간뇌는 육체적 느낌의 자극을 발산시키는 데 동원된다. 대뇌에서는 특히 눈 뒤에 있는 나선형의 부분이 활동하게 되는데 이것을 우리는 앞이마뇌(전두엽)라고 부른다. 여기를 통해 육체적 느낌이 계획되고 실행에 옮겨진다.

면의 눈앞에 펼쳐지듯이, 뇌간은 실제로 전혀 접수하지 않은 육체적 느낌을 가장할 수 있다. 다마시오는 우리의 유기체가 이러한 방식으로 다소 덜 중요한 상황들에서, 예컨대 아주 자그마한 쾌적함의 상태에서 자신의 작업에 가속도를 붙이고 적극적인 육체적 느낌의 프로그램 전체를 가동시켜야 하는 수고를 아낄 수 있다고 생각한다. 그렇듯 프로그램이 생략되어도 에너지 절약 체계에서 사람들은 기분 좋은 흥분을 느낀다는 것이다. 사고로 척추가 마비된 사람들이 감정을 유지할 수 있는 것은 이러한 메커니즘 때문이다.

뇌는 쉽게 희롱당하지 않는다

스카우트 제도의 창시자 로버트 베이든-파월Robert Baden-Powell은 자신의 젊은 친구들에게 두려움을 느끼거나 마음이 편치 않을 때 미소를 지으라고, 그러면 세상이 한결 더 친근하게 보일 거라고 조언했다.

우리는 정말 얼굴 근육의 도움을 받아 행복의 감정을 만들어 낼 수 있을까? 폴 에크먼은 이 질문에 몰두해서 미소가 우리를 행복하게 만든다는 사실을 학문적으로 확인했다. 만일 감정이 육체의 상태에 기인한다면, 우리는 반대로 육체에 자극을 주어 감정을 변화시킬 수 있다는 생각을 해 볼 수 있다. 그러나 유감스럽게도 쾌활함에 이르는 이 길은 그렇게 간단하지 않다. 모든 미소가 그 목적을 달성하는 것은 아니기 때문이다. 윗사람에게 월급을 올려 달라고 부탁할 때 우리가 애써 짓는 친절한 표정은 불안을 숨기는 데는 유효할 수 있다. 그러나 도취감을 만들어 내지는 못한다. 좋은 느낌을 가장하는 것은 의식적으로만 가능하기 때문이다. '진짜' 뒤센 미소는 단지 입술 끝이 위로 당겨질 뿐 아니라 눈가 근육이 작은 주름을 만들어야 하기 때문에, 우리는 이 두 움직임이 얼굴에서 동시에 일어날 때만 좋은 느낌을 가질 수 있다.

이러한 움직임은 대부분의 경우 사람들의 조정 능력을 벗어나서 일어나기 때문에 에크먼은 자신의 실험 대상자들에게 눈가 근육을 단련시키는 방법을 가르쳤다. 그러나 이 훈련이 무엇을 위한 것인지는 밝히지 않았다. 이렇게 해서 그는 기쁨의 신호가 일방통행으로만 움직이지 않음을 보여 줄 수 있었다. 실험에 참가한 사람들은 눈가 근육을 자유자재로 움직일수록 좋은 느낌을 가질 수 있었다. 그러나 왜 그런지는 스스로도 잘 설명할 수 없었다. 에크먼은 여기서 만족하지 않았다. 그는 추가로 실험 참가자들의 얼굴이 의식적으로 진짜 미소를 만들어 낼 때 그들의 뇌파가 어떻게 흐르는지 기록했다. 그러자 뇌전도는 그가 완벽한 위트로 그들을 진짜 기분 좋게 만들었을 때와 똑같은 모습을 나타냈다. 미소는 행복하게 만든다. 그러나 '진짜 미소'만이 그렇다. 뇌는 그렇게 간단히 희롱당하는 상대는 아니다.

2

지성만으로 할 수 없는 일

우리는 도대체 왜 감정을 가지고 있는 것일까? 육체적 느낌들은 유기체를 조절한다. 그러나 그것은 반사작용처럼 뒷전에 조용히 물러나 있어도 동일하게 활동할 것이다. 의사가 작은 망치로 무릎을 치면 우리는 큰 충격 없이도 발을 높이 들어 올린다. 기계도 마찬가지다. 용접 로봇은 기쁨을 표현하기 위해 다음 단계로 뛰어오르거나 흐느낌에 목이 메어 압착공기를 향해 헐떡거리는 일 없이도 지극히 체계적인 방식으로 내부 과정들을 잘 조정한다.

그러나 느끼지 못하는 사람도 있다. 그런 사람 중 하나가 바로 다마시오의 환자 엘리엇이었다. 엘리엇은 성공한 법률가이자 훌륭한 남편, 자상한 아빠였다. 그러나 그 모든 것은 밀감 크기만 한 종양이 비강 위에 있는 앞이마뇌(전두엽)를 파괴하기 전까지의 일이었다. 메닝게옴이라는 이 종양은 제거되었지만, 엘리엇은 더 이상 예전의 그가 아니었다.

　아침이 되면 그의 가족은 일어나기 싫어하는 아이를 깨워 학교
에 보내듯 그를 일으켜 세워야 했다. 일터에서도 그는 더 이상 시간
을 제대로 운영할 수 없었다. 사소한 일들을 너무 심각하게 고민하
느라 시간을 다 써 버리곤 했던 것이다. 책상 위에 놓인 서류 더미를
질서 있게 재빨리 처리하는 대신 어떤 원칙하에 서류들을 정리할 것
인가를 두고 몇 시간씩 생각에 잠겼다. 엘리엇은 더 이상 그 어떤 결
정도 내릴 수 없었다. 그는 본질적인 것에 대한 감각을 잃어버렸다.

　엘리엇은 사회적으로 몰락하기 시작했다. 회사에서 해고당한 후
그는 끊임없이 새로운 사업과 경제적 모험에 빠져들다가 결국 수상
쩍은 사람과 동업을 시작했다. 이렇게 해서 경험 많은 사업가였던
엘리엇은 전 재산을 날려 버리고 파산했다. 결혼 생활 역시 산산조
각이 나 버렸다. 결국 엘리엇은 채 마흔도 되기 전에 상해보험 연금
을 받으며 누이들의 보호를 받는 신세가 되고 말았다.

　그렇다고 해서 엘리엇이 지능이 낮았던 것은 아니다. 그는 수술
후에도 여전히 높은 지능을 유지하고 있었다. 반사 기능도 정상적으
로 작동하고 있었다. 누군가가 그를 놀라게 하면 그의 몸은 일반적
인 공포의 반응을 나타냈다. 의사들은 그에게서 그 어떤 장애도 발
견할 수 없었다. 엘리엇은 매력적이고 사려 깊으며 때때로 위트를
발휘하기까지 했다. 그러나 그에게는 언제나 일정 부분 냉철함이 남
아 있었다. 그는 결코 흥분하는 일이 없었다. 그로 하여금 감정을 표
현하게 한다는 것은 불가능했다. 자신의 비극적인 삶을 이야기할 때

조차 그는 침착하게 그 모든 것을 어디선가 읽은 내용처럼 말했다. 다마시오는 수많은 심리학적 연구를 통해 자신의 환자가 감정 없는 사람이 되었음을 확인했다. 때때로 그의 무의식적인 육체적 느낌들은 약간의 움직임을 나타내긴 했지만, 엘리엇 자신은 그것을 전혀 감지하지 못했다.

다마시오의 동료들이 엘리엇에게 불이 난 집에서 뛰쳐나오는 사람들의 사진이나 홍수가 나 익사할 지경에 처한 사람들의 사진을 보여 주었을 때, 그는 냉정하게 "이 장면들을 매우 가슴 아픈 것으로 느껴야만 한다는 사실을 알고 있다"고 말했다. 그러나 유감스럽게도 그는 아무것도 느낄 수 없었다. 사람들이 그에게 누이들의 사진을 보여 주었을 때도, 그가 병이 나기 전에 가장 좋아하던 음악을 들려 주었을 때도 사정은 마찬가지였다. 그는 컴퓨터처럼 아무런 느낌도 없는 듯 반응했다.

컴퓨터는 동일한 일을 언제고 반복하는 데 특별한 능력을 보여 준다. 반면 새로운 상황에 새로운 방식으로 적응하는 데 서툴다. 엘리엇의 경우도 꼭 그와 같았다. 그의 지능은 예전처럼 그가 필요로 하는 모든 자료를 마련해 주었다. 예를 들어 서류 더미를 일련의 순서에 따라 정리할 수 있는 자료 말이다. 그러나 그는 결정을 내릴 수가 없었다. 그에게 전달된 정보들을 판단할 능력을 상실했기 때문이다. 그의 두뇌는 어느 상황이 내포한 여러 가능성을 보여 주고 그중에서 의미 없는 것들을 폐기 처분할 수는 있었다. 그러나 그의 지성만으로 겉으로 비슷해 보이는 두 개의 가능성 중 어느 하나를 선택해야 할 때면 속수무책이었다. 그는 어쩔 수 없이 하나의 선택이 가져올 수도 있는 모든 가능한 결과들을 마지막 지점까지 고민해야 했다. 그것은 종종 너무나 오랜 시간을 필요로 했고, 결국 그는 직장을 포기해야 했다. 이러한 심사숙고란 대개 무익한 것이다. 우리의 삶에서 일어나는 허다한 일들은 결코 예견될 수 없기 때문이다. 그렇기 때문에 지성에는 다른 도움이 필요하다.

머리와 가슴, 모두 필요해

지성을 돕는 것은 바로 감정이다. 머리가 찬성해야 할 이유와 반대해야 할 이유들을 길게 나열하고 있을 동안, 가슴은 이미 오래전에 결정을 내리곤 한다. 우리는 이러저러한 것을 좋아하거나 좋아하지 않지만, 뭐라고 정확히 이유를 말할 수는 없다. 감정에서 출발하는 판단들은 논리적 귀결에 따르는 것이 아니라 과거에서 나온 두 개의 다른 원천들에 따르기 때문이다.

우선 유전자에 기인하는 특정 프로그래밍이 우리의 직관을 결정한다. 너무 쓴 음식은 입에 맞지 않는다. 이렇게 해서 몸은 독에서 우리를 보호한다. 우리의 삶을 위험에 빠뜨릴 수도 있는 모험에 자동적으로 불쾌감을 느끼기도 한다.

또 감정은 경험에서 자양분을 섭취한다. 우리의 경험은 의식에서 보다 한결 더 촘촘하게 뇌의 감정적 체계 속에 입력되어 있다. 한 장의 그림이 수천 마디의 말보다 더 많은 것을 표현할 수 있듯이, 하나의 육체적 느낌은 종종 수천의 생각보다 더 많을 것을 알려 준다. 예를 들어 불꽃이 타오르는 라이터가 손가락으로 점점 다가올 때, 그것이 손가락에 닿을 경우 일어날 결과를 새삼 생각할 필요가 있겠는가.

자신의 감정에 귀를 기울이는 일은 중요하다. 그러나 언제나 맹목적으로 감정에 따르는 것은 바람직하지 않다. 상사의 비난에 지나치게 감정적으로 대응하다가 실업자 신세가 될 수도 있으니 말이다. 또 듣기 좋은 말로 우리의 기분을 한껏 치켜세워 주는 사람들을 모두 신뢰할 수는 없다. 육체적 느낌은 진화의 과정에서 발생한다. 이로써 생명체들은 비교적 간단한 문제들을 빨리 해결할 수 있다. 육체적 느낌은 눈앞의 뱀을 두고 재빨리 도망쳐야 할지 아니면 때려잡는 식으로 대응해야 할지를 결정하기 위한 수단으로 적합하다. 이미 앞에서 살펴보았듯이, 육체적 느낌은 그러한 상황에서 적당한 대응 방식을 알려 줌으로써 위기를 모면하게 도와준다.

그러나 우리가 날마다 해결해야 하는 대부분의 문제들은 훨씬 더 복잡하다. 머리가 아닌 가슴이 일러주는 대로 서둘러 결정을 내린다면 그것은 인간관계에서 생기는 어려움을 한결 더 복잡하게 만들 것이다. 참지 않고 터뜨리는 화는 화를 돋운 상대방을 내칠 수는 있겠지만 그와의 관계도 깨뜨려 버린다. 동물은 육체적 느낌이 내리는 명령에 따른다. 그러나 인간은 필요한 경우 그러한 육체적 느낌에 저항하여 결정을 내릴 수도 있다. 이로써 우리는 좀 더 합당한 반응을 보일 수 있는 가능성을 더 많이 확보하게 된다.

46

육체적 느낌에 따를 것인가 아닌가를 우리가 자유롭게 결정할 수 있는 것은 많은 감정들이 의식적이기 때문에 가능하다. 의식적으로 인지하는 감정은 우리를 유연하게 만들어 준다. 우리는 화가 난 상태를 인지할 수 있어야만 목소리의 떨림을 가라앉히고 차분하게 말할 수 있다. 이것은 종종 미친 듯이 화를 내는 것보다 훨씬 더 효과적이다. 두려움이 싹트기 시작하는 것을 느낄 때 우리는 정확히 그에 대항하여 행동할 수 있다. 무릎이 덜덜 떨린다고 해서 새로운 경험을 맛볼 수 있는 기회를 놓치고 싶지는 않기 때문이다. 반면 동물은 본능적인 공포에 선택의 여지없이 내맡겨져 있다. 개들은 두려움 자체가 의식적으로 인지되지 않고 무의식적으로만 작동되기 때문에 번지 점프 같은 것은 할 수 없다.

한없이 미약한 이성의 힘

감정을 철저히 배제한 채 오로지 이성과 논리에 따라 생각하고 행동하는 「스타 트렉」의 스폭이 실제 인간이었다면 사회 문제가 되었을 것이다. 육체적 느낌이 내리는 명령에 반하는 결정을 내릴 때조차도, 우리에게 느낌은 미래를 예견하면서 행동하는 데 반드시 필요하다. 감정은 지성의 힘만으로도 충분히 문제를 해결할 수 있는 그런 상황들에서도 일의 결과에 결정적인 영향을 미칠 수 있다.

뇌 연구자들이 엘리엇에게 카드 게임 테스트를 하게 했을 때 그가 보여 준 행동은 이 놀라운 사실을 확인시켜 준다. 이제 규칙적으로 50달러의 이윤을 남겨 주는 대신 가끔씩 100달러의 손실을 가져 다주는 카드를 뽑을 것인지, 아니면 100달러의 이윤을 얻을 수는 있지만 손실이 1,000달러에 이를 수도 있는 카드를 뽑을지 엘리엇은 선택해야 했다.

건전한 상식을 지닌 사람이라면 누구나 몇 번의 시행착오를 겪은 후 첫 번째 카드를 뽑게 마련이다. 하지만 감정이 없는 이 사람은 위험한 카드 더미에 자신의 행운을 거는 시도를 확고부동하게 고집했다. 몇 번의 게임이 끝난 후 파산에 이르렀을 때 엘리엇은 실험을 주도하는 사람에게 돈을 빌리고자 했다.

고도의 지적 능력을 소유한 엘리엇은 게임이 몇 번 진행되자 그 법칙을 꿰뚫어 보고 그 규칙들을 설명할 수도 있었다. 그러나 자신의 지식을 어떻게 적용해야 할지는 모르는 게 분명했다. 이 게임에서 그가 보여 준 행동들은 동일한 가치를 지닌 수많은 가능성들이 문제가 되는 서류 정리에서와는 확실히 다른 것이다. 일단 게임의 법칙을 알고 난 다음에는 어떤 방식으로 통장의 돈을 늘릴 수 있을지 간단히 계산해 낼 수 있다. 최상의 이윤을 남기도록 프로그래밍된 컴퓨터라도 몇 번의 실험적인 게임이 끝난 뒤에는 안전하게 50달러를 벌 수 있는 카드 더미에 손을 내밀 것이다. 하지만 엘리엇은 완전히 실패했다. 이 실험 결과를 통해 사람들은 엘리엇이 실제 생활에서도 완전히 실패하는 이유가 무엇인지를 분명히 알게 되었다.

스스로도 말했듯이 엘리엇은 분명 이기고 싶었다. 그리고 바로 이기고 싶다는 이 욕망이야말로 치명적이었다. 그는 그럴듯해 보이는 모든 기회에 걸려들었다. 뇌는 합리적인 숙고에 따라 가치 평가를 내리지 않고 육체적 느낌이 시키는 대로 한다. 이러한 일을 수행하는 것이 바로 앞이마뇌의 부분들이다. 바로 이곳에서 상이한 여러 가능성이 고려되고 이런저런 경우 우리의 느낌이 어떠할지를 미리 그려 봄으로써 뇌가 결정을 내리는 것이다.

엘리엇의 경우 이 과정이 파괴되어 버렸다. 엄청난 손실을 입은 직후에도 엘리엇은 전혀 망설이지 않고 다시 위험한 카드 더미를 선택했다. 이 카드 더미에서 카드를 뽑을 경우 엄청난 손실을 입을 수도 있음을 분명히 알고 있었지만, 그는 이러한 통찰에 따라야 할 아무런 근거도 느끼지 못했다. 공포라든가 언짢음 같은 감정은 그에게 낯선 것이었다. 우리의 행동을 의미 있는 행로로 이끌기에 이성의 힘은 너무나 미약하다는 것을 그의 실패는 확실히 보여 주고 있다.

인간이 비극을 선호하는 이유

행복과 불행이야말로 자연이 우리를 양육시키는 데 필요한 스승들이다. 우리는 행복이나 불행이 가르쳐 주는 지침들을 삶의 기본적인 사실들에서 가장 직접적으로 느낄 수 있다. 생존을 위해 우리가 따라야 하는 것들, 예컨대 먹고, 마시고, 사랑하고, 우정을 나누는 일 등은 우리에게 기쁨을 준다. 이전에 느꼈던 결핍이 클수록 그 성취가 가져다주는 기쁨은 더욱 커진다. 완전히 말라 버린 목구멍에 떨어지는 한 모금의 물처럼 시원한 것이 또 있으랴. 자연은 '쾌락'이라는 느낌을 통해 우리에게 가장 유용한 것이 무엇인지를 가르친다.

쾌감과 불쾌감을 통한 이러한 조절 체계가 궁극적으로 추구하는 것은 무엇보다도 유기체가 가장 탁월하게 작동할 수 있는 상태의 유지이다. 고통이 다른 감정들보다 강도 높게 작동하는 것은 바로 그 때문이다. 우리는 무엇인가가 제대로 돌아가지 않는다는 신호를 그냥 지나쳐서는 안 된다. 그것은 우리가 우리 몸을 위해 할 수 있는 모든 일을 할 때까지, 때로는 그보다 더 오래 우리를 괴롭힐 것이다.

일반적으로 우리는 부정적인 느낌을 긍정적인 느낌보다 더 강렬하게 체험한다. 그리고 마음을 불편하게 만드는 육체적 느낌은 더 쉽게 발생한다. 멜로드라마를 보면서 감동을 받는 일은 쉽다. 그러나 웬만큼 재미있는 영화가 아니면 피식 웃는 것조차 꽤나 어렵다. 인간은 생물학적으로 부정적인 것에 끌리는 본질적 특성을 갖고 있다. 신경심리학 실험에 참가한 사람들에게 즐거운 사진과 슬픈 사진들을 보여 주었을 때, 참가자들은 자신도 모르는 사이에 슬픈 사진에 더 강한 반응을 보인다. 격렬한 뇌파의 흐름이 이것을 말해 준다. 인간은 비극을 선호한다.

비극에 대한 이러한 반응 체계는 진화의 과정에서 그 업적을 인정받았다. 공포라든가 슬픔 또는 분노를 통해 우리의 선조들은 덤불 속에서 조금이라도 바스락거리는 소리가 들릴 경우 아무리 탐스런 사냥감이 있더라도 다 버려두고 안전한 곳으로 피신할 수 있었다.

오늘날에도 우리는 행복을 찾는 일보다 훨씬 더 강하게 위험을 꺼린다. 나쁜 소식은 모든 신문에서 기쁜 소식보다 더 큰 머리기사로 처리된다. 그리고 손실이 주는 고통은 동일한 양의 이윤이 가져다주는 기쁨보다 한결 더 크다. 이 메커니즘에 장애가 올 경우 엘리엇이 겪은 것과 같은 운명이 우리를 위협하게 된다.

이처럼 우리는 행복의 쾌감보다는 불행의 경험에 민감하게 반응하도록 프로그래밍되어 있으며, 화와 상심을 기쁨보다 더 빠르고 격렬하게 느낀다. 진화가 남긴 이 유전적인 요소는 위기의 상황이 닥쳤을 때 중요한 역할을 하는 만큼 우리 주위의 크고 작은 많은 비극들이 왜 발생하는지 설명해 주기도 한다. 이를 위해 특별히 오셀로의 비극을 떠올릴 필요는 없을 것이다. (오셀로의 광기어린 질투는 부인을 향한 그의 사랑을 휩쓸어 버릴 만큼 강렬해서, 결국 사랑하는 부인 데스데모나를 죽이게 된다.) 휴가지에서의 아주 작은 언짢음으로도 충분히 설명된다. 태양은 빛나고 가벼운 미풍이 시원하게 당신의 살갗을 간질인다. 바다는 더할 나위 없이 따뜻하고 음식은 향기롭다. 동행자와도 아주 잘 지내고 있다. 그러나 이 모든 전원적인 풍경 한가운데, 호텔의 당신 방 창문 바로 아래에서 크레인 한 대가 웅웅거리고 있다. 아침부터 저녁까지. 휴가가 선사한 그 모든 기쁨에 박혀 있는 단 하나의 제거할 수 없는 흠. 이 흠 때문에 당신은 화를 가라앉힐 수가 없다. 당신의 분노는 여행 전부를 망쳐 버릴 위협이 되고 있다. 이렇듯 진화에 맞게 프로그래밍된 우리 몸의 생물학적 상태는 왜 해마다 수천 명의 사람들이 사소한 불편함 때문에 여행사에 소송을 제기하는지 또한 설명해 준다.

행복은 결과 아닌 과정

불행은 부르지 않아도 온다. 그러나 행복은 노력을 해야만 얻을 수 있다. 왜냐하면 공포나 분노 혹은 슬픔은 외부 세계의 위험에 대한 답변인 반면, 쾌적한 감정은 우리를 좀 더 가치 있는 상태로 유혹하기 위해 자연이 마련한 것이기 때문이다. 인간만이 그런 방식으로 프로그래밍되어 있는 것은 아니다. 실험실의 수컷 쥐들은 한 번 교미를 벌였던 장소로 거듭거듭 되돌아간다. 한 번 더 기쁨을 맛보기 위해서라면 무슨 일이든 다하겠다는 듯이.

그러나 인간을 쥐와 구별해 주는 것은 미래를 내다보는 시각이다. 동물과 달리 인간은 미래에 적합한 결정을 내리기 위해 이러저러한 상황을 미리 체험할 필요가 없다. 어떤 결과가 나타날 것인지를 그려 보는 것으로 충분하다. 사업의 경우를 예로 들어 보자. 사업가들은 일반적으로 손실 후에 나타날 상심을 우려하여 위험 부담이 높은 투자는 하지 않으려 한다. 사랑의 경우에도 마찬가지이다. 연모해 마지않는, 그러나 너무나 멀리 있는 그 또는 그녀와의 하룻밤에 대한 환상만으로도 심장은 쿵쿵거린다.

행복의 체험이나 행복에 대한 기대는 우리의 행동을 조절하는 데 기여한다. 이런 인식을 고려해 볼 때 현대 뇌 연구는 우리에게 이제는 낯선 것이 되어 버린 고대 철학의 핵심적인 사상 하나를 다시금 확인시켜 준다. 오늘날 많은 사람들이 행복은 뭔가 운명적인, 말하자면 우리의 손이 미치지 않는 외부의 것으로 여기는 반면, 고대 그리스의 사상가들은 행복한 삶을 올바른 행위와 연결시켜 생각하곤 했다. 아리스토텔레스는 『니코마코스 윤리학』에서 "행복은 행위의 결과이다"라고 썼다. 그에 따르면 행복은 신이 선사하는 선물이 아니라 자신에게 주어진 가능성을 가장 합당하게 사용하는 사람에게 당연히 주어지는 결과이다. "훌륭한 장군이 자신의 군대에 가장 적합한 병법을 찾아내듯이, 구두장이가 자기가 가지고 있는 가죽으로 가장 좋은 구두를 만들듯이", 현명한 사람은 자신의 타고난 형질과 후천적으로 주어진 계기들에서 언제나 최상의 것을 만든다. 아리스토텔레스는 그러한 적극적인 삶에 기쁨과 성취감의 비밀이 있다고 강조한다.

이러한 통찰에서 고대 철학자들은 다음과 같은 두 개의 사실을 추론해 낸다. 첫째, 행복의 본질이 인간이 갖고 있는 가능성들의 실현에 있다면 행복을 얻을 수 있는 보편적으로 타당한 규칙들이 있을 것이다. 왜냐하면 인간은 모두 유사하기 때문이다. 둘째, 인간은 바로 이러한 규칙들을 준수함으로써 행복을 배워 습득할 수 있다. 우리는 기분의 지배도, 외부 세계의 지배도 받지 않는다.

오늘날 우리는 행복을 단지 편안한 상태로만 이해한다. 그래서 고대 철학자들의 이러한 생각을 이해하기란 쉽지 않다. 오히려 우리는 별다른 공로 없이 값비싼 행복의 순간을 더 많이 누리는 이른바 복 많은 사람들을 부러움의 눈으로 쳐다보곤 한다. 그러나 그때 우리가 의도적으로 간과하는 것은 사람들 사이의 그 모든 다름에도 불구하고, 우리는 생물학적으로나 정신의 구조적 환경에 있어서나 차

❖ — 아리스토텔레스에 따르면 행복은 신이 선사하는 선물이 아니라 자신에게 주어진 가능성을 가장 합당하게 사용하는 사람에게 당연히 주어지는 결과이다.

이점보다는 공통점을 더 많이 갖고 있다는 사실이다. 우리는 행복을 과정이 아니라 그 어떤 전사前史나 대가 없이 주어지는 향락으로 이해하려는 경향이 있다. 하지만 그것은 현실적으로 가능하지 않은 일이다.

오늘날 우리가 알고 있는 바에 따르면, 긍정적인 육체적 느낌은 공짜로 주어지지 않는다. 고대 사상가들이 '덕목'과 '인간 조건의 이상적인 실현'을 이야기했다면, 이제 현대 과학은 "유기체의 이상적인 상태"를 도달해야 할 목표로서 언급할 것이다. 그러나 행복에 관한 고대 철학의 핵심 사상은 오늘날 신경생물학 관점에서 볼 때에도 그 유효성을 잃지 않고 있다. 좋은 감정은 운명이 아니다. 그렇기 때문에 우리는 좋은 감정을 얻기 위해 노력할 수 있고, 또 노력해야만 한다.

3

인생을 핑크빛으로 만드는 비밀

우리는 얼마나 자주 우리를 괴롭히고 있는 이 불행이 마침내 끝이 나 쾌적한 기분이 저절로 찾아들기를 희망하는가? 밤마다 우리를 사무실에 붙들어 매고 있는 이 프로젝트가 끝난다면, 나에게 딱 맞는 상대가 나타나 이 고독한 시간에서 구원해 준다면 나머지는 저절로 해결될 텐데.

이런 생각 뒤에는 고통 없는 삶이 우리를 저절로 행복으로 안내할 것이라는 가정이 놓여 있다. 불행이 엄습하지 않는 사람은 행복하리라고 생각하는 것이다. 행복과 불행은 서로 배타적이라는 생각, 마치 시소게임을 하는 두 명의 아이들처럼 언제나 한쪽만이 높이 올라갈 수 있다는 생각은 논리적으로 들린다.

그러나 이것은 오류에 지나지 않는다. 오늘날 우리가 잘 알고 있듯이, 긍정적인 느낌과 부정적인 느낌은 뇌에서 서로 다른 체계의 지배를 받고 있다. 좋은 느낌을 갖기 위해서는 단순히 고통에서 해방되는 것만으로는 충분하지 않다. 이것은 중요한 인식이다. 왜냐하면 우리의 삶을 꾸려 가는 데 필요한 일련의 지침들이 이 인식에서 나오기 때문이다.

불행 속에서 행복을 행복 속에서 불행을

한번 상상해 보라. 당신은 등산객이다. 그런데 산중턱에서 길을 잃었다. 몇 시간 헤맨 끝에 드디어 길을 찾았지만 이미 시간이 너무 많이 지나가 버렸다. 이제 당신은 해가 지기 전에 산 아래에 도달하는 일이 불가능하다는 것을 안다. 바람이 불고 먹구름이 몰려오는가 싶더니 곧 빗방울이 떨어지기 시작한다. 어디에도 몸을 숨길 만한 곳이 없다. 빗줄기가 얼굴을 때리고 비에 젖은 바지가 다리에 달라붙는다. 몸은 얼어붙고 처량한 심사가 당신을 사로잡는다. 그렇게 많은 시간을 허비하게 만든 당신의 부주의에 화가 난다. 그러나 지금 당신에게 남아 있는 유일한 선택은 추위와 빗줄기, 사방에서 몰려들기 시작한 어둠에도 불구하고 계속해서 나아가는 것뿐이다.

그때, 당신은 처마처럼 튀어나온 바위를 발견한다. 당신은 그 밑으로 기어들어 간다. 더 이상 바람도 불지 않고 바닥도 보송보송하다. 보온병을 꺼내 따뜻한 차를 홀짝인다. 따스한 기운이 온 몸에 퍼지는 것을 느낀다. 긴장을 풀고 안도의 한숨을 내쉰다. 심지어 어떤 쾌감을 느끼기까지 한다. 그러나 내려갈 길이 멀다는 생각이 곧이어 뇌리를 스친다. 그리고 축축한 옷은 여전히 몸에 달라붙어 있다. 그렇지만 방금 당신은 일종의 행복 비슷한 그런 느낌을 맛보지 않았던가? 아니면 행복과 불행을 동시에 느낀 것은 아니던가?

실제로 그러한 순간 당신의 머릿속에는 다양한 느낌들이 만화경처럼 펼쳐진다. 몇몇 쾌적한 느낌들과 또 다른 불편한 느낌들. 그 느낌들은 공존하고 있다. 그러니까 좋은 느낌은 나쁜 느낌을 배제하지 않는다.

이렇듯 우리는 종종 이중적인 느낌을 체험한다. 단지 그러한 느낌의 미세한 차이를 의식적으로 감지하지 못할 뿐이다. 회사에서 뛰어난 실적을 보인 당신은 월급이 30만 원 정도 오를 것이라고 기대한다. 그런데 실제로 월급은 15만 원 정도 밖에 오르지 않았다. 당신은 화가 난다. 일에 매진한 당신의 노력이 합당하게 평가받지 못했다고 느끼기 때문이다. 그러나 동시에 오른 봉급에 대해 기뻐한다. 이렇게 긍정적인 느낌인 기쁨은 부정적인 느낌인 화와 뒤섞여 있다. 우리는 공포영화를 볼 때 그러하듯 짜릿한 공포를 느끼기도 한다. 애증은 단순한 말장난이 아니다. 그 어떤 부모가 평소엔 신처럼 떠받드는 사랑스런 아이들을 어느 날 악마가 잡아갔으면 하고 소망한 적이 없겠는가?

언뜻 보기에 이것은 역설적이다. 도대체 '행복'이나 '불행'은 무엇을 의미하는 것일까? 거의 언제나 그러한 느낌들은 한결 더 세심한 명명을 필요로 한다. 만일 우리가 우리의 긍정적인 감정을 기쁨으로 인식하고 부정적인 감정을 분노로 인식한다면 혼란스럽기 짝이 없는 그러한 대립적인 생각은 해결될 것이다. 이 두 개의 감정은 충분히 공존할 수 있기 때문이다.

감각적 인지를 생각해 보면 그러한 이율배반의 본질이 좀 더 잘 이해될 것이다. 음식을 맛보고 무언가를 냄새 맡을 때 우리는 상이한 느낌들이 그렇게 배타적인 게 아님을 알게 된다. 서로 대립된다고 여겨지는 맛들이 오히려 음식의 매력이 될 때가 있다. 달콤 쌉쌀한 초콜릿 또는 새콤달콤한 탕수육은 좋은 예이다. 맛의 세밀한 차이가 보여 주는 스펙트럼은 무한하다고 프랑스 요리계의 황제인 브리야-사바랭Brillat-Savarin은 말한 바 있다. 맛의 기본이라는 시고, 쓰고, 달고, 맵고, 짠 다섯 가지 맛만 정확히 구별할 수 있도록 내는 음식은 얼마나 빈곤한가!

복잡한 감정에 대해서도 우리는 비슷한 이야기를 할 수 있다. 삶을 풍요롭게 꾸려 나가는 기술의 본질은 불행 속에서 행복을 그리고 행복 속에서 불행을 인식하는 데 있다.

행복과 불행의 합동작전

쾌감과 고통은 서로 배척하지 않는다. 유쾌하지 않은 감정이 때로는 좀 더 많이 일하고 때로는 좀 더 적게 일한다든가, 최고의 행복을 느끼는 순간에는 완전히 중단되어 버리는 일은 일어나지 않는다.

오히려 뇌 안에는 유쾌한 느낌과 유쾌하지 않은 느낌을 생산하는 두 개의 체계가 나란히 공존하고 있다. 이 두 체계는 때로는 함께 일하고 나란히 일하며, 때로는 상대방에 대항해서 일한다.

신경화학에서 사용하는 언어 자체에 이미 쾌감과 불쾌감을 표현하는 서로 다른 신호가 있다. 욕망이나 만족 또는 성적인 끌림에서는 도파민이나 옥시토신 그리고 베타-엔도르핀이 중요한 역할을 한다. 반대로 공포나 긴장 그리고 상심의 감정은 아세틸콜린이나 코르티솔 같은 스트레스 호르몬의 영향을 받는다.

심지어 우리는 쾌감이 우리 머릿속에서 불쾌감과는 다른 방식으로 발생하는 것을 눈으로 볼 수도 있다. 안토니오 다마시오가 촬영한 행복한 사람과 슬픈 사람의 뇌 사진들은 좋은 감정과 그보다는 덜 좋은 감정을 위한 회로들이 독립적으로 존재함을 보여 준다. 강도의 차이는 있지만 뇌에 있는 특정 기관들은 언제나 작동하고 있다. 이것은 그다지 놀라운 일이 아닌데, 우리가 기쁨이나 슬픔을 느끼든 공포나 분노를 느끼든 간에 뇌는 끊임없이 육체의 상태를 조절해야 하기 때문이다.

그러나 뇌의 이 부분들은 상이한 감정에 따라 매우 다양한 방식으로 작동된다. 만일 행복과 불행이 대립되는 쌍이라면, 즐거운 순간 단층촬영에 나타나는 뇌의 영역들은 저하된 기분 상태에서는 희미하게 나타나야 마땅할 것이다. 그러나 실제는 그렇지 않다. 행복한 뇌와 불행한 뇌의 촬영 사진은 결코 서로 대립되는 전형들을 보여주지 않는다. 39쪽에 실린 그림에서 밝은 색은 활발한 활동을, 어두운 색은 위축된 활동을 나타낸다. 예를 들어 소뇌는 즐거운 순간에는 단지 왼쪽에서만, 슬픔이나 화 또는 공포의 순간에는 양편 모두에서 작동한다. 대뇌 아래에 있는 대상회의 활처럼 생긴 구조는 행복한 순간에는 앞쪽 오른편에서 밝게 빛나고 뒤쪽 왼편에서는 어둡게 남아 있다. 그러나 슬픔의 경우 이것은 앞쪽 양편에서 밝게, 뒤쪽 양편에서 어둡게 나타난다.

그러니까 우리가 어떤 감정을 체험할 때면 뇌의 여러 부분들이 항상 거기에 참여하고 있는 것이다. 대뇌관 내부의 단층촬영 사진으로 이것을 분명히 알 수 있다. 쾌감을 위한 중심부도, 슬픔을 위한 중심부도 거기엔 없다. 뇌는 그렇게 단순하게 작용하지 않는다. 이러한 뇌의 작용은 축구 게임에 비유할 수 있다. 축구팀의 모든 선수는 나름대로의 역할이 있다. 그중 누구도 단독으로 게임을 진행할 수 없다. 마찬가지로 뇌에 있는 그 어떤 개별적인 중심부도 육체적 느낌의 발생에 독자적인 결정권을 가질 수 없다. 뇌의 다양한 부위들이 상이한 육체적 느낌이 발생할 때마다 서로 다른 방식으로 연결되어 있듯이, 운동장에서 경기를 벌이는 축구팀도 각각의 상황에 따라 상이한 방식으로 합동작전을 펼친다. 공격을 할 때 좀 더 중요한 역할을 맡는 것은 수비진보다는 공격진이지만 공격진은 여전히 뒤편에서 보내 주는 패스에 많은 부분 의존한다. 결국 중요한 것은 선수 각각의 개인기보다는 팀 전체의 협동 경기 능력이다.

왼쪽 뇌가 하는 일을 오른쪽 뇌가 모르게 하라?

종종 대뇌피질의 오른쪽과 왼쪽 부분은 서로 임무를 나누어 갖고 있는 것처럼 보인다. 그러나 감정을 담당하는 반쪽과 이성을 담당하는 반쪽으로 나뉘는 것은 아니다. 오히려 부정적인 감정에선 앞이마뇌의 오른쪽이, 즐거운 순간에는 앞이마뇌의 왼쪽이 더 활발하게 작동한다. 행복한 상태와 두려운 상태의 뇌 사진을 비교해 볼 때 이러한 차이는 뇌의 바깥쪽 가장자리에서 극명하게 드러난다. 그것은 마치 우리가 뇌의 반쪽은 행복을 위해, 다른 반쪽은 불행을 위해 갖고 있는 것처럼 보인다.

뇌의 반쪽이 손상을 입게 되면 감정 세계는 혼란에 빠지게 된다. 뇌출혈로 인해 왼쪽 앞뇌가 손상된 환자들은 심각한 우울증 증상을 나타낸다. 분명 좋은 감정에 해당하는 구조들이 파괴되었을 것이다. 오른쪽 앞뇌에 출혈이 있을 때는 반대의 현상이 나타난다. 환자들은 계속 명랑한 행동을 보인다. 그와 함께 현실감각도 사라지지 않는다면 그렇게 나쁜 일은 아니리라. 그러나 이들은 자신이 생각하는 세상의 모습과 맞지 않는 모든 일들에 대해선 아예 눈을 감아 버린다.

그들은 자신이 환자라는 사실조차 부정한다. 라마찬드란의 환자 중 한 사람이 바로 그런 경우였다. 다즈 부인은 오른쪽 뇌에 출혈이 있은 후 몸 왼쪽 전체가 마비되었다. (뇌와 몸의 반쪽들은 서로 대각선으로 연결된다.) 그러나 그녀는 자신의 마비에 대해 전혀 알려고 하지 않을 뿐만 아니라 실제로 전혀 알지 못했다. 라마찬드란이 손바닥을 칠 수 있느냐고 물었을 때 그녀는 "물론이죠!"라고 말했다. 그런 다음 다즈 부인은 건강한 오른쪽 손으로 허공을 치고 나서 매우 진지한 목소리로 지금 박수를 치는 중이라고 말했다. 과장되게 부풀려서 긍정적으로만 생각하는 왼쪽 뇌를 진정시키고 그녀가 다시금 현실 세계에 발을 내딛게 할 수 있는 힘이 그녀 뇌에는 없는 것이다.

뇌의 많은 부위들이 즐거운 상황이나 즐겁지 않은 상황에 얼마나 정교하게 반응을 보이는지를 우리는 다마시오의 실험실에서 나온 자료에서 살펴볼 수 있다. 그곳에서 연구자들은 무시무시한 것과 대결을 벌일 때만 반응을 보이는 특별한 신경세포들도 발견해 냈다. 불행을 담당하는 이 뇌세포들은 의식보다 한결 빨리 반응을 보인다. 어떤 상황이 즐거움을 가져다줄 것인지 아니면 고통을 가져다줄 것인지에 대해 이 세포들은 100분의 1초도 안 되는 짧은 순간에 결정을 내린다.

남들 앞에서 말하는 것을 매우 두려워하고 무대 공포증까지 있는 사람이 공적인 자리에 나서야 할 때면, 그의 앞이마뇌의 오른쪽 부분은 미친 듯이 공중 곡예를 한다. 사람들은 젖먹이일 때부터 비슷한 반응을 보인다. 젖먹이에게 레몬즙을 먹이면 뇌의 오른쪽에서 강한 뇌파가 흘러나오고 눈을 못 뜰 정도로 신 레몬 맛에 반응을 보인다. 반면에 젖먹이들이 달콤한 음료수를 먹었을 때 무엇보다 강렬하게 반응한 것은 왼쪽 뇌였다. 따라서 왼쪽 뇌가 좀 더 긍정적인 감정의 발생에 기여하고 오른쪽 뇌가 부정적인 감정의 등장에 기여하는 것은 선천적일 확률이 높다.

쾌적한 느낌과 쾌적하지 않은 느낌이 그렇듯 상이하게 두 개의 반구半球에 나누어 분포되어 있다는 사실은 앞이마뇌의 자료 정리 작업과 관련이 있다. 앞이마뇌는 태도에 관한 명령을 내리는 중앙 기관으로 작용하고 있는데, 우리가 이미 살펴보았듯이 그때 가장 중요한 역할을 하는 것은 육체적 느낌이다. 긍정적인 감정은 우리가 무엇을 해야 할지 알려 주고, 부정적인 감정은 우리가 무엇을 삼가야 할지 알려 준다. 뇌가 결정을 내릴 때 방향을 제시하는 요인이 되는 것은 두 가지이다. 즉 너무나 신 음식에 대한 거부반응처럼 태어날 때부터의 경향이 그 하나이고 누적된 경험이 다른 하나이다.

따라서 경험이 저장되어 있는 앞이마뇌의 양쪽 부분은 일어나는 일들을 유기체에 유용한가 유용하지 않은가에 따라 분류하느라 언제나 분주하다. 그렇게 해서 우리가 선호하는 것과 혐오하는 것에 대한 일종의 자료실이 생겨난다. 그처럼 수많은 정보들을 정리하고 다시금 기억 속으로 불러내는 일은 어마어마한 과제가 아닐 수 없다. 그렇기 때문에 앞이마뇌는 그 일을 나누어 업무를 줄이고자 하는 것이다. 그리하여 오른쪽 뇌는 무엇보다도 세상에서 벌어지는 좋지 않은 일들을 위해, 반대로 왼쪽 뇌는 삶의 즐거운 일들을 위해 일하게 되었다.

그러니까 눈앞에 두고 있는 휴가는 왼쪽 뇌에서, 방금 날라 들어온 벌금 통지서는 오른쪽 뇌의 신경세포들에서 처리된다. 그리고 폴 에크먼이 발견해 낸 진짜 미소는 앞이마뇌의 왼쪽 세포들이 수행하는 뛰어난 활동과 일치한다.

끊임없이 '밀당'하는 두 감정 사이에서

　행복과 불행은 그것들 나름의 고유한 뇌 회로와 화학 성분들을 가지고 있다. 그렇다고 해서 쾌감과 불쾌감이 서로 무관하게 독립적으로 작용한다는 말은 아니다. 우리는 날아오를 듯 기뻐 날뛰면서도 한없는 우울에 잠길 수 있다. 그러나 대부분의 경우 우리의 감정 상태는 이쪽이거나 저쪽이다. 부정적인 육체적 느낌과 긍정적인 육체적 느낌에 관여하는 뇌의 체계들은 서로 밀접하게 연관되어 있어서, 좋은 감정이 나쁜 감정을 방해할 수도 있고 반대로 나쁜 감정이 좋은 감정을 방해할 수도 있다. 아이들이 저지른 잘못 때문에 화가 치미는 저녁 시간, 이것은 완전히 성공적으로 진행된 낮 시간에 대한 충족감을 망쳐 버릴 수 있다. 반대로 약간의 기쁨이 깊은 상심을 물리칠 수 있다. 장마가 지나고 드디어 태양이 얼굴을 내밀 때 사람들의 표정에서 우리는 이것을 읽어 낼 수 있지 않은가.

　뇌에서는 상반된 자극에 대한 끊임없는 힘겨루기가 이루어진다. 이 원칙은 심지어 모든 개별적인 신경세포에서도 실현되고 있다. 뇌에서 중추적인 역할을 하는 이 작은 세포들의 수는 100억 개를 웃돈다. 이것은 은하수의 빛나는 별들을 다 합친 것보다 더 많은 숫자이다. 모든 신경세포는 다른 신경세포들과 연결되어 있다. 많은 신경세포들이 시냅스를 통해 신호를 보내고, 연결된 신경세포는 이 신호를 받아 활성화된다. 또 다른 신경세포들은 활성화를 저지하는 신호를 보내기도 한다. 그 결과 신경세포는 대립되는 신호들에서 나름대로의 결론을 도출해 낸 다음 그것을 다시 다른 세포들에게 전달한다.

신부님 시리즈로 유명한 조반니노 과레스키의 책 『돈 카밀로와 페포네』에서 서로 밀고 당기며 순박한 이야기를 엮어 나가는 두 주인공인 시골 성당 신부 돈 카밀로와 공산당 당원 페포네처럼, 뇌에서 일어나는 거의 모든 과정은 서로 대립되는 두 개의 힘에 의해 조절된다. 감정의 회로들 역시 마찬가지이다. 긍정적인 감정은 부정적인 감정을 해체시켜 버리고, 부정적인 감정은 긍정적인 감정을 몰아낸다.

경합을 벌이고 있는 두 개의 힘이라는 이 원칙은 우리가 우리의 기분을 조절하고 싶을 때 두 곳에서 동시에 작업할 수 있는 기회를 준다. 우리는 동일한 목표에 도달하기 위해 여러 수단을 사용할 수 있다. 철학자 몽테뉴는 삶의 지혜에 관한 에세이를 쓸 때 바로 이것을 원칙으로 삼았다. 즉 여러 가지 수단을 잘 조합할 수 있는 사람이야말로 최고의 성공을 거두게 된다는 것이다. 우리는 정신의 자동 조절 시스템에 대한 지식을 바탕으로 그러한 조합을 실현할 수 있다.

출근길에 교통 체증을 겪으면 화가 나는 것은 당연하다. 아침의 이 상황에는 생물학적 조건을 두고 볼 때 공격을 하거나 도망을 가고 싶게 만드는 허다한 요소들이 집결되어 있다. 비좁은 차 안, 시끄러운 엔진 소리, 약속 시간에 또 늦게 될 것이라는 두려움. 그리고 무엇보다도 가장 비참한 것은 너무나 무기력하게 앞뒤로 차량에 꽉 막힌 채 갇혀 있어야 하는 경험이다. 지극히 자동적으로 우리 유기체 안에서는 스트레스 반응이 일어나게 된다. 그 결과는 분노와 초조,

목적 없는 흥분이며, 드디어 목적지에 도달하게 되었을 때의 기진맥진한 피로감이다.

이러한 비참함에 대항하는 가장 간단한 방법은 물론 아침의 교통대란을 피하는 것이다. 그렇지만 그것은 그리 쉬운 일이 아니다. 바로 이때 감정 조절 시스템에 대한 지식은 단순한 방법으로 스트레스를 벗어나 기분이 좋아지게 만들어 준다.

우선 우리는 부정적인 감정을 다음과 같은 직접적인 방식으로 감소시킬 수 있다. 예컨대 차 안에 앉아 있는 시간을 오디오북을 듣거나 외국어 테이프를 듣는 데 활용함으로써 주위 환경에 무기력하게 내맡겨져 있다는 느낌을 줄일 수 있다. 또 다른 방법은 긍정적인 느낌을 환기시키는 것이다. 예를 들어 일터에 도착하면 곧바로 일에 뛰어들지 않고 우선 커피 한 잔을 마시거나 따뜻한 빵을 먹는다. 이 같은 두 번째의 아침 식사를 상상하는 일이 가져다주는 기쁨은 차 안에 갇혀 있는 우리의 기분을 좋게 만들어 줄 것이다. 즐거운 사건을 기대할 때 우리 뇌에서는 호르몬이 나오고, 이로써 우리는 쾌감을 경험하게 된다. 쾌감과 스트레스의 자동 조절 시스템이 연결되어 있기 때문에 즐거운 기대는 화에 직접적으로 대항할 수 있다.

우리는 좀 더 많은 쾌적함을 얻기 위해 정신의 신경물리학적인 기능을 이용할 수 있는 또 다른 방식들을 알게 될 것이다. 그중 많은 것들은 자동차 운전자의 단순한 예에서처럼 두 가지 인식에 기반하고 있다. 첫째, 우리는 아무런 영향력을 행사할 수 없는 상황이라 하더라도 이 상황을 좀 더 여유롭게 인지할 수 있다는 사실에서 종종

❖ ─ 비좁은 차 안, 시끄러운 엔진 소리, 약속 시간에 또 늦게 될 것이라는 두려움. 그리고 무엇보다도 가장 비참한 것은 너무나 무기력하게 앞뒤로 차량에 꽉 막힌 채 갇혀 있어야 하는 경험이다.

예기치 않은 자유를 발견할 수 있다. 둘째, 우리는 긍정적인 체험으로 부정적인 감정을 몰아낼 수 있다.

고대부터 철학자들은 행복을 향한 여정에서 우리가 가능한 한 많은 기쁨을 추구해야 하는지 아니면 가능한 한 적은 고통을 원해야 하는지를 질문해 왔다. 현대 과학의 관점에서 볼 때 이러한 고민은 소모적이다. 우리는 둘 다를 가질 수 있다.

나쁜 감정 잠금장치

쾌감과 고통은 영원한 적수이다. 앞이마뇌의 양편은 정신을 두고 끊임없는 투쟁을 벌인다. 왼쪽 반구는 두개골 아래 깊숙이 놓여 있는 뇌 영역에 적당히 영향을 끼침으로써 좋은 감정에 힘을 실어 주는 것으로 추측된다. 앞이마뇌에서 신경줄이 하나 나와 아미그달라Amygdala라고도 불리는 소뇌편도로 이어지고 있다. 간뇌에 놓여 있는 이 중심부는 실제로 편도(아몬드)처럼 생겼으며, 공포나 분노 또는 구토를 유발할 수 있다.

왼쪽 앞이마뇌가 이 감정에 맞서 정확히 어떤 방식으로 대응하는지는 아직 알려져 있지 않다. 대부분의 신경심리학자들은 왼쪽 앞이마뇌가 소뇌편도에 일정한 힘을 전달해 그 작용을 지연시킨다고 생각한다. 자연은 그러한 신호들을 일종의 반응 체계로서 설치해 놓았을 것이다. 일단 부정적인 육체적 느낌, 즉 경고 신호는 앞이마뇌에 도착하게 되고 그다음에는 더 이상 필요치 않게 된다. 그러니까 우리는 나쁜 감정에 대한 일종의 자연 잠금장치를 가지고 있는 셈이다. 더 나아가 우리는 약간의 훈련을 통해서 이 잠금 장치를 의도적으로 작동시킬 수도 있다.

미국 위스콘신 대학의 신경심리학자 리처드 데이비드슨Richard Davidson은 이 연관 관계를 해명하고자 수년간 실험을 했다. 그와 그의 동료들은 실험에 참가한 사람들에게 육체적 느낌을 유발시키는 일련의 슬라이드를 보여 주었다. 예를 들어 그것은 매력적인 남녀의 누드 사진, 심장 수술을 받고 있는 사람들, 홍수를 피해 지붕으로 피신하는 사람들이나 자동차 사고로 심하게 피를 흘리는 사람들의 사진이었다. 학자들은 실험 참가자들에게 그들의 감정을 의식적으로 더 강화시키거나 약화시킬 것을 요청했다.

실험에 참가한 사람들이 얼마나 성공적으로 자신의 감정을 조절하는지 알아내기 위해 데이비드슨은 슬라이드를 보여 준 직후 준비한 굉음을 울렸다. 그들 중 슬라이드 그림이 준 자극 때문에 여전히 흥분해 있던 사람은 더 심하게 놀라 자신도 모르게 속눈썹을 움찔했다. 이것은 어떤 특정 사실을 나타내는 반응이었다. 데이비드슨은 이것을 기록했다. 동시에 실험 참가자의 머리에 붙여 둔 128개의 전극이 그의 앞이마뇌가 활동 중임을 나타냈다.

왼쪽 앞이마뇌가 강력하게 작동할수록 실험 참가자들은 평정을 잃지 않았다. 정신을 혼란스럽게 하는 슬라이드를 본 직후 들려온 굉음이었기 때문에 놀라기는 했지만 이 모든 끔찍한 장면들이 결국은 슬라이드에 지나지 않는다는 것, 그러니까 흥분할 이유가 전혀 없다는 사실을 그들은 즉시 알아차렸다. 육체적 느낌은 차츰 사라졌고, 데이비드슨이 다시 신호를 보냈을 때 그들은 거의 반응하지 않았다.

그러나 앞이마뇌의 활동이 특히 오른쪽으로 기운 실험 참가자들의 반응은 이와 달랐다. 그들은 참혹한 슬라이드를 보고 난 후 몇 초간 지속적으로 그 이미지들의 잔상에 시달렸다. 그들의 속눈썹은 격렬하게 떨렸다. 흥분을 가라앉히는 데 실패한 것이 분명했다. 몇몇 사람은 심지어 그 사진들 때문에 계속 심란해 하다가 급기야는 울음을 터뜨렸다.

육체적 느낌의 조절은 대부분 1초도 지나기 전에 결정된다. 공포나 슬픔이 적절하지 않다는 사실을 이 짧은 시간 안에 인식하지 못하면 부정적인 느낌은 자기 고유의 동력을 발전시킨다. 한번 시작되면 걷잡을 수 없이 커지는 눈사태처럼, 자신의 감정이 행사하는 힘에 굴복당한 당사자들이 마음을 진정시키고 현실에 대한 명징한 시각을 되찾는 것은 더 어려운 일이다.

화를 분출하는 게 도움이 될까

일상에서 부딪히는 수많은 상황들에서 이러한 기제는 우리를 혼란에 빠뜨린다. 불쾌한 통화를 한 후 수화기를 내던지거나 파트너가 내뱉은 생각 없는 말에 방문을 꽝 닫고 나가 버리는 일이 생길 경우, 우리는 단지 대기 중에 떠도는 불편하고 긴장된 분위기 때문에만 해를 입는 것이 아니다. 이런 반응을 통해 부정적인 느낌을 필요 이상으로 길게 유지시키고, 그럼으로써 진짜 본격적인 분노의 상태에 빠져들게 된다.

데이비드슨의 실험은 부정적인 느낌이 발생하는 바로 그 순간에 그 느낌을 조절하는 일이 전적으로 가능함을 보여 준다. 이것은 우리가 그러한 감정을 일순간 의식적으로 감지하기는 하지만 곧 옆으로

제쳐 놓고 아무 일도 없다는 듯이 다시 일상의 질서 속으로 돌아갈 때에만 가능하다. 많은 사람들에게 이것은 초인적인 능력을 필요로 하는 요구처럼 들릴 수도 있지만, 사실 훈련을 통해 가능한 일이다.

물론 감정을 조절할 수 있다는 이 주장은 여전히 폭넓게 확산되어 있는 심리학의 주장과 대립한다. 많은 사람들은 화를 참지 않고 폭발시키는 것이 화에서 해방되는 길이며, 눈물을 흘리는 것이 슬픔에서 벗어나는 길이라고 믿고 있다. 그러나 이것은 잘못된 생각이다. 이러한 생각을 뒷받침하는 감정에 대한 표상은 19세기에 성립된 것으로 이제는 지구가 평평하다는 믿음만큼이나 낡은 생각이다. 이런 식으로 감정을 파악하는 관점은 뇌를 '나쁜 감정이 압력처럼 고여 있는 증기기관'으로 본다. 따라서 여기에 고여 있는 이 나쁜 감정은 위험한 과민 반응, 즉 말 그대로 "화가 난 나머지 폭발해 버리는" 것을 피하기 위해 방출되어야만 한다고 말한다. 걱정하는 마음에 친구들은 "실컷 울어 버려!"라고 충고하지 않던가.

물론 자신의 체험을 이야기하고 가까운 사람들에게 기분을 털어놓는 것은 종종 좋은 결과를 낳는다. 고통은 나누면 그만큼 줄어들 수 있다. 그러나 고통을 나누면서 동시에 부정적인 느낌을 과도하게 분출하는 것은 별로 도움이 되지 못한다. 그 어떤 전문적인 심리학자도 눈물이나 화 등 이른바 안전판이라고 불리는 감정을 분출시켰을 때 그것이 우리를 나쁜 감정에서 벗어나게 해 준다는 증거를 찾아내지 못했다. 오히려 그 반대였다. 화를 분출시키는 것이 오히려 더 화를 돋우고, 눈물을 흘리는 것이 오히려 더 깊은 우울증에 잠기게 할 수 있다는 첫 연구 결과는 이미 40여 년 전에 나왔다. 머리는 증기기관이 아니다. 우리의 뇌는 19세기의 기술이 그려 내는 이미지들보다 훨씬 더 정교하게 발달된 체계이다.

부정적인 기분을 조절하는 법

행복의 비밀 중 하나는 부정적인 느낌의 조정에 있다. 우리가 유쾌하지 않은 일에 어떻게 반응을 보이는가 하는 문제는 우리 정신의 일반적인 쾌적함과 밀접하게 연결된다. 데이비드슨은 자신의 실험에 참가한 사람들의 정신 상태를 탐색함으로써 앞이마뇌의 오른쪽이 주도적인지 아니면 왼쪽이 주도적인지에 따라 일상의 모습이 많이 달라진다는 사실을 밝혀냈다. 오른쪽 뇌가 더 강하게 작동하는, 그래서 부정적인 느낌을 제대로 조절하지 못하는 사람들은 좀 더 내성적이고 염세적이며 신뢰보다는 불신이 더 많은 편이다. 그들은 작은 불행에서도 일종의 파국을 보기 일쑤이고, 평균 이상으로 우울증에 걸릴 확률이 높으며, 일반적으로 불행한 상태에 잘 빠진다.

반면에 왼쪽 뇌가 강하게 발달해 있는 사람들은 대부분 행복한 사람들인 것으로 나타난다. 그들은 자긍심이 강하고 낙관적이며 여유 있는 태도를 보인다. 다른 사람들과 관계 맺는 것도 어려워하지 않는다. 삶의 아름다운 면을 주로 보는 것이 이들의 천성인 듯 보인다.

데이비드슨은 자신의 실험 참가자들에게 목욕을 하면서 마냥 즐거워하는 새끼 원숭이의 모습처럼 즐거운 영화 장면들 그리고 심각한 수술 장면과 같이 마음을 짓누르는 영화 장면들을 보여 주었다. 앞이마뇌가 어떤 식으로 양극화되어 있는지에 따라 사람들은 상이한 반응을 보였다. 오른쪽 뇌가 더 활동적인 실험 참가자들은 심각한 영화를 볼 때 왼쪽 뇌가 더 강하게 반응하는 실험 참가자들보다 더 많은 혐오감과 공포심을 나타냈다. 반면에 왼쪽 뇌가 더 활동적인 사람들은 재미있는 장면들에서 더 많은 기쁨과 웃음을 보였다. 우리 뇌에는 어떤 종류의 자극에 대해서는 좀 더 강하게 반응을 보이고, 또 어떤 종류의 자극에 대해서는 좀 더 약하게 반응을 보일지를 확정 짓는 뇌의 기본 기질이 있는 게 분명하다. 뇌의 기질 상태에 따라 우리의 인생이 핑크빛인지 잿빛인지가 결정되는 것이다.

그리고 이것은 정신뿐만 아니라 몸의 건강에도 영향을 끼친다. 데이비드슨은 왼쪽 뇌가 확실히 주도적인 역할을 하는 사람들의 경우 살면서 마주치게 되는 불쾌한 일들을 잘 처리할 뿐 아니라 신체적인 질병도 더 잘 이겨 낼 수 있음을 밝혀냈다. 그들은 박테리아와 바이러스를 죽이는 세포들을 혈액 속에 더 많이 갖고 있다. 데이비드슨은 사람들에게 감기 예방주사를 놓은 다음 그 반응을 실험하여 뇌의 기본 구조가 면역 체계에 끼치는 영향을 살펴보았다. 실험 참가자들 중 왼쪽 뇌의 활동이 강한 사람일수록 예방주사에 민감하게 반응했는데, 데이비드슨은 이것을 2주가 지난 후 혈액 속에 있는 항체의 숫자에서 읽어 낼 수 있었다.

이와 같은 연관 관계는 아직 완전히 해명되지 않고 있다. 그러나 추측컨대 감정의 효과적인 조절은 일종의 연쇄 작용 속에서 일어나는 것 같다. 코르티솔 같은 스트레스 호르몬은 장기적으로 볼 때 면역 체계를 약화시킨다. 왼쪽 뇌의 활동이 강한 사람들의 경우 부정적인 감정이 한결 적게 나타나고, 나타나더라도 그다지 오래 지속되지 않기 때문에 그들의 신체는 전체적으로 스트레스 호르몬을 조금만 방출한다.

따라서 자신의 부정적인 감정을 조절하는 법을 배운다는 것은 앞이마뇌의 왼쪽 부분의 활동을 증가시킨다는 의미라고 데이비드슨은 추측한다. 이러한 노력을 기울이는 사람은 좀 더 행복하게 살 뿐 아니라 건강을 위해서도 유익한 일을 하는 것이다.

행복한 삶은 유전되는가?

데이비드슨에 따르면, 행복한 기질을 갖고 있는 사람과 불행한 기질을 갖고 있는 사람, 그리고 중성적인 기질을 갖고 있는 사람의 비율은 거의 동일하다. 설문 조사의 결과도 비슷한 수치를 나타낸다. 데이비드슨은 자신의 실험에 참가한 사람들 중에서 대략 3분의 1은 왼쪽에서 강력한 뇌의 활동성을 보이고, 또 다른 3분의 1은 오른쪽에서 그런 활동성을 보인다는 사실을 확인했다. 나머지 3분의 1은 왼쪽과 오른쪽 뇌의 활동이 반반으로 나타났다. 몇 달 후 동일한 인물을 다시 측정했지만 대부분의 경우 별다른 변화가 없었다. 다시 말해 앞이마뇌의 어느 쪽이 지배적인가 하는 것은 현재 처해 있는 상황과는 무관한, 일종의 인격적 특성이다.

우리는 아기 때부터 이미 뇌의 양쪽 부분이 서로 불균형 상태에 있음을 증명할 수 있다. 데이비드슨은 10주 된 젖먹이들을 연구하면서 뇌파 분배가 젖먹이들의 기분에 얼마나 직접적으로 영향을 끼치는지를 관찰했다. 오른쪽 뇌가 좀 더 활동적인 아기들은 엄마가 곁을 떠나자마자 울기 시작했다. 이 아기들은 쉽게 혼란스러워지는 것이 분명했다. 왼쪽이 강하게 발달한 아기들은 훨씬 덜 울었다. 혼자 남겨졌을 때 이 아기들은 침착하게 방 안의 상태를 살폈다.

긍정적인 감정과 부정적인 감정에 대한 이러한 기질은 어디에서 오는가? 그러한 기질이 그토록 일찍 삶에서 발견되는 것을 보면 전형적인 뇌의 활동성은 적어도 부분적으로는 선천적인 것처럼 보인다. 행복한 삶은 유전되는가? 행복의 유전자가 있는가?

행복이 유전된다는 것을 심리학자인 데이비드 리켄David Lykken보다 더 강력하게 주장한 사람은 없다. 그는 언젠가 "좀 더 행복해지려는 모든 시도는 좀 더 키가 크려는 시도만큼이나 실패하도록 정해져 있다"고 썼다. 리켄의 주장은 이제까지 시도된 연구 중 가장 규모가 큰 쌍둥이 비교 연구에 기반을 두고 있다. 그는 1,500쌍에 달하는 성인 쌍둥이들에게 '삶에 만족하느냐'는 질문을 던졌다. 그중 700쌍은 일란성 쌍둥이, 즉 유전적 조건이 동일한 쌍둥이였다. 상대방이 어떤 대답을 했는지 알지 못하는 상태에서 나온 일란성 쌍둥이들의 답변은 이란성 쌍둥이들의 답변보다 더 자주 서로 비슷했다. 리켄에게 이것은 행복이 유전될 수 있음을 보여 주는 하나의 신호였다.

그런 다음 이 심리학자는 한 걸음 더 나아갔다. 그와 함께 실험에 참가한 쌍둥이들은 모두 미국 미네소타주 출신이었다. 그리고 이들 실험 참가자들 중에는 태어나자마자 떨어져 성장한 69쌍의 일란성 쌍둥이들이 있었다. 이들도 행복에 대한 질문에 비슷한 방식으로 답변할 것인가? 그렇다면 삶에 대한 만족은 결코 교육이나 환경의 결과가 아닐 터였다.

실제로 이들의 답변은 함께 성장한 일란성 쌍둥이들의 답변과 크게 다르지 않았다. 이들은 동일한 유전적 특성을 지니고 있지만 탄생 이후 서로 다른 환경 조건에서 자라났다. 따라서 이들이 삶에서 느끼는 좋은 감정과 행복은 "적어도 50퍼센트" 정도는 틀림없이 유전자의 영향을 받는다고 리켄은 결론 내리고 있다. 이미 유전자 연구가 보여 주는 새로운 가능성들에 열광하고 있던 미국과 유럽의 언론은 리켄이 전하는 이 소식을 놀라움의 시선으로 받아들였다. 1996년 리켄의 연구 결과가 발표된 후 「더 뉴요커The New Yorker」에 실린 카툰이야말로 그들의 반응을 전형적으로 보여 준다. 카툰에는 멋진 성 한 채가 그려져 있다. 옆에는 공원이 있고 성 앞에는 롤스로이스가 한 대 서 있다. 그 앞에서 중년쯤 되어 보이는 한 남자가 다음과 같은 한탄을 한다. "수년 동안 돈을 긁어모으느라 그렇게 정신없이 살아왔건만 이제 듣는 얘기라고는 내 행복이 유전자 덕분이라는 겁니다. 그 생각만 하면 정말 울고 싶다니까요."

이를 어떻게 받아들일 것인가? 돈이 행복을 가져다줄지 의심스럽다는 사실은 차치하고라도 유전자가 우리 인격에 영향을 미친다는 것, 그로 인해 우리가 명랑하거나 상심에 빠지곤 하는 성향을 지니게 된다는 데에는 의문의 여지가 없다. 예를 들어 우울증 환자들이 적어도 부분적으로는 유전적 원인을 갖고 있음은 충분히 증명된 사실이다. 우울증을 앓는 직계 가족이 있는 경우 그렇지 않은 사람보다 우울증을 겪을 확률이 4배나 높다. 분열증 같은 다른 정신 질환에 대해서도 우리는 비슷한 이야기를 할 수 있다. 따라서 우리는 그러한 질환의 경우 리켄이 관찰했던 것처럼 유전자가 행복의 능력에 끼치는 영향은 분명하다고 말할 수 있다. 유전자는 질병의 발생과 과정에 작용하여 불행을 가져올 수 있다.

우리 뇌의 놀라운 능력

극단적이기까지 한 이러한 경우들을 보편적으로 적용시키는 것은 무모하다. 왜냐하면 유전자는 언제나 동일한 일만을 반복하는 컴퓨터 회로가 아니기 때문이다. 특정한 유전자가 유기체 안에서 발휘하는 기능은 상당 부분 외부 세계와의 상호 작용에 달려 있다. 외부 세계의 자극은 신체의 다른 어느 곳에서보다도 특히 뇌나 신경 체계 안에서 가장 강력하게 유전자의 기능에 영향을 끼친다. 그리고 뇌나 신경 체계야말로 궁극적으로 행복과 불행에 대해 결정을 내리는 곳 아닌가.

78

캐나다 맥길 대학의 신경생물학자 마이클 미니Michael Meaney는 새끼 쥐들의 실험을 통해서 유아기의 체험이 어른이 되어 마주치게 되는 어려운 상황에 대처하는 능력에 영향을 끼친다는 사실을 증명해 냈다. 어미가 충분히 핥아 주고 보살펴 준 어린 동물들은 어미한테 충분한 보살핌을 받지 못한 동물들에 비해 스트레스를 훨씬 더 잘 극복한다. 이 경우 문제가 되는 것은 얼마나 많이 보살펴 주었는가이지 유전자가 아니다. 미니는 어미에게 새끼를 바꿔서 품게 하여 이 사실을 밝혀냈다. 이제 새끼를 잘 보살피는 어미가 나태한 어미의 새끼를 키우게 되었다. 이렇게 자라난 새끼들은 커서 어려운 환경에 잘 적응할 수 있었다. 반대로 무정한 어미에게 맡겨진 새끼는 나중에 스트레스를 심하게 받는 동물로 자라났다.

그러니까 유전자는 운명이 아니다. 또 인간은 쥐들과는 달리 유년기에 체질이 각인되지도 않는다. 신경심리학자 데이비드슨은 아기 때 뇌파 검사를 한 적이 있는 실험 참가자들을 10년 후에 다시 한번 관찰하여 이 사실을 알아냈다. 이제 초등학생으로 성장한 이들의 뇌에는 어렸을 때 나타나던 그 뇌파의 흔적이 거의 남아 있지 않았다. 어릴 때는 앞이마뇌의 왼쪽이 주도적이던 많은 아이들이 이제 오른쪽 뇌에서 강한 적극성을 나타내고 있었다. 그리고 그 반대의 양상을 보이는 아이들도 마찬가지로 많았다. 그동안 겪은 체험이 아이들의 기질을 바꿔 놓은 것이다.

어른이 된 후에도 뇌는 여전히 변화할 수 있다. 이때 변화에 대한 자극은 외부에서 온다. 새로운 경험은 종종 우리의 체험 영역을 바꾸어 놓는다. 또한 뇌는 더욱 놀라운 일도 할 수 있다. 뇌는 스스로 프로그램을 변경할 수 있다.

20여 년의 연구 기간 동안 데이비드슨이 관찰한 뇌 중 가장 강렬한 활동성을 보여 준 뇌는 어느 티베트 승려의 뇌였다. 이 스님은 이미 1만 시간 이상 명상을 한 사람이었다. 그의 왼쪽 뇌는 인간이 자신의 정신을 어떻게 훈련시킬 수 있는가를 잘 설명해 준다.

4

오늘의 기쁨을 내일로 미루지 말 것!

당신은 매운 고추를 좋아하는가? 만약 그렇다면 칼끝만큼의 소량일 것이다. 그리고 당신 육체의 관점에서 본다면 그게 옳다. 인도의 작가 아말 나이Amal Naj가 표현했듯이 고추는 "우리의 혀를 도리어 날카롭게 무는 열매 중에 유일하게 먹을 수 있는 것"이기 때문이다. 고추는 일종의 질소 화합물인 캅사이신Capsaicin을 함유하고 있다. 캅사이신은 점액을 자극하고 평소 열에 반응을 보이는 신경수용체를 공격한다. 그렇기 때문에 우리는 고추를 먹으면 타는 듯한 고통을 느낀다. 옛 중국인들은 '고추 폭탄'으로 적군을 도망가게 만들기도 했다. 오늘날에는 캅사이신을 함유한 스프레이가 경찰의 효과적인 무기로 사용되기도 한다. 잘 익은 빨간 고추를 덥석 깨물어 그 매서운 맛이 혀를 얼얼하게 만드는 상상만으로도 당신은 부르르 몸서리를 칠 것이다.

그러나 10억 이상의 사람들이 바로 이 느낌을 즐긴다. 멕시코 사람들, 인도 사람들, 그리고 타이 사람들에게 고춧가루를 칼끝만큼 소량으로 사용한다는 것은 있을 수 없는 일이다. 그들은 고춧가루를 숟가락으로 듬뿍 퍼서 음식에 넣는다. 입 안을 불태우는 매운맛 없이 먹는 즐거움을 느끼는 일은 그들에게 불가능하다. 고추는 또 다른 새로운 맛을 느끼게 해 준다. 고추를 즐기는 사람들의 말에 따르면 햇과일 맛이나 달콤한 맛은 이 매운 열매와 곁들일 경우 더욱 좋아진다.

멕시코나 인도 사람들은 다른 유전자를 갖고 있는가? 아니면 커리나 고추를 즐겨 먹는 탓에 맛의 감각을 받아들이는 세포가 다 파괴된 걸까? 둘 다 아니다. 캅사이신은 유럽 사람들의 점액을 공격하는 만큼 더운 나라에 사는 그들의 점액도 공격한다. 그래서 인도 사람들은 요구르트를 먹어서 불타는 혀를 가라앉힌다. 물론 불타는 혀를 견딜 만하게 만드는 차이가 하나 있기는 하다. 그런데 그 차이는 입에 있는 것이 아니라 뇌에 있다. 고추 맛을 제대로 즐길 줄 아는 사람은 다른 사람이라면 소스라쳐 물리칠 만큼 매운맛의 고통을 훈련을 통해서 사랑하게 된 것이다. 말하자면 그는 자신의 뇌에 뿌리내린 맛의 평가 체계에 새로운 프로그램을 도입한 셈이다.

대부분의 경우 매운맛에 대한 습관은 유년기에 형성되는데, 그전에 이루어지기도 한다. 언젠가 인도에서 한 어머니가 울며 떼쓰는 젖먹이의 입에 양파 한 조각을 물리는 모습을 보고 놀랐던 적이 있다. 아기는 곧 잠잠해졌다. 낯선 맛에 적응하는 것은 어른이 되어

❖ — 특정한 맛에 대한 기쁨이나 혐오처럼 그렇게 깊숙이 우리 뇌에 프로그래밍된 것이 없다는 사실을 고려할 때, 사람들이 자청해서 고추를 먹는 것은 놀라운 일이다.

서도 여전히 가능하다. 평생 미국식으로 적당히 요리된 음식만 먹고 산 미국인들조차 고추 맛에 접근할 수 있다. 펜실베이니아 대학의 연구자들은 실험을 통해 이것을 증명해 보였다. 실험을 주도하는 사람이 고추의 양을 조금씩 늘린 점, 그리고 무엇보다도 고추의 맛을 다방면으로 칭찬한 것이 중요한 요인으로 작용했다. 처음에 실험 참가자들은 단지 음식 문화에 정통한 사람 앞에서 자신 역시 다양한 문화를 제대로 즐길 줄 아는 사람이라고 인정받기 위해 묵묵히 계속 먹었을 뿐이다. 그러나 점차 매운맛에 익숙해질수록 고추는 그들의 입맛에 맞았다.

특정한 맛에 대한 기쁨이나 혐오처럼 그렇게 깊숙이 우리 뇌에 프로그래밍된 것이 없다는 사실을 고려할 때, 사람들이 자청해서 고추를 먹는 것은 놀라운 일이다. 일반적인 사람들은 달콤한 것을 좋아하며, 너무 쓴 음식을 먹을 경우 얼굴을 찡그리게 되어 있다. 음식에 관한 이러한 선호도는 인간뿐 아니라 쥐와 고양이 그리고 원숭이에게서도 발견된다. 왜냐하면 이것은 진화가 가져온 결과이기 때문이다. 그 어떤 동물도 고통을 유발하는 음식은 건드리지 않는다. 멕시코의 쥐들은 굶어 죽을지언정 쓰레기통을 뒤져 매운 음식 찌꺼기를 먹지는 않을 것이다. 동물들에게 그들의 본성에 대항해 억지로 그런 음식을 먹이려던 실험들은 모두 실패로 끝났다.

그러나 인간의 감정은 유연하다. 우리는 본성상 그다지 흥미를 끌지 않는 것에 대해서뿐만 아니라 심지어 우리에게 거슬리는 일에 대해서까지 기쁨을 누리는 법을 배울 수 있다.

새로운 감정을 만나는 순간

그때 뇌는 새롭게 프로그래밍된다. 즉 머리 안에 있는 연결망들이 변한다. 수십 년 전까지만 해도 학자들은 이것이 가능하다는 사실을 믿지 않았다. 사람들은 뇌의 복잡한 세포와 시냅스들이 출생 전후 모양을 갖추면 더 이상 변하지 않는다고 생각했다. 그러나 이러한 생각은 틀렸다. 인간의 뇌는 자연이 가져온 그 어떤 체계보다도 변화할 수 있는 능력이 크다. 고추의 맛을 즐기는 것은 고통과 결부된 배움의 과정을 전제로 한다.

행복 한 조각을 얻을 수 있는 더 부드러운 방법들도 있다. 예컨대 포도주 향기의 섬세한 차이를 발견해 나가는 일, 한 인간의 태도를 높이 평가하기 시작하는 일, 그저 알고 지내던 사람이 친구가 되었음을 기뻐하는 일, 아침에 일어나서 신문에 머리를 처박기 전 몇 분간 아침 햇살에 감탄의 시선을 보내는 일 등이 바로 그것이다.

이럴 때마다 우리는 무언가를 새롭게 배운다. 무언가를 체험하고 행하는 새로운 방식을 우리의 것으로 만들었기 때문이다. 그리고 이제 막 싹트기 시작한 우정과 점차 더 섬세해지는 보르도 포도주 맛에 대한 감식안이 겉보기에는 서로 다르다 할지라도, 뇌에서 일어나는 근본 과정은 동일하다. 즉 이제 무언가가 이전과는 다른 방식으로 작동한다. 뉴런들 사이에 새로운 연결 고리들이 형성된 것이다.

육체적 느낌은 유기체가 자극에 반응하는 방식이다. 우리는 뒤에서 예기치 않게 뭔가가 펑 터질 때 깜짝 놀라고, 친근한 사람을 보면 기뻐한다. 따라서 우리의 감정 세계를 변화시키고자 할 때 취할 수 있는 방법은 두 가지이다. 우리의 지각 체계가 내맡긴 자극들을 변화시킬 뿐만 아니라 그러한 자극들을 감지하는 방식, 즉 그러한 자극에 반응하는 방식도 변화시킬 수 있는 것이다. 타는 듯한 고추의 매운맛에 고통을 느끼고 싶지 않은 사람은 너무 매운 음식을 피하거나 혀에서 느껴지는 그 불타는 듯한 느낌을 즐길 줄 알아야 한다.

좋은 느낌을 배우다

독일 작가 하인리히 폰 클라이스트Heinrich von Kleist는 "삶의 기술은 모든 꽃에서 꿀을 빨아들이는 데 있다"라고 썼다. 이 말은 반쯤만 맞는 말이다. 삶의 기술은 모든 꽃의 꿀에서 가능한 많은 기쁨을 발견하는 데 있으니 말이다.

우리가 경험하는 세상은 우리의 머릿속에서 생겨난다. 뇌는 감각 기관들이 전달하는 1차 자료들을 매우 다양한 단계를 통해 가공한다. 이것은 감각적 인지의 가장 단순한 과정들에도 해당된다. 영화를 볼 때 우리의 뇌는 배우들이 움직인다는 표상을 자동적으로 만들어 낸다. 실제로는 정지된 사진들의 연속에 불과한데도 말이다. 사과를 먹을 때 우리는 후각 또한 미각 못지않은 강도로 육체적 느낌에 관여함에도 혀에서 사과의 달콤한 향기를 느낀다. 실제로 눈을 가리고 코를 막은 상태에서 사과와 익히지 않은 감자를 구별하기란 매우 어렵다.

우리는 연습을 통해서 자극과 우리의 반응 사이에 놓인 자료 처리 과정에 부분적으로나마 영향력을 행사할 수 있다. 예를 들어 우리는 보르도 지방의 다양한 포도주들을 단지 그 향기만으로도 서로 구별할 수 있을 정도로 후각과 미각을 단련시킬 수 있다. 또 우리는 참을성 없는 동료들이 퍼붓는 비난에 좀 더 태연하게 대처하는 법을 배울 수 있다. 이것 역시 인간 뇌의 변화 능력이 낳은 결실이다.

이러한 측면에서 볼 때 우리는 인간이 얼마나 기이한 존재인지를 다른 생물체와 비교해 봄으로써 비로소 제대로 알 수 있다. 독일의 신경학자인 게르하르트 로트Gerhard Roth는 감각적 인지와 그에 대한 뇌의 응답이 진화가 진행되는 동안 얼마나 정교하게 발달했는지를 수치로 파악하고자 했다. 세상에서 가장 단순한 신경 체계를 갖고 있는 편충의 신경 회로는 평균적으로 단 한 번의 추동력에 의해 외부 자극에 반응한다. 그렇기 때문에 편충의 움직임은 사람들이 줄을 당기면 언제고 팔을 들어 올리는 꼭두각시 인형처럼 전적으로 외부에 달려 있다.

그러나 로트가 자세하게 연구한 도롱뇽만 하더라도 이미 감각기관이 전달하는 외부의 모든 신호에 대응해 뇌 자체에서 수천의 추동력이 가동된다. 도롱뇽의 뇌 크기는 핀의 머리 정도에 지나지 않는다. 그런데도 이런 종류의 동물들은 외부의 조정만 받는 것이 아니라 단순한 수준이긴 해도 내적 삶의 조정도 받는다. 그렇기 때문에 로트는 두꺼비 같은 양서류를 관찰하면서 이것들이 어떤 방식으로 자극에 반응할지를 예견하기 어려웠다. 때때로 이 양서류들은 방금 배를 채웠음에도 다시 파리를 갖다 주면 냉큼 잡아먹었다. 그러나 또 어떤 때는 며칠 동안 굶주렸음에도 파리를 거들떠보지도 않았다. 따라서 로트는 인간처럼 그렇게 복잡한 신경 체계로 무장된 생명체는 매번 외부에서 신호가 올 때마다 수만의 내적 추동력이 가동될 것이라고 추측한다. 우리의 뇌는 무엇보다도 자기 자신에 몰두하는 기관이다. 즉 대부분의 육체적 느낌은 외부 자극 없이 자체적으로 생산된다.

심리 치료 방법 중 가장 정석은 바로 이러한 인식에 기반하고 있다. 특히 행동 장애 제거를 위한 심리요법은 연습을 통해 환자들이 이제까지와는 다른 육체적 느낌으로 상황에 대응하도록 가르친다. 예를 들어 병적으로 수줍음을 타는 사람은 다가올 파티에 대한 두려움을 느끼지 않도록 연습할 수 있다. 거미를 무서워하는 사람은 그러한 심리 치료를 받은 후 털이 북슬북슬한 거미가 손바닥을 기어다녀도 아무렇지 않을 수 있다. 이러한 심리 치료의 목적은 일반적으로 환자들이 심각한 장애라고 여기는 부정적인 느낌을 극복하여 심리적 고통의 골짜기에서 빠져나오도록 돕는 것이다. 비슷한 방법을 통해 우리는 좋은 느낌을 강화시킬 수 있다. 그러한 연습과 훈련은 정상을 향해 올라가는 우리에게 도움이 된다.

아침에 잠자리에서 일어난 후 아침 햇살을 충분히 즐겼기에 기분이 좋아졌는가, 아니면 반대로 당신의 기분이 좋아졌기 때문에 하늘 색깔이 강렬하게 느껴졌는가? 둘 다일 것이다. 뇌에서, 또 우리의 경험에서 원인과 결과가 서로 분리되는 경우는 매우 드물다. 앞에서 살펴보았듯이 우리 머릿속에 있는 대부분의 회로들은 서로 너무나 밀접하게 연결되어 있어서 거의 모든 사건이 다시금 그 자체에 영향을 끼칠 수 있다. 이 기제를 올바르게 사용한다면 우리는 뇌를 계속해서 변화시킬 수 있게 된다. 즉 좋은 느낌을 배울 수 있게 되는 것이다.

철학자들의 훈련법

우리는 불행을 조절할 수 있고 행복을 배울 수 있다. 대부분의 훌륭한 관념 뒤에는 고대인들의 사상이 숨어 있듯이, 이러한 생각 뒤에도 선조들의 생각이 숨어 있다. 고대 그리스 철학자들은 자기 조절을 통해 감정의 주인이 되고자 하는 시도를 '아스케시스Askesis'라고 불렀다. 오늘날 우리는 아스케제Askese, 즉 금욕이라는 단어에서 금식의 이미지를 떠올리거나 회초리로 스스로를 채찍질하는 고행자 등 본래의 자기를 소멸시키는 모습을 연상한다. 그러나 이것은 중세 시대에 이르러 전개된 양상이다. 고대 그리스어로 아스케시스는 연습을 의미했다. 기원전 7세기에 살았던 페리안드로스는 "모든 것은 연습이다"라고 말했다. 그는 당시 최초로 널리 알려진 철학자 중의 한 사람으로서 7인의 현자에 속했다.

이후 철학자들은 자신들이 숙고해서 맺은 사상의 열매를 제자들의 머릿속에 깊이 심어 주기 위해 정식으로 '행복학교'를 운영했다. 오늘날 우리는 학문과 삶의 기술을 분리시켜 생각하는 데 익숙하다. 그러나 당시의 철학자들은 그렇게 생각하지 않았다. 오늘날 철학은 주로 인식에 이르는 학문적 여정으로 간주되나, 옛 고대인들은 성찰이란 그것의 적용 방식을 훈련할 수 있을 때 비로소 유익하다고 믿었다. "철학은 두 개의 영역을 포함한다"라고 스토아학파의 철학자인 키오스의 아리스톤Ariston은 말한다. "무엇을 해야 하고 무엇을 하지 말아야 할지를 올바르게 파악하는 사람이라도 아직 현명하다고는 할 수 없다. 올바르다고 인식한 것과 틀리다고 인식한 것, 이것이 그의 영혼과 완전히 혼연일체가 되기 전에는 누구도 현명한 사람이라고 할 수 없다."

이러한 지침들의 궁극적인 지향점은 제자들의 성격을 균형 잡히고 즐거운 삶에 맞도록 형성하는 데 있었다. 그러한 목표로 이끄는 길은 특정한 경험을 의식적으로 반복하는 것이었다. 교사는 행복의 규칙을 갈고 닦기 위한 일체의 연습들을 알고 있었다. 소유욕이나 질투 또는 죽음에의 공포 같은 감정들을 극복하는 데 도움이 되는 지성을 그들은 "치유"라고 불렀다. 제자들은 이러한 감정들이 파괴적이라는 사실을 끊임없이 직시함으로써 자신들의 영혼이 그로부터 점차 해방되도록 만들었다.

더 나아가 '지각을 예민하게 만드는' 훈련을 통해 긍정적인 감정을 위한 의식을 개발했다. 에피쿠로스는 "어느 누구도 내일의 주인이 될 수 없으니 기쁨이 되는 것은 언제나 미루지 말고 즉시 포착하라"고 제자들에게 충고했다. 이 경우에도 스승은 말의 힘 그 자체보다 습관의 힘에 더 많은 신뢰를 보내고 있다. 매일 밤 잠자리에 들기 전 제자들은 '오늘을 즐겨라'의 원칙에 따라 하루를 살았는지 스스로 질문해야 했다.

제자들은 생각을 통한 훈련 속에서 언제나 자신들이 현재 처해 있는 실존 밖의 어느 한 지점을 지향해야 했다. 거리를 두고 볼 때 자신들이 지금 겪고 있는 근심과 곤궁함이 얼마나 사소한 것인가를 깨닫기 위해서였다. '에피쿠로스의 정원'에서 제자들은 통상적으로 —

에피쿠로스를 중심으로 한 철학 공동체는 스스로를 '에피쿠로스의 정원'이라고 불렀다 -스승이 특정한 상황에서 얼마나 여유 있게 행동할 것인가를 그려 보곤 했다. 오늘날의 신경학자들은 인간 정신의 그러한 훈련 방식이 의미 있는 일임을 확인해 준다. 왜냐하면 환상 이미지는 거의 실제 경험과 마찬가지로 뇌를 형성하기 때문이다.

오비디우스Ovidius는 『변신이야기』에서 행복을 연습하기 위해 심지어 우주로 여행을 떠난다. "드높은 혜성의 궤도를 측정하는 일은 기쁨을 가져다준다. 지구와 지구가 자리 잡고 있는 그 비활동적인 자리를 떠나는 것, 그리하여 힘센 아틀라스의 어깨 위에 올라서서 저 멀리 지구에서 이리저리 방황하고 있는 인간들을 굽어보는 일은 기쁨을 준다. 죽음을 두려워하며 공포에 떠는 저들을……."

도대체 개들은 어디서 기쁨을 배웠을까?

2000년 이상이 흐른 뒤 상트페테르부르크의 대학병원에서 일하던 물리학자 이반 파블로프Ivan Pavlov는 일련의 실험에 착수했다. 파블로프는 언제나 그렇듯이 실험실용 푸른 작업복을 입고 점심때쯤 자신이 나타나면 개들이 침을 흘린다는 사실에 주목하게 되었다. 다른 사람 같으면 '개들이 먹을 것을 기대하고 기뻐하는구나'라고 쉽게 추측해 버렸을 것이다. 그러나 열정적인 탐구자인 파블로프는 그 이상의 것을 알고 싶었다. 도대체 개들은 이 기쁨을 어떻게 배웠을까?

그는 개들의 코앞에 고기 가루를 뿌리기 전에 메트로놈이 똑딱똑딱 움직이게 했다. 동시에 그는 개들의 침과 소화액을 채취해서 그것을 관을 통해 천천히 회전하는 종이 실린더에 흘러들게 했다. 이러한 실험을 통해서 그는 개들이 언제 식욕을 갖게 되는지 정확히 측정할 수 있었다. 얼마 지나지 않아 개들은 고기가 눈에 보이지 않아도 메트로놈의 똑딱거리는 소리를 듣기만 하면 벌써 침을 흘리기 시작했다. 파블로프가 개들의 자연적인 식욕 반응 구조를 완전히 조절하여 바꾸어 놓은 것이다. 이로써 그는 배움의 기본 구조를 밝혀내는 데 성공했다.

이 연구로 파블로프는 1904년 노벨상을 받았고, 그의 개들은 역사상 가장 유명한 실험실 동물이 되었다. 그는 심리학을 검증 가능한 자료들의 토대 위에 세운 최초의 학자 중 한 사람으로 평가받는다. 그러나 개들의 그 달라진 행동을 두개강 아래에서 일어나는 일련의 과정으로 설명하는 일은 당시에 그 누구에게도 가능하지 않았다.

배움의 과정을 설명하는 일이 가능해지기까지는 수십 년이 더 흘러야 했다. 우선 과학자들은 뇌의 최소 단위인 뉴런에 이르는 길을 찾아내야 했다. 우리의 행동 양식이나 감정이 바뀌기 위해서는 뇌의 형상이 바뀌어야 하며, 이러한 변화가 시작되는 곳이 바로 뉴런이기 때문이다.

이 회색 세포들 하나하나는 일종의 미세한 컴퓨터이다. 그리고 모든 뉴런은 다른 뉴런과 연결되어 있어, 그 다른 뉴런들이 보내는 신호를 계산해서 수천 개의 다른 세포들에게 전달한다. 그러나 접수된 신호를 처리하는 방식은 뉴런 스스로 바꿀 수 있다. 하나의 신경세포와 비교해 볼 때 우리의 책상 위에 있는 컴퓨터들은 모두 뻣뻣한 기계에 불과하다. 만일 개인 컴퓨터들이 뉴런과 비슷한 전산 처리 능력을 갖고 있다면 이 컴퓨터들은 집에서 키우는 애완동물처럼 적응력이 뛰어나고 자기 의지도 강할 것이다. 그래서 컴퓨터 사용자가 무엇을 좋아하는지 무엇을 싫어하는지를 미리 알아서 그에 맞게 대처할 것이다.

눈으로는 전혀 볼 수 없는 이 미세한 세포들이 어떻게 그토록 엄청난 능력을 지니게 되었을까? 모든 뉴런은 환경에 자신을 맞춘다. 더 정확히 말하면 자신의 이웃에서 받아들이는 신호들에 자신을 맞추는 것이다. 이 회색 세포들은 신호를 균질적인 흐름으로 내보내지 않고 포를 쏘듯이 터뜨려서 내보낸다. 만일 두 개의 뉴런이 늘 같은 시간에 동시에 포를 쏜다면 둘 사이의 연결, 즉 시냅스는 강화된다.

파블로프의 개들, 그들의 뇌에서 일어난 일이 바로 이러한 시냅스의 강화이다. 파블로프가 개들에게 먹이를 주기 전에 언제나 메트로놈을 작동시켰기 때문에 개들 뇌에서는 두 종류의 뉴런, 즉 '고기'와 '메트로놈'에 반응을 보이는 뉴런들이 동시에 불꽃을 내뿜었다. 이 일이 자주 반복될수록 시냅스는 강화되었다. 얼마간의 시간이 흐른 뒤 이 시냅스는 매우 견고해져서, 메트로놈의 똑딱거리는 소리를 듣고 한쪽 뉴런이 포를 쏘게 되면 이 시냅스를 통해 식욕에 반응하

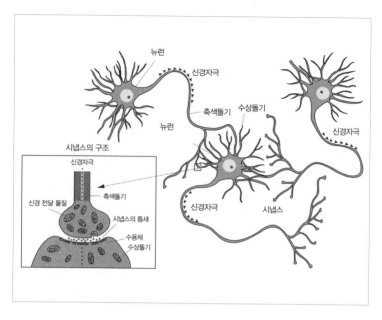

図 다음의 각 명칭:
뉴런
신경자극
축색돌기   수상돌기
뉴런
신경자극
시냅스의 구조
신경자극
신경 전달 물질
축색돌기
시냅스의 틈새
수용체
수상돌기
신경자극   시냅스

❖ — 배우는 뇌

뇌는 약 1,000억 개의 뉴런으로 이루어져 있으며 각각의 뉴런은 작은 컴퓨터이다. 나뭇가지 모양의 돌기들을 통해 뉴런은 다른 회색 신경세포들로부터 신경 자극을 접수한다. 뉴런은 자신의 내부에서 이 자극들을 계산한 다음, 그 결과를 출구인 축색돌기를 통해 다른 뉴런들에게로 계속 전달한다. 두 뉴런 사이의 접속을 맡고 있는 것이 시냅스이다. (왼쪽의 확대된 그림) 신경 자극이 도착하면 여기 시냅스에서 '쾌락 분자' 도파민 같은 신경 전달 물질이 분비된다. 시냅스 틈새의 맞은편에는 이 자료들을 받아들이는 수용체가 있다. 이 수용체들은 화학 신호를 접수해서 새로운 신경 자극을 발생시킨다. 우리가 무엇인가를 배울 때 뉴런들은 새롭게 형성된다. 세포 내부에서 일어나는 계산 과정들, 심지어 뉴런들의 형태도 바뀐다. 많은 곳에서 신호를 전달하는 수상돌기들이 사라지는가 하면 또 다른 곳에서는 새로운 수상돌기들이 자라나기도 한다. 이렇듯 뉴런들은 정원에 있는 식물들처럼 계속해서 변화한다.

는 다른 회로가 저절로 함께 튀어 오르게 되었다. 마치 도미노 게임에서 말이 하나 쓰러지면 그다음 말도 함께 쓰러지듯이 말이다.

그러니까 뇌에서는 동일한 부류에 속하는 것들은 서로 연결된다. 이 원칙은 생물학적으로 매우 의미심장하다. 당신이 이미 오래전부터 더 이상 가스 불에 손을 데는 일이 없다면 그것은 바로 뇌의 이 원칙 덕분이다. 유년기의 고통스런 경험을 통해서 우리 모두의 뇌에는 '가스 불'과 '뜨겁다' 사이에 튼튼한 시냅스가 형성되었다. 그래서 우리는 자신도 모르게 가스레인지를 조심스레 다루게 된 것이다.

이러한 연결망의 구성은 캐나다의 심리학자 도널드 헵Donald Hebb의 이름을 따서 '헵의 학습 규칙'이라고 명명되었다. 그는 1949년에 이미 개별적인 뉴런이 배움의 책임을 지고 있을 거라고 추측한 사람이다. 모든 배움의 과정은 이 원칙에 따라 기능한다. 우리가 외국어를 배우건, 새로운 춤을 연습하건, 아니면 이제까지 알지 못했던 이국적인 과일의 맛을 즐기기 시작하건 간에, 그 모든 배움의 과정은 우리 머릿속에서 중추적 위치를 차지하는 세포들 사이의 무수한 연결 고리들이 변하고 있음을 의미한다.

뇌 자극하기

이 책을 다 읽고 난 후 당신의 뇌는 이 책을 읽기 전과는 다른 모양을 하고 있을 것이다. 신경세포들의 달라진 전기 신호를 측정하는 수많은 신경물리학 실험들만이 우리를 이러한 결론으로 유도하는 것이 아니다. 우리는 머릿속에서 일어나는 그러한 변화를 가시적으로 만들 수 있다.

1999년 막스플랑크 신경생물학연구소의 토비아스 본회퍼Tobias Bonhoeffer는 이 새로운 기술을 발견해 내는 데 성공했다. 그는 새로 개발된 현미경으로 살아 있는 뉴런들의 성장을 관찰하고, 이 과정을 비디오에 담았다. 손상되지 않은 뇌에서 이러한 실험을 하는 일은 아직 불가능했기에 본회퍼는 쥐의 뇌에서 장기 기억에 중요한 역할을 하는 부분의 조직을 조금 채취했다. 그는 이 세포들을 배양하고 개별 뉴런들을 형광물질로 표시한 다음, 이것들을 머리카락처럼 섬세한 전기선에 연결시켰다. 그는 동시에 두 개의 뉴런에 여러 번 전기 충격을 가하여 두 종류의 감각적 인지를 가상적으로 만들어 냈다. 이를테면 '가스 불'과 '뜨겁다' 같은 신호에 상응하게 말이다. 30분 정도 지나자 벌써 신경세포의 외부 줄기인 수상돌기에서 이른바 수상돌기 가시라고 불리는 옹이가 자라나기 시작했다. 뉴런들은 이 옹이를 통해 서로 소통한다. 이로써 두 개의 신경세포 사이에 하나의 새로운 연결망이 생겨나기 시작한 것이다.

본회퍼의 필름은 뇌의 변화를 보여 주는 장엄한 기록일 뿐 아니라 이 변화에서 특별히 중요한 것이 무엇인지를 알려 주는 보고서이다. 우선 우리는 반복이 결정적인 역할을 한다는 사실을 알게 되었다. 뉴런들이 더 자주 자극을 받을수록 새로운 연결망은 안전히 정착하게 된다. 누군가의 전화번호를 빨리 외우고 싶다면 그 번호로 자주 전화를 걸면 된다. 새로운 감정을 배우는 일도 마찬가지이다. 일단 시냅스가 생기고 나면 우리는 반복을 통해서 이것을 계속 유지시킬 수 있다.

두 번째로 우리는 배움의 과정이 자동적으로 일어난다는 사실을 알게 되었다. 본회퍼가 관찰한 뉴런들은 이제 배워야 할 것이 무엇인지 지시해 주는 그 어떤 명령도 받은 적이 없다. 연구자는 이 세포들을 뇌의 전체 연결망에서 분리해 내지 않았던가. 그럼에도 새로운 연결 구조가 형성되었다. 단순히 자극이 동시에 일어났기 때문에 말이다. 우리가 감각적으로 인지하는 모든 것, 즉 느끼고 생각하는 모든 것은 뇌를 변화시킨다. 우리가 원하든 원하지 않든 말이다.

나의 감정과 좋은 관계 맺기

자주 기뻐하는 사람의 얼굴에서 웃음이 남긴 잔주름을 많이 볼 수 있듯이, 감정 역시 뇌에 그 흔적을 남긴다. 우리가 반복해서 체험하는 기쁨이나 슬픔 같은 감정의 효과란 산허리를 타고 흘러내리는 물방울의 효과와 비슷하다. 각각의 물방울은 금방 사라지지만, 시간이 흐를수록 그 물방울들은 모여서 물길을 만들고, 강의 흐름을 형성하다가 결국에는 골짜기를 만든다. 명랑함은 습관이 될 수 있다. 짜증을 내는 것도 마찬가지이다. 이것은 긍정적인 감정은 가꾸고 부정적인 감정은 억제하라고 일러 주는 충고에 내재해 있는 신경생물학적 근거이다.

감정의 반응 또한 헵의 학습 규칙, 즉 본회퍼가 필름으로 담은 바로 그 과정에 따라 뇌에서 견고하게 자리를 잡아 간다. 아주 단순한 예를 하나 들어 보자. 당신이 먼저 깜빡이를 켰음에도 다른 운전자가 나타나 당신이 막 주차하려는 자리를 차지했다고 치자. 당신이 화를 참지 못하고 상대방 운전자에게 소리를 지를 경우 당신은 몇 초간 심리적 만족을 얻을지도 모른다. 그렇다고 해서 당신이 다시 그 주차 공간을 차지하리라는 보장은 없다. 뿐만 아니라 당신은 미래에 비슷한 상황에 부딪히게 될 때 화를 낼 수 있는 길을 닦아 놓은 셈이다. 이것이야말로 진짜 나쁜 일이다. 다음번 운전할 때 누군가 상대방에 대한 배려 없이 행동하는 것을 보게 되면 당신은 아마도 더 격렬하게 반응할 것이다. '예의 없는 운전자'와 '화' 사이에 연결 고리가 확실하게 생겼기 때문이다. 불쾌한 감정을 절제하는 대신 화를 폭발시켜 화를 해결 하는 방식은 타오르는 불에 기름을 붓는 것과 같다. 이제 당신은 미래에 더 자주 불쾌한 감정의 노예가 될 것이다.

앞 장에서 살펴보았듯이, 앞이마뇌는 부정적인 감정을 조정하기 위해 설치되어 있는 것이 분명하다. 따라서 우리는 격한 분노나 두려움을 느낄 때에도 자신을 잘 조절해서 더 득이 되는 방향으로 반응을 보일 수 있다. 자기 극복의 문제에서 연습을 잘 한다면 이중의 방식으로 뇌를 형성할 수 있다. 한편으로 우리는 그러한 연습을 통해 자극과 감정적 답변 사이의 연결 고리를 약화시켜 불쾌한 감정이 발생하는 가능성 자체를 줄일 수 있다.

또 우리는 앞이마뇌의 능력을 강화시켜 부정적인 느낌이 발생하는 경우에도 그것을 가능한 한 절제할 수 있다. 대부분의 능력이 그러하듯이, 감정의 의식적인 조정도 훈련될 수 있다. 그리고 그러한 훈련은 다시금 뇌의 구조를 변화시킨다. 그 결과 우리는 점차 자신의 감정과 좀 더 손쉽게 관계 맺을 수 있게 된다.

타고난 '길치'에서 해방되는 법

뇌의 변신은 뉴런에서 시작되지만 뉴런에서 끝나지는 않는다. 얼마나 빨리, 얼마나 강도 높게 습관이 뇌의 전 영역을 변화시킬 수 있는지에 대해 우리는 스페인계 미국인 신경학자인 알바로 파스쿠알-레오네Alvaro Pascual-Leone의 시각장애인 실험에서 확인할 수 있다. 시각장애인의 경우에는 뇌의 각 영역의 경계가 조금씩 이동한다. 촉각이 시력의 결여를 보완하기 때문이다. 우리는 집게손가락을 담당하고 있는 대뇌피질의 일부분에서 이것을 가장 분명하게 살필 수 있다. 시각장애인들은 집게손가락으로 점자를 읽기 때문에 대뇌피질의 일부분이 일반인들보다 더 많이 발달해 있다. 대뇌피질의 이 영역이 다른 영역의 대가로 성장하는 것을 보기 위해서는 단 몇 시간이면 충분하다. 점자로 기사를 읽는 한 시각장애인 편집자를 관찰하면서 레오네는 점자를 읽는 그 손가락에 해당되는 뇌의 부분이 첫날 저녁에 이미 확장되었음을 확인할 수 있었다. 그러나 그 편집자가 점자를 읽지 않은 주말을 보내고 나자 뇌의 이 부분은 다시 줄어들었다.

뇌의 일정 영역 전체가 그렇게 빨리 변하는 경우는 시각장애인에게만 해당되는 것이 아니다. 다양한 연구들이 증명하고 있듯이, 그것은 일상적으로 우리가 경험하는 모든 효과들에 해당된다.

물론 뇌의 모든 체계가 다 대뇌피질처럼 그렇게 유연한 것은 아니다. 뇌의 조직들은 단 며칠 만에 변하지 않는다. 새로운 구조가 형성되기 위해서는 몇 주일이 걸리기도 하고, 몇 년이 걸리기도 한다. 그리고 뇌의 많은 부분은 심지어 삶의 특정 기간, 예를 들어 유년기에만 형성되기도 한다.

천천히 변하는 것은 종종 불변한다고 느껴진다. 풀이 자라는 것을 볼 수 있는 사람은 없다. 방향 감각이 부족해 '길치'라고 절망하는 사람들도 연습하면 어디서든 쉽게 길을 찾을 수 있다. 그들이 훈련시키는 곳은 공간 기억을 담당하고 있는 뇌의 부분, 즉 해마Hippocampus 같은 곳이다. 그러나 이 회로는 머리의 안쪽 깊숙이 놓여 있어서 대뇌피질처럼 그렇게 쉽게 변하지 않는다. 이 부분들은 훨씬 더 오래된 진화의 결과이기 때문이다. 그러나 그러한 구조들조차 줄어들거나 자라난다.

런던 대학의 신경심리학자인 크리스 프리스Chris Frith가 관찰한 런던 시의 택시 운전사들의 뇌는 이를 잘 보여 준다. 런던에서 택시 운전사가 되려면 최소한 467개 이상의 차도를 알아야 한다. 이제 대기자가 시험에 합격해 드디어 허가증을 주머니에 넣게 된다면 그는 수년간 런던의 복잡하기 짝이 없는 도로들로 차를 몰고 다녀야 한다. 이러한 과제는 택시 운전사의 머리에 흔적을 남긴다. 따라서 택시 운전사들의 해마는 성장한다. 혼잡한 교통의 미로 속에서 보낸 햇수가 길수록 그들 뇌의 해마는 그만큼 더 강해진다.

젊은 뇌를 만드는 머릿속 청춘의 샘

뉴런들의 시냅스 하나를 강화시키는 것에서 뇌 전체의 구조를 변화시키는 데까지 이르는 길은 멀다. 그것은 몇 단계를 거쳐야 하는 길이다. 변신은 뉴런의 내부에서부터 시작된다. 아직 외부에서는 아무런 변화의 흔적을 발견할 수 없다. 세포에서 일어나는 생체화학적 반응들은 세포의 진행 과정을 변화시키고, 단백질 분자들은 세포의 형태를 변화시키며, 세포벽에서는 관들이 열린다. 그리고 더 많은 호르몬이 분비된다. 이 모든 과정을 통해 두 개의 뉴런 사이에서 이루어지는 정보 교환이 좀 더 쉬워진다. 습득 과정의 이 첫 단계는 단기 강화라고 불리는데, 이 단기 강화에서 세포들의 문이 열린다.

그다음 단계, 즉 장기 강화 단계에서는 정보를 받아들이기 위한 새로운 출입구가 생겨난다. 이제 특별한 신호 단백질이 뉴런에 있는 유전자 물질에 영향을 끼치고 세포핵 안에 있는 유전자들을 작동시킨다. 이 유전자들은 뉴런의 형태가 변해야 한다는 명령을 내리고, 새로운 연결망을 위한 토대로서 단백질이 생성되는 것을 관리한다. 그리고 뉴런의 지류들인 수상돌기에 옹이가 자라난다. 이 옹이들이 그에 상응하는 이웃 세포들의 돌기와 접속함으로써 새로운 시냅스가 생겨난다. 시간이 지나면 뉴런을 다른 뉴런들에 연결시켜 주는 이 수상돌기 나무에서 추가로 돌기들이 더 솟아오른다. 이 새로 생겨난 회로들을 통해서 이제 한층 더 많은 신호들이 세포 안으로 흘러 들어간다. 그러한 장기 강화를 가동시키기 위해 신경세포들은 상당한 에너지를 투자해야 한다. 그렇기 때문에 이 두 번째 단계는 그러한 수고가 가치 있는 일임이 보장될 때에만 시작된다. 기억 속에서 연결되어야 할 자극들이 자주, 충분히, 함께 등장했을 때 비로소 머릿속에서 새로운 다리들이 놓인다. 반복된 연습을 통해서만 뇌에 무언가를 각인시킬 수 있는 것은 바로 이 때문이다.

또 장기 강화는 두 가지 호르몬, 즉 세로토닌과 도파민에 의해서도 유발된다. 이 두 호르몬은 본질적으로 좋은 감정을 책임지고 있다. 그러니까 쾌락이나 향유 그리고 호감을 경험하게 만드는 물질들이 뇌가 새로운 구조를 만드는 데에도 결정적인 역할을 하는 셈이다. 앞으로 보게 되겠지만, 뭔가를 새로 배우는 일이 행복의 체험과 불가분의 관계에 있는 것은 우연이 아니다.

그 외에도 뇌에 새로운 연결망이 솟아나는 데는 이른바 '신경성장요소NGF'라고 불리는 물질들이 필요하다. 이 물질들은 정확히 그 이름 그대로의 역할을 수행한다. 즉 뉴런에서 새로운 수상돌기들이 생겨나도록 자극한다. 그러나 신경성장요소는 신경세포들이 자라나는 데 필요한 신체 고유의 거름일 뿐 아니라 영생을 보장하는 묘약이기도 하다. 즉 이 신경성장요소가 없으면 신경세포는 죽어 버린다.

우리의 기분과 뇌에 봉사하는 이 신경성장요소의 수치 사이에는 특정한 연결망이 있을 것으로 추정된다. 몸이 얼마만큼의 신경성장요소를 생산해 내는가에 특별히 관여하는 것이 바로 세로토닌 호르몬이다. 우리가 상심해 있을 때 세로토닌 수치는 감소한다. 우울증일 때 신경세포는 소멸해 버린다. 반대로 긍정적인 느낌은 뇌를 생동감 있게 유지시킨다. 세로토닌과 도파민이 풍부하게 유통되고, 더 나아가 새로운 연결망들이 좀 더 쉽게 생성되기 때문이다. 행복은 결과적으로 뇌를 젊게 유지시키는 청춘의 샘이라고 할 수 있다.

정원을 가꾸듯 그렇게

언제나 최상의 기분을 유지한다고 해서 신경성장요소를 위한 자료가 무한정 충분한 것은 아니다. 뇌의 성장은 정원을 가꾸는 일과 비슷하다. 무엇이 자라지 않는지, 무엇이 자라나야 하는지의 문제가 중요하다. 즉 두 경우 모두 한 자리를 두고 경합을 벌이는 것이다. 뇌는 자신이 가진 자원을 아껴서 사용하고, 무엇보다도 그것이 가장 시급하게 요청되는 곳에 투입하는 일에 뛰어난 능력을 보인다. 그래서 뇌는 신경성장요소를 지금 막 생겨났거나 빈번하게 사용되는, 그래서 특별히 중요해 보이는 연결망들을 가꾸는 데에 주로 투입한다.

따라서 별로 활동적이지 않은 연결망들에는 그만큼 적은 양의 신경성장요소가 배급된다. 화단에 있는 식물 중 거름을 주지 않은 화초들이 그러하듯, 이러한 연결망들은 서서히 시들어 간다. 동물 실험에서 우리는 전자현미경을 통해 활동적이지 않은 회로들이 뇌에서 점점 사라지는 모습을 관찰할 수 있다. 그러나 신경세포 연결망들의 생성뿐만 아니라 소멸 또한 유기체에는 중대한 의미를 지닌다. 오래된 연결망들이 사라져야 뇌의 각 영역은 다시 새로운 기능들을 취할 수 있다. 새로운 화단을 꾸미려면 우선 잡초들을 솎아 내야 하지 않겠는가. 특정한 뇌의 영역이 새로 구축되기 위해서는 오래된 연결망들이 사라지고 대신 새로운 연결망들이 만들어져야 한다.

따라서 '우리의 뇌가 얼마나 많은 일을 수행할 수 있는가'는 결코 태어남과 동시에 확정되는 것이 아니다. 우리는 뇌의 수행 능력을 강화시킬 수도 있고 파괴할 수도 있다. 근육과 마찬가지로 뇌세포도 적당한 형태를 유지하기 위해서는 지속적인 훈련을 필요로 한다. 우리가 계속 지원하지 않는 재능은 쪼그라든다. 그것은 뇌의 모든 수행 능력에 해당된다. 타자 치는 능력이 그러하듯, 외국어를 유창하게 말하는 능력이 그러하듯, 우리의 감각적 인지능력을 정밀하게 개발하는 일이 그러하듯, 우리는 행복을 향한 능력도 훈련할 수 있다.

어릴 때 배우지 못한 것은 영영 못 배운다?

오늘날의 지식에 따르면, 유년기에 모든 성장이 이루어져 아무리 훈련을 해도 전혀 변화시킬 수 없는 기능은 단지 몇 개에 지나지 않는다. 그중 하나가 보는 능력이다. 뇌의 시각 중추들이 유년기에 제

때 훈련되지 않으면 보는 능력은 더 이상 개발되지 않는다. 그렇기 때문에 세포가 죽어서 경화된 뿌연 각피질을 갖고 태어난 아이들은 너무 늦게 수술을 받게 될 경우 평생 앞을 못 보게 된다.

그러나 '어릴 때 배우지 못한 것은 어른이 되어서도 결코 배우지 못한다'는 원칙이 이처럼 철저하게 지켜지는 경우는 매우 드물다. 물론 우리는 나이가 어릴수록 외국어를 쉽게 습득한다. 그렇지만 나이가 꽤 들어서도 얼마든지 프랑스어나 중국어, 심지어 아랍어조차 배울 수 있다.

좋은 감정을 습득하는 일도 마찬가지이다. 우리가 특정한 느낌을 감지하는 방식은 뇌에 있는 연결망들에 의해 정해진다. 그리고 이 연결망들은 유년기에 더 쉽게 형성된다. 앞에서 보았듯이 대뇌피질 아래에 있는 회로들 대부분이 육체적 느낌을 발생시킨다. 그러나 앞이마뇌는 그러한 느낌을 의식적으로 조절해서 슬픔이나 공포 같은 부정적인 느낌이 주도적이 되는 것을 막을 수 있다. 그리고 언어 중추들이 유년기에 특별히 활동적인 것처럼 앞이마뇌의 중추들 역시 유년기에 특별히 잘 형성된다. 그렇기 때문에 일찍이 자신의 감정을 어떻게 처리해야 할지 배운 사람은 행운아이다.

그럼에도 우리는 교육의 노예가 아니다. 제2, 제3의 언어를 사용하는 사람들 중 소수만이 이 언어들을 유년기에 습득했다. 마찬가지로 감정과 좋은 관계를 맺는 것 역시 성인이 되어서도 충분히 가능하다.

미국의 정신과 전문의 루이스 백스터Lewis Baxter는 이것을 심각한 강박증 환자의 예에서 매우 인상적으로 보여 주었다. 예를 들어 외출할 때마다 반드시 집으로 다시 돌아가고 싶은 충동을 느끼는 사람이 있다. 수도꼭지를 잘 잠갔는지 확인하기 위해서 말이다. 백스터의 환자들 중 일부는 약물 치료를 선택해서 프로작Prozac을 처방받았다. 이것은 우울증뿐만 아니라 강박 장애에도 효과가 있는 약이다. 다른 사람들은 3개월간 계속된 심리 치료를 선택했다. 그들은 강박적 감정의 기미가 느껴질 때면 자신들의 주의력을 즉각 다른 곳으로 돌리는 훈련을 받았다. 심리 치료와 약물 치료의 결과는 거의 비슷했다. 두 방법 모두 실험 참가자 중 약 3분의 1에 해당하는 사람들이 강박 장애를 극복하는 데 도움이 되었다.

감정과 행동의 이러한 긍정적인 변화는 실험 참가자들 뇌의 활동성에서도 읽어 낼 수 있었다. 치료를 하기 전에 백스터는 모든 환자에게 양전자 방사 단층촬영을 진행했다. 나중에 그는 동일한 연구를 반복했다. 앞이마뇌와 대뇌피질 아래에 있는 두 영역, 즉 시상Thalamus과 미상핵caudate nucleus에서 분명한 차이가 발견되었다. 이 구조들은 치료를 받기 전에는 마치 지휘자가 없는 오케스트라처럼 뒤죽박죽 거칠게 작용했다. 그런데 치료가 진행되는 동안 이 구조들은 나름대로의 규칙적인 리듬을 찾기 시작했다. 이들 사이에 연결망이 생겨난 게 분명했다. 이제 앞이마뇌는 이 연결망을 통해 강박 충동을 조절할 수 있게 되었다.

심리 치료나 약물 치료를 통해 우울증에서 벗어난 환자들에서도 뇌의 활동은 비슷한 방식으로 전환되었다. 기분이 나아지는 것과 비

✤ ― 그럼에도 우리는 교육의 노예가 아니다. 제2, 제3의 언어를 사용하는 사람들 중 소수만이 이 언어들을 유년기에 습득했다. 마찬가지로 감정과 좋은 관계를 맺는 것 역시 성인이 되어서도 충분히 가능하다.

례해서 환자들의 왼쪽 앞이마뇌가 점점 더 활발히 활동한다는 사실을 뇌 연구자는 확인할 수 있었다.

이 연구는 뇌의 유연성이 감정과의 관계에도 해당됨을 보여 주는 확실한 증거일 뿐 아니라, 더 나아가 환자들을 좀 더 효과적으로 치료할 수 있는 토대를 마련해 준다. "우리는 놀라운 가능성을 눈앞에 두고 있다. 이제 우리는 한결 더 개선된 뇌 촬영 기술을 바탕으로 이러한 연구 방식을 정신 질환의 진단뿐 아니라 심리 치료의 성공적인 진행에도 사용할 수 있게 될 것이다"라고 빈 출신의 신경학자 에릭 캔들Eric Kandel은 쓰고 있다. 그는 학습 과정에서 뇌의 세포가 어떤 방식으로 변화하는가에 대한 연구로 2000년 노벨상을 수상했다.

서구의 뇌 연구자들이 동양의 지혜에 주목하는 이유

의식은 감정이 뇌를 형성하는 방식에 큰 영향을 끼친다. 원숭이의 경우 감각적 인지를 담당하는 뉴런들은 원숭이가 그것에 관심을 가질 때 빛의 자극에 훨씬 더 강한 반응을 보인다. 인간의 경우에도 학습의 많은 형태들은 의식적인 감각 인지와 연결되어 있다. 예를 들어 초보자가 정신을 바짝 차리지 않은 상태에서 자전거 핸들을 제대로 조작하기란 여간 어려운 일이 아니다. 어떤 대상에 의식적으로 몰두할 경우 그 결과가 뇌에 뿌리를 내리게 되는 것은 너무나 자명하다.

좋은 감정도 우리가 그것에 몰두하면 할수록 더 강하게 작용한다. 따라서 생의 아름다운 순간들을 알뜰살뜰히 즐기는 사람은 누구보다 이성적으로 행동하는 것이다. 그렇게 함으로써 그는 자신의 뇌를 좋은 방향으로 각인시키고 있기 때문이다.

이것은 동양 철학의 관점이기도 하다. 동양 철학의 세계는 여러 면에서 뇌 연구의 인식과 유사한 면모를 지닌다. 예컨대 불교의 심리학과 신경학은 무의식적인 육체적 느낌에 커다란 중요성을 부여한다. 그리고 정신은 경험을 통해서 형성된다는 데 의견의 일치를 보인다. 이러한 통찰에서 불교의 심리학은 서양 철학이 오랫동안 부인해 왔던 사실을 이미 오래전부터 인정했는데, 즉 '마노드라바라Manodravara'라고 불리는 '정신의 문'을 통해 의식에 도달하는 무의식적인 영혼의 움직임이 있다는 것이다. 오늘날의 신경심리학 역시 비슷한 관점을 표방한다. 즉 육체적 느낌은 유기체의 무의식적 상태이며, 이러한 육체적 느낌이 의식적으로 감지될 때 감정이 생겨난다는 것이다. 불교의 심리학이나 뇌 연구의 관점에 따르면 정신은 경험을 통해 형성된다. 오늘날 뇌 연구는 특히 뇌의 조형 가능성을 바탕으로 매우 빠르게 발전하고 있기 때문에 미래에는 그러한 문제들에 대해 한결 더 발전된 설명을 할 수 있을 것이다.

승려이자 인권 운동가인 틱낫한Thich Nhat Hanh은 불교의 관점에서 볼 때 자신의 감정에 주의를 기울이는 일이 얼마나 강하게 정신을 형성하는지에 대해 쓴 적이 있다. 그의 글은 이 장에서 우리가 다루고 있는 이야기를 시적 언어로 옮겨 쓴 것 같은 인상을 준다.

"전통적인 작가들은 의식을 밭으로 또는 농토로 묘사했다. 그 밭에는 모든 종류의 씨앗들이 뿌려질 수 있다. 고통의 씨앗, 행복의 씨앗, 그리고 기쁨과 슬픔, 두려움과 화, 희망의 씨앗. 또 감정의 기억은 우리의 모든 씨앗으로 가득 차 있는 저장 창고로 묘사되었다. 씨앗 하나가 우리의 정신적인 의식 속에서 그 모습을 분명히 드러내게 되면 그것은 언제나 더 힘찬 상태로, 그 저장 창고로 돌아가게 될 것이다. (……) 우리가 평화로운 것과 아름다운 것을 감지하는 모든 순간에 우리 마음속에 있는 평화의 씨앗과 아름다움의 씨앗에 물을 주는 것이다. (……) 그러면 그 시간에는 공포나 고통 같은 다른 씨앗들에는 물이 뿌려지지 않게 된다."

신경심리학과 가장 폭넓게 일치하는 이야기들이 동양의 철학이나 종교에서 발견된다는 사실은 그리 놀라운 일이 아니다. 남아시아와 동아시아에서 사람들은 세계 그 어느 곳에서도 찾아보기 힘든 열정으로 오랫동안 치밀하게 자신들의 영혼을 탐색해 왔다. 그 이유는 그들의 종교에 있다. 힌두교나 불교는 무엇보다도 진리 탐구라는 점에서 서양의 종교들과 구별된다. 유대교나 기독교 그리고 이슬람교가 최후의 진리는 단 한 권의 성스러운 책에 담겨 있다고 믿은 반면, 아시아의 종교들은 자기 자신의 가장 내밀한 것을 인식하는 데에 초점을 맞춘다. 이것이야말로 깨달음에 이르는 길이다. 그리고 이 길은, 힌두교의 가르침에 따르면 신적인 것을 바로 자신의 영혼 속에서 찾게 하고, 불교 신자의 믿음에 따르면 속세의 고통에서 구원받게 한다.

인간의 정신을 이처럼 수천 년에 걸쳐 탐구해 왔기에 아시아의 문화는 서구의 뇌 연구자들과 쉽게 대화를 나눌 수 있다. 달라이 라마가 서구의 주도적인 신경생물학 실험실들 중 (이 책에서 언급되는) 몇몇 실험실에 손님으로 초대된 것은 우연이 아니다.

행복은 우연이 아니야

육체적 느낌을 감지하고 조절하며 예견할 수 있는 사람은 현명한 삶을 영위할 수 있다. 행복감은 우연이 아니라 올바른 생각과 행동의 결과이다. 현대 신경학과 고대 철학 그리고 원인과 결과의 엄격한 원칙을 믿는 불교는 이 점에서 의견이 일치한다.

서양인들은 종종 올바른 선택을 강조하는 사고방식에 익숙해져 있다. 살면서 마주치게 되는 갈림길에서 올바르게 행동하면 많은 일들이 자연히 좋은 쪽으로 진행된다고 말한다. 반대로 불교의 전통과 고대 철학의 전통에서 중요한 것은 좋은 습관들의 확실한 내면화이다. 이 좋은 습관들이 정신을 형성하기 때문이다. 우리는 제일 먼저 환경을 바꾸는 데 주의를 기울일 것이 아니라 우리 자신을 바꾸는 데 주의를 기울여야 한다. 그러면 다른 모든 것은 저절로 이루어진다. 즉 행복할 준비가 되어 있는 정신이 자동적으로 우리를 즐겁게 만들 환경들을 선택할 것이기 때문이다.

의식적인 결정에 얼마만큼의 가치를 부여할 것인가 하는 문제는 궁극적으로 믿음에 달려 있다. 그러나 두 가지 측면에서 그것은 논란의 여지가 있다. 첫째, 행복에 대한 우리의 감각적 인지는 상당 부분 우리의 뇌가 느끼는 방식에 달려 있다. 즉 우리의 결정이 아닌 외부 상황에 달려 있다. 둘째, 이 느낌의 방식을 변화시키기 위해서는 반복과 습관이 필수적이다. 그리고 반복과 습관은 수고스러운 일에 대한 준비 태세를 전제로 한다.

사회적 위상, 경력, 또는 아이들의 교육에 관해서라면 우리는 많은 것을 내놓을 각오가 되어 있다. 그리고 이 모든 것은 우리 외부에 놓여 있는 목표들이다. 그러나 우리의 나날을 행복하게 체험하는 것이 과제가 될 경우 우리는 지나칠 정도로 에너지를 절약한다. 행복의 공식은 아주 간단하다. "행복에 이르는 길의 비밀은 결단과 노력 그리고 시간이다"라고 달라이 라마는 말한다. 과학은 그의 말에 그저 동의할 뿐이다.

2

행복이라는
오래된
기억

1

호모 사피엔스, 지성과 직관에 매달리다

사람들은 종종 오늘날의 인간이 여전히 석기 시대의 충동에 지배당하고 있다고 말한다. 즉 넥타이를 맨 네안데르탈인이라는 것이다. 사무실에서 요란하게 소란을 피우며 돌아다니는 많은 동시대인들은 실제로 몽둥이를 휘두르는 사냥꾼을 연상시키기도 한다. 위압적인 태도로 무리의 다른 남자들을 내쫓고 여자들을 혼자 차지하려드는 원시인들 말이다.

그렇다고 해도 이와 같은 해석이 전적으로 맞는 건 아니다. 물을 것도 없이 21세기의 인간은 느끼고 행동하는 방식에서 적어도 부분적으로는 선조들에게서 유산을 물려받았다. 그러나 왜 이 유산이 오래전 석기 시대의 것이어야만 할까?

어찌 되었든 육체적 느낌은 그보다는 훨씬 더 오래된 것처럼 보인다. 집에서 함께 사는 애완동물에게서 때때로 기쁨과 혐오, 사랑과 증오의 징후를 발견한 적이 없는가? 고양이는 등을 쓰다듬어 주면 기분이 좋아져서 목을 가르랑가르랑 울리며 몸을 쭉 뻗는다. 눈을 감은 채 사지의 긴장을 풀고 참을성 있게, 또 어떤 좋은 일이 일어날지 기다린다. 야단맞은 개는 슬며시 구석으로 몸을 숨긴다. 심지어 새들조차도 애정을 갈구한다. 주위에 다른 새들이 없으면 인간 못지않게 고통을 느낀다. 배우자를 잃은 잿빛 오리는 때때로 수년 동안 홀로 지내면서 온갖 우울증 증상을 보인다.

그러한 장면들을 보게 되면 우리는 감동을 받는다. 우리 자신의 감정을 동물들에게 투영시키기 때문이다. 그렇지만 이러한 관찰을 바탕으로 동물도 인간과 같은 감정을 느낀다고 결론 내린다면 그것은 옳지 않다. 동물의 머릿속에서 약간의 감정이라도 읽어 낼 수 있는 사람은 아무도 없다. 그리고 동물은 자신의 내적 삶을 표현할 수 있는 언어를 가지고 있지 않다. 동물이 느끼는지, 느낀다면 어떻게 느끼는지를 묻는 질문들은 그래서 여전히 질문으로 남아 있다.

물론 외부에서 볼 때 동물은 인간의 것과 비슷한 흥분 상태와 움직임을 나타낸다. 그리고 우리로 하여금 동물과의 은밀한 친족 관계를 느끼게 하는 것은 우리에게 미지의 영역으로 남아 있는 동물들의 감정이 아니라 바로 이 행동 방식들이다. 동물에게서 발견되는 육체적 느낌이 강렬하고 철저할수록 우리와 동물 사이의 유사성은 더 커 보인다. 개와 고양이, 쥐 그리고 심지어는 비둘기나 도마뱀에게서 나타나는 두려움의 징후는 외적으로 볼 때 인간의 반응과 거의 비슷하다. 또 동물의 왕국에서 들려오는 다소 흥겨운 에피소드들도 친숙한 느낌을 자아낸다. 고양이들은 놀이를 즐기고, 쥐들은 세상을 탐색하며, 코끼리들은 짝을 맺기 전에 서로 코를 감는다. 마치 동물들이 즐거움과 흥겨운 호기심 그리고 심지어는 사랑의 신호를 보내는 것 같다.

동물들은 두려움을 경험하지 않은 채 두려워하고, 사랑을 느끼지 않은 채 사랑하는 것인가? 이 문제를 살피는 데 있어 다시 한번 육체적 느낌과 감정의 차이를 정확히 해 둘 필요가 있다. 육체적 느낌은 자동적으로 진행되는 프로그램이다. 대부분의 경우 육체가 가담한다. 그러나 감정은 우리가 이러한 과정을 의식적으로 감지할 때 느끼는 것이다. 부끄러움을 알아차리지 못한 채 얼굴을 붉히는 경우처럼 때때로 육체적 느낌은 감정 없이 등장한다.

따라서 육체적 느낌은 의식을 전제로 하지 않으며, 그렇기 때문에 감정보다는 좀 더 단순한 방식으로 발생한다. 동물이 느끼는지, 느낀다면 어떤 방식으로 느끼는지에 대해 과학이 아무런 대답을 할 수 없다고 하더라도, 동물이 육체적 느낌에 있어서는 상당히 발달된 상태를 보여 준다는 사실은 의심의 여지가 없다. 위협이나 예기치 않았던 표상 그리고 짝짓기에서 자동적으로 나타나는 이러한 흥분의 기능은 인간의 경우와 매우 유사하다.

이와 같이 인간이 존재하기 훨씬 전부터 육체적 느낌은 이미 존재했다. 이렇게 까마득히 먼 과거에서 온 유산이 우리가 언제 느낄 것인지, 무엇을 느낄 것인지에 대해 영향을 끼친다. 왜냐하면 모든 감정은 육체적 느낌을 전제로 하기 때문이다. 아니, 더 나아가 육체적 느낌이 감정을 규정하기 때문이다. 우리가 사과를 볼 수 있는 것은 사과가 거기 놓여 있기 때문이다. 환영이 아니라면 말이다. 쾌락과 공포의 육체적 느낌에서도 사정은 다르지 않다.

육체적 느낌이 모든 감정의 핵심을 이룬다는 사실은 우리가 그것의 출처에 관심을 기울여야 하는 충분한 이유가 된다. 우리는 동물을 관찰함으로써 우리의 복잡한 감정이 어디서 출발했는지를 알아낼 수 있다. 개와 고양이 그리고 생쥐는 인간이 가진 육체적 느낌을 모두 가지고 있지는 않지만 좀 더 단순한 법칙성을 따르기 때문에 그만큼 더 분명하게 본질적인 것이 드러난다. 우리는 동물의 왕국을 거울삼아 우리의 인식에 도달할 수 있다.

공룡 시대 이후 여전히 진화하는 뇌

진화가 진행되면서 뇌와 육체적 느낌은 동일한 박자로 발전했다. 뇌가 더 많이 발달할수록, 더 커지고 복잡해질수록 육체적 느낌도 그만큼 더 풍부하게 세분화되어 나타났다.

자연은 왜 점점 더 작업 능력이 뛰어난 뇌를 만들기 위해 그토록 많은 에너지를 사용하는 것일까? 해파리를 직관과 진귀한 정신적 재능으로 무장시킨다면 그것은 쓸데없는 낭비일 것이다. 해파리에게는 소화 기능을 조절하고, 빛의 자극을 토대로 바다의 어디가 위고 어디가 아래인지 구별하는, 그리고 누군가 건드렸을 때 독이 가득한 포낭을 쏘는 간단한 신경 체계만 있으면 충분하다.

먹이를 적극적으로 찾아나서는 동물은 한결 더 많은 반사 신경과 육체적 느낌에 의존하게 된다. 이런 동물은 우선 자신의 사냥감을 알아봐야 하고, 공격할 순간을 정확하게 잴 수 있어야 하며, 먹잇감이 기대했던 것과는 달리 너무 격렬하게 저항할 경우 차라리 언제도망가는 게 나을지 판단할 수 있어야 한다.

모든 피조물은 살아남기 위해 나름대로 위장술과 꾀, 신체의 힘과 속도가 적절히 섞인 고유한 전술을 갖고 있다. 악어는 적에게 철갑으로 무장된 피부와 이빨을 들이대고, 말은 빠르게 도망간다. 호랑이는 그 힘과 속도에 힘입어 사실상 무적의 동물이다. 언제나 몸의능력은 뇌에 의해 올바르게 적용되어 생명체의 안전과 불행을 결정한다. 시간이 지나면서 무게중심은 점점 더 뇌 쪽으로 옮겨 간다. 이제 팽창한 뇌는 몸이 신진대사를 통해 만들어 내는 에너지를 계속, 더 많이 사용하게 된다. 드디어 인간의 뇌는 유기체가 생산해 낸 모든 에너지의 3분의 1 이상을 요구하기에 이른다.

그리하여 호모 사피엔스, 즉 인간은 더 이상 자신의 육체적 힘에의존하지 않고 거의 배타적으로 지성과 직관에만 의지하게 되었다. 지성과 직관이 없다면 인간은 살아남지 못할 것이다. 힘과 민첩함에있어 인간은 비슷한 크기의 다른 포유류에 훨씬 못 미치기 때문이다. 생물학적으로 인간과 가장 가까운 친족이라고 할 수 있는 침팬지만하더라도 문제없이 인간을 낚아채서 공중에 휘두를 수 있다.

우리 뇌의 많은 중요한 부분들은 진화사적으로 볼 때 우리 자신보다 훨씬 더 오랜 역사를 지니고 있다. 요구 조건이 달라졌음에도 뇌의 이 부분들은 여전히 물고기나 도마뱀의 머릿속에서 행하던 그 방식 그대로 기능하고 있다. 인간이 보여 주는 많은 기이한 행동들은 바로 뇌의 이러한 원시적인 회로에 기인한다. 예를 들어 고속도로 위에서 오토바이를 타고 겁 없이 시속 160킬로미터로 달리는 사람이 독 없는 뱀 앞에서는 줄행랑을 친다.

진화가 가져온 그 모든 성과와 더불어 우리는 여전히 특정한 짐들을 끌고 다닌다. 자연은 한 번 괜찮다고 인정받은 것은 다시 버리는 법 없이 간직하기 때문이다. 우리의 뇌가 여전히 간직하고 있는 많은 장치들은 맹장처럼 이제는 더 이상 필요 없게 된 것들이다. 공룡 시대 이후로 두개강 아래의 상황은 근본적으로 별로 달라지지 않았다. 말하자면 진화는 언제나 계속해서 증축을 했을 뿐이다. 이렇게 볼 때 우리 뇌의 건축학적 구조는 오래된 옛 도시의 모습을 닮았다. 매혹적이고 우아하긴 하지만 오늘날 설계했다면 완전히 다르게, 더 낫게 지었을 법한 건물들로 가득하다.

원숭이와 돌고래, 그리고 인간의 뇌가 말하는 것

인간의 뇌는 점진적이 아닌 몇 번의 급진적인 단계를 거쳐 발달해 왔다. 이 점에서도 인간 뇌의 발달은 도시의 역사와 비슷하다. 세 번의 돌풍 같은 확장 단계가 있었는데, 그것의 구조는 여전히 관찰

가능하다. 이러한 확장 단계를 보여 주는 뇌의 세 층위는 그것들이 가장 활발하게 발전했던 동물의 이름을 따서 명명되곤 한다. 즉 파충류 뇌, 초기 포유류 뇌, 그리고 후기 포유류 뇌가 바로 그것이다.

이 세 부분 중 가장 오래된 것은 파충류 뇌라 불리는 뇌간의 끝 부분이다. 뇌간과 동일하며, 소뇌 역시 여기에 속한다. 척수가 끝나는 곳의 가장 윗부분에 놓여 있는 이 뇌는 소화라든가 숨쉬기, 맥박 등 생존과 관련된 가장 기본적인 생의 기능들을 관리한다. 또 몸을 숙이거나 대근육들을 뻗어 주는 단순한 동작들 그리고 몸 전체의 자세 등도 뇌간이 담당하고 있다. 그러나 뇌간의 회로는 무엇보다도 육체적 느낌의 발생에 중요한 역할을 한다. 배고픔과 두려움의 느낌은 바로 여기서 시작된다. 따라서 도마뱀도 두려움에 대한 반응을 보일 수 있으며, 특정 자극에 대해서는 공포를 느낀다. 부정적인 육체적 느낌만 뇌간에서 발생하는 것은 아니다. 공포나 분노뿐 아니라 즐거운 충동이나 쾌락도 까마득히 오래된 이 뇌 영역이 없다면 불가능하다.

머릿속에 있는 두 번째 층위는 공룡 시대에 뾰족뒤쥐를 닮은 작은 동물들이 새끼를 살아 있는 상태로 낳기 시작하면서 중요해졌다. 그러나 '초기 포유류 뇌'라는 명칭은 어느 정도 혼란을 야기한다. 왜냐하면 파충류나 양서류에서도 이미 이 뇌 부분의 발생 기미가 보였기 때문이다. 그러나 곧 지구에 널리 자리 잡게 된 첫 포유동물의 머릿속에서 비로소 뇌의 이 두 번째 부분인 대뇌변연계는 다른 모든 뇌 영역들을 능가하는 크기로 자라나게 되었다. 중심부로 성장하게 된 이 뇌에 속하는 것으로는 감정과 장소의 기억을 담당하는 해마와 소뇌편도가 있다. 이 구조들 덕분에 좀 더 유연한 행동 양식이 가능해졌다. 이제 동물들은 좀 더 쉽게 적과 아군을 구별할 수 있게 되었고, 어디에 먹을 것이 있는지, 뭐가 더 맛있는지 알 수 있게 되었다.

이제 본격적으로 다양한 육체적 느낌들이 만들어졌는데, 이것이 첫 포유동물의 등장과 함께 가능해진 것은 우연이 아니다. 젖을 먹여 새끼를 키우고, 파트너와 관계를 맺고, 동일한 종의 구성원들과 연결되는 것, 그리고 놀이에 기쁨을 느끼는 행위 등은 모두 (파충류도 알고 있던) 공포나 배고픔 또는 쾌락 같은 단순한 형태의 자극 이상을 전제로 한다. 사회적 관계에 바탕을 둔 이러한 느낌들은 새로 발달된, 작업 능력이 좀 더 개선된 뇌의 회로들을 기반으로 해야만 등장할 수 있었기 때문에 뇌의 발달이야말로 비로소 오랜 시간을 요하는 새끼 키우기를 가능하게 만들었다. 좀 더 단순한 뇌를 지닌 동물들은 후손을 돌보는 데 기울이는 노력이 매우 미비하다. 어미 악어들도 알들을 열심히 지키고 품기는 한다. 하지만 얼마 지나지 않아 새끼 악어들은 부모 악어들에게 잡아먹히지 않도록 몸을 숨겨야 한다. 그러나 쥐의 경우 어미는 몇 주 동안이나 새끼에게 젖을 먹이고 핥아 주고 쓰다듬어 준다. 어미 쥐는 인간 사회에서라면 보살핌의 사랑으로 해석됨직한 그런 모습들을 보여 준다.

뇌의 마지막 위대한 발전은 1억 년 전, 대뇌피질이 어마어마하게 확장되었을 때 일어났다. 커다란 원숭이와 돌고래, 고래, 그리고 물론 인간에게서 뇌의 이 부분은 가장 강력하게 발전했다. 마치 원형 지붕처럼 후기 포유류 뇌는 오래된 다른 뇌 부분들을 감싸고 있다. 뇌의 이 부분이 그처럼 발달한 동물은 다른 모든 피조물보다 더 빨리 더 잘 배울 수 있기 때문에 이전과는 비교할 수 없을 정도로 달라진 삶의 조건들에 적응할 수 있었다. 이 동물들은 확장된 대뇌 덕분에 행동을 미리 계획하고 다른 동물들을 속일 수 있게 되었다. 원숭이는 좀 더 복잡한 사회를 구성할 수 있게 되었고, 고래는 일종의 언어를 통해 동일한 종의 다른 구성원들과 소통할 수 있게 되었다.

동정과 같은 섬세한 느낌도 대뇌피질에 그 뿌리를 둔다. 지난 몇 년 간 이루어진 놀라운 학문적 성과들의 가장 중요한 부분은 대뇌피질을 둘러싼 이러한 통찰에 기반하고 있다. 이타성이 인간 문화의 성취라기보다는 후기 포유류 뇌의 작업 능력이며, 따라서 다른 종에게도 부여된 속성이라는 것이다. 특히 영장류의 경우에는 네덜란드의 동물학자인 프란스 드 발Frans de Waal 같은 행동과학 연구자들이 이에 대한 폭넓은 증거들을 수집한 바 있다. 암컷 침팬지들은 새끼를 낳을 때 서로 도와주고, 성과 무관하게 젊은 침팬지들은 폭압적인 우두머리에 대항하여 서로 결집하며, 무리 중 병든 침팬지들은 보살핌을 받는다.

인간의 경우 대뇌피질은 크기나 작업 능력에서 다른 모든 피조물을 월등히 뛰어넘는다. 우리는 셀 수 없을 만큼 다양한 육체적 느낌을 인지하고 있으며, 무엇보다도 중요한 점은 이 감정을 우리 고유의 것으로 느낀다는 사실이다. 우리는 환상 속에서 그러한 감정들과 다양한 유희를 벌일 수 있다. 우리는 살아남기 위한 전략과는 무관한

❖ — 젖을 먹여 새끼를 키우고, 파트너와 관계를 맺고, 동일한 종의 구성원들과 연결되는 것, 그리고 놀이에 기쁨을 느끼는 행위 등은 모두 (파충류도 알고 있던) 공포나 배고픔 또는 쾌락 같은 단순한 형태의 자극 이상을 전제로 한다.

일들에 흥분하거나 기뻐한다. 영화를 보며 슬픈 사랑에 빠진 주인공의 고통에 공감한다면, 응원하는 축구팀이 이겼을 때 승리의 환호성을 올린다면, 그것은 오로지 우리 대뇌의 확장된 영역 때문이다.

동물이 진화할수록 그 동물의 육체적 반응도 복잡해진다. 지난 5억 년 동안의 자연사를 되돌아보면 이 단순한 규칙이 분명히 드러난다. 해파리의 단순한 신경 체계에서 인간 뇌에 이르기까지 진화의 길은 그토록 오래 지속되어 왔다.

그러나 우리의 감정이 아무리 다양하다고 해도 그것은 욕구와 공포처럼 동물 세계에 존재하는 기본 느낌들에 기초하고 있다. 이 것은 인간이 존재하기 전부터 있었던 반응들이다. 또 우리의 육체적 느낌에 기본 박자를 주는 것은 오래된 뇌의 영역들이다. 거기에 대뇌피질이 합류해 멜로디를 입힘으로써 감정을 풍부하게 만들어 준다. 단순한 피조물에게는 그저 본능적인 의지에 지나지 않는 것이 인간에게 오면 쾌락과 권력에의 도취, 동경 또는 조용한 흠모가 된다.

우리는 화학 물질의 꼭두각시가 아니다

그렇지만 대뇌의 건축 설계만이 우리의 본질을 규정하는 것은 아니다. 대뇌에서 분비되는 액체들도 대뇌 못지않게 중요하다. 뇌 는 컴퓨터처럼 생명 없이 뻣뻣하고 건조한 기관이 아니라 축축하고 엄청나게 출렁거리는 살아 있는 기관이다. 피와 물은 차치하고라도 60종에 달하는 호르몬들이 뇌 안에서 회전하고 있다. 이 호르몬들은 우리가 행동하고 느끼는 데 지대한 영향을 끼친다. 신경생물학의 뛰어난 논평자 중 한 사람인 장 디디에 뱅상Jean Didier Vincent은 이 물질들의 음악회를 '흐르는 뇌'라고 불렀다.

앞으로 이 책에서 중요한 역할을 하게 될 이 호르몬들 역시 긴 역사를 가지고 있다. 우리의 소망과 흥분 그리고 배움의 과정을 책임지는 호르몬인 도파민은 이미 벌의 욕구를 조절하고 있으며, 몸 안에서 생성되는 아편이라 불리는 베타-엔도르핀처럼 향유와 고통의 순간에 분비되는 호르몬 역시 곤충의 뇌에서도 발견된다. 뇌에서 정보의 흐름을 조절하는 세로토닌은 가장 오래된 호르몬 중 하나인데 연체동물이나 오징어 같은 두족류의 단순한 신경 체계 안에서도 발견되었다.

'뉴런 전달자'라고도 불리는 이 호르몬들은 정말이지 모든 느낌에 관여한다. 어미 고양이가 새끼들을 핥아 주고 먹이를 주는 모습은 감동적이다. 어미 고양이는 지금 있는 거처가 새끼들에게 더 이상 적당하지 않다고 판단되면 조심스럽게 한 마리씩 입에 물고 다른 거처로 옮긴다. 모성 그 자체라고 할 수 있는 어미 고양이의 이러한 태도 역시 호르몬의 영향을 받고 있다. 한 번도 새끼를 낳아 본 적이 없는 쥐의 뇌에 옥시토신을 주사하면 이 쥐는 단 몇 분 만에 사랑이 넘치는 어미가 되어 낯선 새끼들을 마치 자신이 낳은 듯 돌본다. 이와 매우 비슷한 기제를 인간에게서도 관찰할 수 있다.

약간의 화학 물질이 정서와 행동을 바꿀 정도로 우리 생활에 엄청난 영향을 끼친다는 이 생각은 많은 사람들을 놀라게 만든다. 우리는 평소에 수줍음을 타던 사람이 몇 잔의 포도주를 마신 뒤에 재치 있는 만담가로 변하거나, 지겨울 정도로 옆에 달라붙어 치근거리는 사람으로 변하는 일을 드물지 않게 경험한다. 그러나 이러한 알코올의 작용 속에서 우리는 '행동하고 있는 흐르는 뇌'를 떠올리기보다는 일종의 작업 사고, 즉 지성의 일시적인 기능 약화 현상을 떠올린다.

이 호르몬 분자들의 힘은 대부분의 인간이 스스로에 대해 갖고 있는 이미지를 뒤흔든다. 우리는 자기 자신을 정신적 존재로 이해한다. 희망이나 사상 또는 소망 등에 의해 움직이는 존재이지 화학 물질에 의해 움직인다고 느끼지 않는다. 사랑에 빠졌을 때, 자랑스럽게 자녀들을 바라볼 때 우리는 진정 삶에 대한 이 기쁨이 머릿속에서 흐르고 있는 몇몇 화학 물질 때문이라고 생각할 수 있겠는가?

아니, 그럴 수는 없다. 실제로도 그렇게 간단한 문제가 아니다. 도파민은 곧 쾌락, 옥시토신은 곧 어머니의 사랑, 이런 식의 공식은 우선 호르몬이 단독으로 일하지 않는다는 사실만 두고 보더라도 극히 부분적으로만 맞는 말이다. 특정 호르몬이 특정 느낌의 발생에 주도적인 역할을 하는 것은 사실이지만, 그것은 일차적으로는 연주에 참여한 하나의 목소리이다. 옥시토신 몇 방울이 젊은 암컷 쥐를 어미 쥐로 변모시킬 때 그것은 일종의 도미노 효과처럼 일어난다. 즉 옥시토신 몇 방울은 머릿속에서 일련의 다른 호르몬들을 가동시키고, 이것들은 또한 나름대로 쥐의 태도를 변화시키는 데 기여한다.

뇌 속에 있는 화학 물질들 사이의 작동 방식만 엄청나게 복잡한 것이 아니라 그것들이 육체와 맺는 상호 관계도 그에 못지않게 복잡하다. 우리가 인지하는 느낌들은 화학 공식들만으로는 충분히 설명되지 않는다. 호르몬만으로는 육체적 느낌을 생산할 수 없다. 호르몬은 우선 복잡하게 얽혀 있는 뇌 회로에 작용한다. 그러면 이 뇌 회로들은 다시금 몸 안에서 반응들을 불러일으키게 된다. 그리고 우리가 무의식적인 어떤 육체적 느낌을 의식적인 감정으로 체험하려면 자연이 만들어 낸 모든 형상물 중에 가장 복잡한 대뇌피질이 행동에 들어가야 한다.

우리는 화학 물질들의 꼭두각시가 아니다. 그렇다고 해도 우리는 다채로운 내적 삶이 진공 상태에서 생겨날 수 없다는 사실을 너무나 쉽게 간과한다. 사유, 감정, 아니, 꿈조차도 공중누각이 아니라 확실히 포착할 수 있는 기본 구조 위에서 생겨난다. 그리고 이 기본 구조의 토대를 이루는 것이 화학 물질들이다. 인간의 내적 삶과 뇌 속 호르몬들의 관계는 한 편의 예술 작품과 그 재료들의 관계와 비슷하다. 로마의 시스티나 성당에 그려진 벽화는 미켈란젤로가 사용한 물감을 훨씬 넘어서는 무엇이다. 그러나 이 물감들이 없었다면 미켈란젤로의 천상에 대한 미래상은 결코 그려지지 않았을 것이다. 마찬가지로 우리 자신은 우리 뇌의 건축을 훨씬 넘어서는 존재다. 우리의 몸을 흐르는 그 모든 질료 이상의 존재다. 그렇지만 이러한 질료들이 없다면 우리의 정신적인 삶은 불가능하다.

진화가 우리에게 남긴 유산

미국의 진화학자 세라 블래퍼 허디Sarah Blaffer Hrdy는 모성의 역사에 관한 자신의 책에서 이렇게 쓰고 있다. "모든 살아 있는 유기체와 유기체의 모든 기관은, 그 화학 물질과 조직은 말할 것도 없이, 여전히 사용되고 있건 그렇지 않건 간에 무수히 많은 과거 삶의 흔적을 지니고 있다. 다시 한번 완전히 처음부터 새로 시작해서 완벽한 해결책을 마련할 수 있는 사치가 허용되지 않기 때문에 자연은 사용 가능한 전략과 해결책들, 다시 말해 현존하는 문제들의 극복에 있어 그동안 '충분히 괜찮다'는 평가를 받은 것들을 계속해서 다시 선택한다. 그것은 간단히 말해 '경쟁보다는 낫다'의 전략이다."

인간이 완전할 수 없다는 사실, 또 완전할 필요도 없다는 사실을 진화생물학까지 증명하고 있다는 데에 많은 사람들이 안도의 한숨을 내쉴지도 모른다. 실제로 우리는 너무나 자주 '실수를 허용해서는 안 된다'는 생각으로 자신을 괴롭힐 뿐 아니라 또다시 실수를 저질렀다는 자책에 시달린다.

우리가 무엇을 느낄지, 무엇을 원할지에 대해서는 많은 부분 인간보다 오래된 프로그램이 결정한다. 그렇다고 해서 우리가 자연에 완전히 내맡겨진 무기력한 존재라는 뜻은 아니다. 우리에게는 프로그램에 따른 이 자극들을 조절할 수 있는 능력이 있다. 그러나 이것들을 완전히 소멸시키는 방법은 많은 종교의 교리들이 가르쳐 온 것과는 달리 우리의 능력 밖에 있다.

우선 진화가 우리에게 남겨 놓은 유산을 받아들이는 태도가 가장 중요하다. 우리는 우리의 신체적 구조를 바꿀 수도, 바뀌야 할 이유도 없다. 자연사가 알고 있는 다른 모든 피조물과는 달리 우리는 우리의 충동들에 완전히 무기력하게 내맡겨져 있지 않다. 우리는 어떤 충동을 따르고 어떤 충동을 피할 것인지를 결정할 수 있으며, 그리하여 우리의 삶을 신체적 구조와 조화를 이루는 방향으로 이끌어나갈 수 있다.

　아리스토텔레스와 붓다 이래로 현자들은 뛰어난 중용의 길을 강조했다. 데카르트는 『정념론』에서 육체적 충동에 대한 이러한 이해를 매우 뛰어나게 묘사하고 있다. "우리는 우리의 모든 정념(충동적인 욕망)들이 본래는 좋은 것임을 안다. 다만 그것을 잘못 사용하거나 과도하게 사용하는 일을 피하기만 하면 된다."

　정념을 없애기 위한 수단은 도움이 안 된다. 그러나 정념을 올바르게 사용하는 지침서는 많은 도움을 줄 수 있다. 관계를 제대로 맺기 위해서는 우선 잘 알아야 하는 법. 자신의 정념과 더불어 잘 살고 싶은 사람은 먼저 정념이 무엇인지 알아야 할 것이다.

2

호기심과 중독 사이, 욕망하는 도파민

뇌에 심각한 염증(기면성뇌염)을 앓은 레너드는 살아 있는 미라와
같았다. 46세나 되었는데도 그의 얼굴은 주름 하나 없이 팽팽했다.
그 어떤 표정도 짓지 않았기 때문이다. 그래서 레너드는 대학생활을
끝마치기 직전 병이 그를 침범했을 때의 젊은 모습 그대로 남아 있
었다. 그 어떤 움직임도 불가능했기에 시간이 지나면서 사지는 뻣뻣
해지고 거기다가 언어 능력까지 사라졌다. 이것은 다른 모든 마비보
다 더 그를 괴롭혔다. 그는 언어를 사랑하던 사람이었다. 이제 그에
게 남아 있는 유일한 기쁨은 간병인이 책장을 넘겨 주는 책을 읽는
것이었다. 그러면서 그는 세계 문학에 심취했다. 무언가 할 말이 있
을 때면 알파벳이 그려져 있는 판을 사용했다. 그는 가까스로 오른
쪽 손을 들어 알파벳을 가리켰다. 육체는 그에게 '창문은 있되 문은
없는 감옥'과도 같았다. 그 감옥 안에서 레너드는 마치 라이너 마리

아 릴케의 시에 나오는 표범처럼 살았다. 릴케는 종종 자신을 이 표범에 비교하곤 했다.

> "창살을 훑고 지나가는 동안 그의 시선은
> 극도로 피곤해졌다. 더 이상은 그 무엇도 견딜 수 없었다.
> 창살이 수천 개는 되는 것 같았다.
> 그리고 수천 개의 창살 뒤에 세상은 없었다……."

그를 담당한 의사는 올리버 색스Oliver Sacks라는 신경병 학자였다. 레너드나 레너드와 비슷한 병을 앓고 있는 환자들의 운명은 나중에 이 의사를 세계적으로 유명하게 만들었다. 색스는 당시 새로 개발된 '엘도파L-dopa'라는 의약품으로 실험을 했는데, 이것은 인체에서 생산되는 도파민과 유사했다. 색스는 레너드에게 처음으로 이 약을 투여했다. 약의 효과는 너무나 강력해서 레너드는 죽음에서 깨어난 사람을 떠올리게 했다. 그래서 색스의 첫 번째 책은 『깨어남Awakening』이라는 제목을 달고 있다.

1969년 3월 초 치료는 시작되었다. 2주가 채 지나지 않아 레너드는 다른 사람이 되었다. 그는 달릴 수 있었다! 레너드는 병동에서 일어나 정원으로 내려갔다. 그리곤 꽃을 얼굴 가까이 가져가 입을 맞추었다. 그는 행복에 겨운 사람 같았다. 아니, 실제로 세상은 그를 황홀경에 빠지게 했다. 그에게서는 에너지가 넘쳐흘렀다. "나는 마치 사랑하는 사람에게서 나를 갈라놓던 장애물을 뛰어넘은 연인처

럼 느낍니다. 내가 지금 느끼는 이 건강함은 은총과도 같습니다." 그
는 다시 자동차를 운전할 수 있게 되었고, 자신의 고향인 뉴욕 시가
베푸는 밤 문화에 뛰어들 수 있었다. 색스가 기술하고 있듯이, 뉴욕
은 그에게 새로운 예루살렘처럼 그렇게 매혹적으로 보였다.

레너드는 이제 단테가 쓴 『신곡』의 '지옥편'을 읽는 대신, '천국
편'을 읽고 있었다. 천국을 묘사하는 행 하나하나에 그의 눈에는 기
쁨의 눈물이 고였다. "엘도파는 축복의 약이다." 이렇게 그는 일기에
적었다. 그는 '축복의'라는 단어에 밑줄을 그었다. "엘도파는 이전에
내가 마음을 열지 못했던 모든 상황에서 마음을 열게 만든다. 모든
사람이 지금의 나처럼 느낀다면 어느 누구도 싸움이나 전쟁, 지배나
소유를 생각하지 않으며 모든 일에서 즐거움을 느낄 것이다. 그리고
천국은 바로 이 지상에 있음을 알게 될 것이다."

그러나 레너드의 황홀경은 단 몇 주일간 지속되었을 뿐이다. 5월
에 그의 기쁨은 고통스러운 갈망으로 변하기 시작하더니 곧 탐욕으
로 변했다. 권력과 성에 대한 그의 갈망은 점점 더 옥죄는 강박관념
이 되어 갔다. 그는 병동에 있는 여성 간호사들을 괴롭히기 시작했
고, 심지어 자신의 담당 의사인 색스에게 그들이 밤에 자신의 "시중
을 들 수 있게" 조처를 취해 달라고 진지하게 부탁했다. "나는 충동
으로 가득 차 있습니다. 아니, 과도하게 충전되어 있어요. 내 피 안에
엘도파가 있는 한 나는 세상에서 내가 원하는 일이면 무엇이든지 할
수 있을 것 같아요. 엘도파는 권력이며 거부하지 못할 힘입니다. 엘
도파는 넘쳐 나는, 스스로 즐기는 권력이에요. 엘도파는 에너지입니

다. 나는 이 에너지를 미친 듯이 갈망합니다." 그는 이렇게 자신의 상태를 설명했다.

레너드는 이제 미친 듯이 빨리 말하기 시작했고, 6월의 첫 3주 동안 수백 쪽에 달하는 자서전을 썼다. 그의 심리적, 육체적 상태는 광기를 향해 치솟았다. 레너드는 자신을 쫓고 있는 악마를 보았으며, 자신을 목 졸라 죽이기 위한 포위망들이 주위에 쳐 있다고 믿었다. 광기에 사로잡힌 레너드가 베개로 자신의 숨통을 조이려 했을 때 색스는 약물 투여를 중지했다. 며칠이 지나자 레너드는 다시 뻣뻣해졌고, 1981년 사망했다. 그사이 서너 번 더 엘도파나 그와 유사한 약물 실험이 있었다. 결과는 언제나 동일한 광기였다.

올리버 색스를 유명하게 만든 물질, 도파민

무슨 일이 일어났던 것일까? 뇌에 생긴 염증은 레너드의 중뇌에 있는 몇몇 신경세포 무리에 손상을 입혔다. 사람의 뇌를 해부해 보면 정확히 머리의 중간쯤 되는 곳에서 이 신경세포 무리를 발견할 수 있다. 손톱 크기의 이 세포들은 검은 점과도 같아서 '흑질Substantia Nigra'이라고 불린다. 여기서 도파민이 생성된다.

도파민은 22개의 원자로 이루어진 아주 미세한 분자로 물과 탄소, 산소, 질소가 주성분이다. 1,000만 배로 확장시켜 보면 올챙이와 비슷하게 생겼다. 머리가 길고 끝에 꼬리가 달려 있다. 머리는 주로 탄소 원자로 이루어져 있고, 꼬리 부분은 물과 산소, 탄소 등 다른 원자들로 이루어져 있다. 레너드에게 결여되어 있는 것이 바로 이 도파민이었다. 그래서 색스는 도파민과 유사한 화학 물질인 엘도파를 합성해서 그에게 주사한 것이다.

도파민 분자는 뇌에서 팔방미인처럼 활약한다. 이것은 우리의 정신이 깨어 있도록 조절하고 주의력을 관리한다. 또 호기심과 배우는 능력, 판타지와 창조력, 그리고 섹스에의 욕망을 관장한다. 도파민은 말하자면 욕망의 물질이다. 또한 도파민은 단순히 흥분을 자극하는 것뿐 아니라 그러한 자극이 실현될 수 있도록 필요한 체계들을 가동시킨다. 우리는 도파민의 영향 아래 동기를 부여하고, 사태를 낙천적으로 판단하며, 자신감에 차서 목적을 추구하게 된다. 도파민은 결심을 행동에 옮기도록 뇌를 움직인다. 예를 들어 근육들이 의지에 복종하는 것은 필수불가결한 일이다. 결론적으로 말해 도파민은 우리를 추동하는 물질이다. 도파민 덕분에 우리는 어떤 일을 앞에 두고 미리 기쁨에 떨 수 있다. 어떤 목표를 매혹적으로 그리고 실현 가능한 것으로 보이게 만드는 도파민은 뇌에 있는 그 어떤 호르몬보다도 우리가 기분에 도취되도록 하는 데 기여한다.

도파민이 나름대로의 역할을 수행하지 않는 상황은 거의 없다. 슈퍼마켓 선반에 싱싱한 과일이 놓여 있다. 그렇지 않아도 막 과일이 먹고 싶던 차였다. 자, 이제 도파민이 분비된다. 우리는 순간적으로 행복한 기분이 스쳐 지나가는 것을 느낀다. "먹어야지!" 약간의 흥분이 뒤섞인 즐거운 욕망이 생겨난다. 도파민의 영향으로 뇌는 팔을 뻗어 사과를 집으라고 근육에게 명령을 내린다. 동시에 기억이 준비 태세에 들어간다. 즉 뇌는 사과가 생각처럼 그렇게 맛있는지 조심스럽게 살필 자세가 된다. 다음번을 위해 이것이 좋은 경험인지 아니면 실망스런 경험인지를 입력하려는 것이다. 또 도파민은 우리가 직업상 새로운 과제를 시작하려 할 때, 길에서 매력적인 사람을 마주칠 때, 무엇보다도 섹스를 눈앞에 두고 있을 때 중요한 역할을 한다. 맥주를 마시거나 담배를 피우기 위해 손을 뻗는 행위는 도파민에게 비상 양식을 마련해 주는 일이다. 알코올이나 니코틴은 특히 우리 뇌에서 도파민이 더 많이 분비되도록 돕기 때문이다.

도파민은 흑질 외에도 흑질에 이웃해 있는 복측피개에서도 생성된다. 이 두 영역에서부터 신경 가지들은 모든 방향으로 뻗어 나가 도파민을 본래적인 작업들이 이루어지는 뇌의 각 영역으로 전달한다. 즉 우리가 칭찬과 보상에 반응을 보이도록 만드는 회로와 좋은 느낌을 기억하게 만드는 회로, 그리고 우리가 감동을 받게 만드는 회로 등으로 말이다.

도파민이 우리 삶에 그토록 중요한 이유는 우리 머릿속에서 일어나는 일에 그것이 다음과 같은 세 가지 방식으로 영향을 끼치기 때문이다. 첫째, 도파민은 특별히 흥미로운 상황에 주목하게 만든다. 즉 우리의 정신을 일깨운다. 둘째, 도파민은 좋은 경험을 기억하도록 신경세포들을 부추긴다. 즉 도파민은 습득 과정을 촉진시킨다. 그리고 마지막으로 도파민은 근육을 조절하여 신체가 의지에 복종할 수 있도록 만든다. 즉 도파민은 행동을 가능케 한다.

이렇게 볼 때 도파민이 결핍될 경우 사람들이 무기력해지고 극단적인 경우에는 레너드처럼 거의 시체와도 같은 경직증에 빠지게 되는 것은 놀랄 일이 아니다. 그러나 이 호르몬이 과다하게 분비될 경우 결과는 치명적이다. 갈망은 강박증으로 치닫고, 목표 지향성은 권력에의 도취가 되며, 자신에 대한 신뢰는 과대망상으로, 풍부한 아이디어는 광기로 변한다. 좋은 느낌들도 어두운 측면을 가지고 있는데, 도파민은 뇌에서 분비되는 그 어떤 호르몬보다도 분명하게 이사실을 증명하고 있다. 레너드의 비극은 당시 의사들이 새로운 의약품이던 엘도파의 투입량을 올바르게 측정하지 못했다는 데 있다. 말하자면 그는 그의 몸이 감당할 수 없는 양의 도파민을 삼킨 것이다. 그러나 결국 엘도파는 모든 인간의 삶을 평생 동안 일상적으로 조절하는 메커니즘을 가동시켰을 뿐이다. 괴기스러울 정도를 과장된 상태에서 레너드의 운명은 도파민이 우리의 몸에서 가동되는 메커니즘을 명백히 보여 주었다.

다가올 미래 속에 있는 쾌락

뇌의 신경세포들은 도파민을 매개로 의사소통을 한다. 따라서 도파민은 가장 중요한 호르몬 중의 하나이다. 이 모는 이른바 '신경 전달 물질'들은 하나의 신경세포 안에서 분비된 다음 두 개의 신경세포 사이의 틈을 통해 그다음 세포로 흘러 들어간다. 그러면 이 세포는 호르몬을 받아들이게 된다.

개개의 신경 전달 물질은 이것들을 받아들인 신경세포, 즉 호르몬 수령 신경세포 안에서의 작용 방식에 따라 서로 구별된다. 근본적으로 호르몬이 작용하는 방식은 두 가지이다. 우선 호르몬은 자신을 받아들인 신경세포를 직접적으로 자극해 이 신경세포 안에서 또 다른 호르몬이 분비되게 할 수 있다. 이렇게 해서 호르몬이 전하는 소식은 행운의 편지처럼 계속해서 전송된다.

다른 방식의 모습은 이렇다. 즉 신경 전달 물질은 새로운 소식 전달자를 즉각 방출하지는 않지만 호르몬 수령 신경세포가 이후 호르몬이 전하는 소식에 반응하게 될 방식을 변화시킨다. 예를 들어 신경 전달 물질은 뉴런이 특별한 수신 및 송신 준비 태세에 들어가게 만든다. 신호 물질은 이런 경우 다른 소식들을 위해 문을 열어 두는 역할을 하는 것이다. 도파민 역시 신경세포의 문들을 활짝 열어서 신경세포들이 좀 더 쉽게 자극을 받을 수 있게 만든다.

호르몬들의 기능 방식에 대해서는 폭발적으로 연구가 이루어져 거의 매일 새로운 결과가 나오고 있다. 그러나 도파민이 어떻게 작용하는지에 대해서는 아직 학자들도 완전히 이해하지는 못한다.

그런데 도파민이 흥분과 욕망에 영향을 끼치는 유일한 호르몬은 아닌 것 같다. 적어도 한 줌의 다른 호르몬들이 이 과정에 참여하고 있다. 예를 들어 노르아드레날린과 아드레날린은 스트레스에 관여하는 중요한 호르몬들이지만, 감각적 인지와 신진대사 촉진에도 중요한 역할을 한다. 글루타마트는 학습 과정에 가담한다. 그리고 도파민의 상대역을 맡고 있는 아세틸콜린은 도파민의 자극적인 영향에 제동을 건다. 그렇더라도 도파민은 분명 이 모든 과정의 중심에 서 있다. 말하자면 도파민은 욕망의 화학적 주개폐기主開閉器인 셈이다.

새로 시작된 사랑, 낯선 곳으로의 여행, 영화의 첫 장면. 우리는 동요하기 시작한다. 손가락의 근질근질한 느낌, 다리에서 느껴지는 가벼운 긴장감, 두근거리는 심장. 어떤 약속이 대기 중에 떠도는 것 같다. 우리는 아직 무어라 이름 붙일 수 없는 것에 희망을 건다. 삶의 예기치 않은 전환, 우리를 사로잡는 어떤 체험. 그러면서 동시에 우리가 기대하는 것이 실제로는 그렇게 기쁜 양태로 나타나지 않을지도 모른다는 두려움에 떤다. 그렇게 우리는 앞으로 다가올 미지의, 무엇일지도 모를 느낌들을 극도의 긴장감으로 주의 깊게 받아들인다. 여행자의 시선은 공항에 도착하자마자 벌써 호기심에 차서 주위를 살핀다. 그리고 사랑에 빠진 사람은 전화벨이 울리자마자 깃털처럼 튀어오른다. 가슴 속에서 느껴지는 이 나비의 날갯짓 같은 느낌은 무엇인가? 이것은 뭔가 의미를 지닌 것인가?

뇌 연구자 볼프람 슐츠Wolfram Schultz가 이러한 동요의 이면을 살피게 된 것은 순전히 우연이었다. 그리고 이 우연은 진화가 도파민을 그토록 강력한 것으로 만든 수수께끼의 한가운데로 그를 인도했다. 당시 스위스의 프리부르 대학에서 일하던 슐츠는 원숭이의 뇌에 있는 몇몇 특정한 신경세포를 관찰하여 도파민이 어떻게 움직임에 영향을 미치는지를 알아내고자 했다. 이러한 연구를 통해 그는 파킨슨병에 대한 열쇠를 얻을 수 있으리라 믿었다. 파킨슨병을 앓는 환자들은 도파민 호르몬이 제대로 작동하지 않아 근육을 더 이상 자유자재로 움직이지 못한다. 슐츠는 원숭이들이 움직이기 위해서는 흑질에서 생성되는 도파민-뉴런들이 활발히 움직여야 할 것이라고 생각했다. 그러나 결과는 기대 이하였다. 그가 관찰한 뉴런들은 움직임과 아무런 상관이 없는 게 분명했다.

실험 결과는 실망스러웠지만 그래도 실험에 동참해 준 원숭이들에게 노력의 대가는 지불해야 했다. 그래서 슐츠의 동료 하나가 사과 몇 조각을 우리 속에 넣어 주었다. "그러자 갑자기 뉴런들이 미친 듯이 튀어 오르기 시작했다. 정말이지 믿을 수가 없었다." 이렇게 슐츠는 전한다.

슐츠와 그의 동료가 발견한 것은 예기치 않은 사건을 담당하는 어떤 회로였다. 나중에 밝혀졌지만, 바로 이 회로가 인간의 경우 미래에 대한 기대와 기쁨을 책임진다. 슐츠와 그의 동료들은 이 뉴런들을 정밀하게 연구하기 시작했다. 그들은 이 뉴런들이 실제로 어떤 보상이 기대되는 경우에만 작동한다는 사실을 밝혀 냈다. 사과를 보기만 하면 원숭이들의 뉴런이 튀어 올랐다. 과일 대신 과일이 꽂혀 있던 철사를 우리 안에 넣어 주면 신경세포들은 침묵했다.

연구의 그다음 단계에서 실험동물들은 앞으로 먹게 될 식사를 기다리도록 훈련되었다. 연구자들은 사과를 주기 전에 전등불을 깜박였다. 처음에는 달라진 게 별로 없었다. 그러나 몇 번 시도하자 뉴런들은 전등불이 깜박이자마자 튀어 올랐다. 전등불이 깜박이고 몇 분 지난 뒤 연구자들이 예견된 과일을 들고 다가가자 뉴런들은 움직이지 않았다. 따라서 이 뉴런들이 활발하게 움직이게끔 자극한 것은 음식 그 자체가 아닌 다가올 미래에 대한 기대였다.

뇌의 이 메커니즘은 종종 '보상 체계'라고 불린다. 그러나 이 명명은 정확하지 않다. 실제로 뉴런을 자극한 것은 보상, 즉 사과가 아니라 사과를 받을 것이란 기대였기 때문이다. 그래서 나는 이것을 '기대 체계'라고 부른다.

사람들은 흔히 기대 속에 최고의 쾌락이 놓여 있다고들 말해 왔는데, 이것은 맞는 말이다. 그러나 우리는 기대 속에 약속된 보상 그 자체에 대해서는 별다른 흥분을 보이지 않는다. 월급을 올려 주겠다는 약속을 받은 회사원은 기뻐한다. 그러나 막상 오른 월급이 자신의 계좌에 착실히 입금될 때 그의 기쁨은 그다지 크지 않다. 원숭이의 경우도 분명 이와 비슷했던 모양이다.

진화는 왜 쾌락의 원칙을 도입했을까?

이미 예고된 선물을 계속해서 높이 평가하지 않는 것은 생명체에게 합리적인 일이다. 그런 태도를 가진 사람은 자신의 주의력을 신중하게 사용한다. 만일 어떤 특정한 신호 다음에 언제나 사과가 따라 나온다면 그건 그다지 크게 의미를 부여할 일이 못 된다. 주의력은 한정되어 있다. 따라서 먹을 것을 지키지 않아도 된다면 적을 더 잘 감시할 수 있다.

만일 예상한 것이 기대 이상으로 실현된다면 무슨 일이 일어날까? 연구자들이 불빛 신호를 준 다음 평소처럼 사과를 들고 가는 대신 건포도를 들고 갔을 때, 이 맛난 음식을 보자마자 원숭이들의 뉴런이 격렬하게 튀어 올랐다. 이 예기치 않은 놀라움이 즐거운 흥분을 일으킨 모양이었다. 그러나 동일한 일이 몇 번 반복되자 이 충격은 더 이상 효과를 내지 못했다. 이제 동물들은 더 나은 식사에 길들여졌다. 매일 저녁 샴페인을 마실 수 있는 사람은 얼마 지나지 않아 샴페인에 아무런 감동을 느끼지 않게 된다.

연구자들이 원숭이에게 다시 사과 다이어트를 시키려고 했을 때 뉴런들은 실제로 자신들이 더 나은 음식에 길들여져 있음을 분명히 보여 주었다. 이제 뉴런들의 흥분 수준은 평소 이하로 떨어졌다. 우울증의 기미가 나타난 것이다. 그러나 실망은 그리 오래가지 않았다. 시간이 조금 지나자 건포도는 잊혔고 신경세포들은 이제껏 다른 음식은 전혀 먹어 보지 않았다는 듯이, 사과보다 더 맛있는 음식은 이 세상에 없다는 듯이 움직였다.

더 나은 것을 향한 욕망은 자연이 알고 있는 가장 오래된 원칙에 속한다. 벌들조차 그 작은 뇌에 고등 동물의 기대 체계와 아주 비슷하게 기능하는 개별적인 뉴런을 갖고 있다. 벌의 삶과 뇌는 너무나 단순하기 때문에 우리는 특히 벌을 관찰하여 진화가 왜 쾌락의 원칙을 도입했는가를 확실하게 설명할 수 있다.

벌은 언제나 꿀이 풍부한 꽃에만 내려앉는다. 다른 꽃은 모두 피한다. 이 곤충들은 어떤 꽃이 탐색할 만한 가치가 있는지 알아냈음

❖ — 무엇이 좋은지, 무엇을 모델로 삼을지 선천적으로 프로그래밍되어 있지 않아도 벌은 살면서 습득해 나간다. 현실 자체가 선생이며, 도파민-뉴런이 벌에게 무엇이 나쁘고 무엇이 좋은지 알려 주기 때문이다.

이 분명하다.

벌의 뇌는 이 과제를 '건포도와 사과'의 프로그램에 따라 수행한다. 벌 한 마리가 낯선 잔디밭을 탐색하고 있다. 벌은 여러 종류의 꽃 속에 들어가 얼마나 많은 꿀이 있는지 살핀다. 이제 실험실의 원숭이로 하여금 특별히 건포도를 향해 손을 내밀게 했던 바로 그 메커니즘이 작동된다. 만일 어떤 꽃이 예기치 않게 많은 꿀을 품고 있으면 옥토파민을 위한 뉴런이 튀어 오른다. (곤충의 경우 도파민을 옥토파민이라고 부른다. 앞으로는 편의상 도파민이라고 부르겠다.) 벌은 '좋은 채집 장소'라는 정보를 스스로에게 입력시킨다. 반면에 어떤 꽃이 이전의 꽃보다 꿀을 덜 품고 있으면 이 뉴런들은 침묵한다. 이후로 벌은 그러한 꽃이 많은 잔디밭은 더 이상 찾지 않는다.

이렇듯 무엇이 좋은지, 무엇을 모델로 삼을지 선천적으로 프로그래밍되어 있지 않아도 벌은 살면서 습득해 나간다. 현실 자체가 선생이며, 도파민-뉴런이 벌에게 무엇이 나쁘고 무엇이 좋은지 알려주기 때문이다. 도파민의 분비는 지금 수행된 결정이 올바르며, 이로써 유기체에 좋은 일을 했다는 신호로 작용한다.

앞 장에서 살펴보았듯이, 뇌가 무언가 새로운 것을 배우면 뉴런들 사이에 변화가 생긴다. 도파민은 뇌에 새로운 연결망들이 생기도록 촉진한다. 도파민은 유전 정보들이 신경세포에서 처리되는 방식에 영향을 끼치고, 이로써 뉴런들이 새롭게 형성될 수 있도록 자극한다. 따라서 욕망과 배움의 과정은 매우 밀접하게 서로 연결되어 있다. 쾌락은 명민함을 동반하며, 쾌락이 없는 배움의 과정은 힘겹기만 할 뿐이다.

얼마나 유용한지는 중요하지 않아

뇌에서는 항상 새로운 것과 더 나은 것을 향한 탐지기가 작동하고 있으며, 만일 이 탐지기가 없다면 우리는 무언가를 새로 배울 수 없다. 이 메커니즘은 인간의 이성보다 훨씬 더 오래되고 강력하기 때문에 우리가 모든 이성에 반해 행동하게끔 만들기도 한다. 다른 동물과는 달리 우리 인간에게 중요한 것은 더 이상 먹고 사는 기본적인 욕구뿐만이 아니다. 우리는 언제나 존재하는 최상의 것을 욕망하게끔 프로그래밍되어 있다. 일단 원하던 것을 얻게 되면 쉽사리 그것에 적응하게 마련이다. 그럼에도 우리는 어떤 값을 치르고라도 그것을 얻고자 한다.

이러한 충동이 때때로 얼마나 비논리적인지를 우리는 정신없이 몰두하던 게임이 끝났을 때 알게 된다. 게임에서 이기거나 지는 것이 실제로는 전혀 문제가 되지 않음에도 우리는 폭발하는 감정을 억제하지 못한다. 런던의 뇌 연구자 레이먼드 돌런Raymond Dolan은 이러한 감정 폭발에 책임이 있는 회로를 발견했다. 그는 실험 참가자들에게 포커 게임을 즐기게 하면서 그들의 뇌에서 일어나는 움직임을 양전자 방사 단층촬영으로 관찰했다. 실험 참가자들이 예기치 않게 이길 경우 뇌의 앞부분에서 적극적인 움직임이 포착되었다. 그곳은 도파민을 분배하는 '신경 나무'의 가지들이 끝나는 지점이었다. 또 이곳은 볼프람 슐츠가 원숭이를 관찰할 때 뉴런이 활발하게 반응을 보이던 바로 그 부분과 밀접하게 관련되어 있는 곳이기도 했다.

게임 중인 사람의 뇌에는 진짜 금이든 아무런 가치도 없는 게임용 돈이든 중요하지 않았다. 득점을 많이 하는 것만이 중요한 비디오 게임에서도 기대 체계의 뉴런들은 적극적인 반응을 보였다. 얻게 된 것이 얼마나 유용한가는 전혀 문제가 되지 않았다. 무언가 새로 얻을 것이 있기만 하면 갖고자 하는 욕구가 발생했다. 잘사는 사람들도 연말 세일이면 백화점으로 몰려들고, 싼값에 내놓은 물건은 예외 없이 어마어마한 판매량을 자랑하는 것도 다 이러한 메커니즘에 기인한다.

유혹의 핵심은 좋은 느낌을 오랜 시간 누리기보다 이미 익숙해진 상태를 어떤 방식으로든 뛰어넘으려는 데 있는 듯 보인다. 훈장을 받거나 이미 억대에 해당하는 연봉이 조금 더 오르는 것, 또는 좀 더 큰 사장 의자는 그것 자체로서 어떤 가치를 지닌다고 보기 힘들다. 그렇지만 이런 보상에 사람들은 모두 기뻐 날뛰지 않는가?

바람피우는 동물을 위한 진화론적 변명

삶의 그 어떤 영역에서도 우리는 사랑할 때만큼 기대 체계에 의존적인 경우가 없다. 새로운 변화와 경험에 대한 쾌락이 사랑에서만큼 엄청난 흥분과 혼란 그리고 고통을 자아내는 경우도 없을 것이다. '도대체 저 여자가 나보다 잘난 게 뭐야?' 이것이야말로 연인을 빼앗긴 사람들이 늘 던지곤 하는 질문이다. 여기에 대해 과학은 놀라운 답변을 몇 개 마련하고 있다.

미국의 제30대 대통령인 캘빈 쿨리지Calvin Coolidge 부부 역시 동일한 문제에 시달렸던 것 같다. 대통령 부부가 국영 농장을 방문했던 당시의 이야기이다. 부부는 따로 안내되었는데 영부인이 마침 닭장 앞에 섰을 때 수탉이 너무나 활기차게 암탉을 향해 돌진하고 있었다. 이 장면에 강한 인상을 받은 영부인은 닭들이 하루에 몇 번이나 교미하느냐고 물었다. 사람들은 "하루에 열댓 번은 하지요"라고 대답했다. 그러자 영부인은 "대통령께 그 말 좀 전해 주시겠어요?"라고 부탁했다.

잠시 후 대통령이 닭장 앞을 지나게 되었다. 사람들이 수탉의 영웅적인 행동에 대해 보고하자 그는 "매번 같은 암탉하고 말이요?"라고 물었다. "오, 아니지요, 대통령 각하. 매번 다른 암탉하고 한답니다." 그러자 대통령은 고개를 끄덕이며 "영부인에게 그 말 좀 전해 주시겠소?"라고 말했다.

끊임없이 새로운 파트너를 찾아 돌진하는 습성은 인간에게만 해당되지 않는다. 행동장애 연구자들이 통찰력 있는 대통령 부부에 대한 존경심으로 '쿨리지 효과'라고 부른 이 현상, 즉 파트너가 늘 같을 경우 축소되고 마비되는 쾌락에의 욕망은 다른 많은 동물에게서도 발견된다. 새로운 성적 모험에 대한 성향은 우리에게 남겨진 진화론적 유산의 일부분임을 알 수 있다.

이 효과는 특히 쥐 실험에서 잘 나타난다. 성이 다른 두 마리의 쥐를 우리에 함께 넣어 주면 이 쥐들은 상대방에게 활발한 관심을 나타낸다. 그러다가 수컷 쥐가 암컷 쥐에게 적극적인 시도를 하면 첫 번째 교미가 이루어진다. 그리고 나서 약간 쉰 다음 교미는 다시 시작된다. 이전처럼 활기차고 적극적이다. 그러나 네 번 또는 다섯 번쯤 동일한 일이 반복된 다음에는 갑자기 모든 일이 끝나 버린다. 수컷의 흥미가 깨끗하게 사라지는 것이다. 너무 지친 탓일까? 아니,

그렇지 않다. 수컷은 싫증을 내고 있다. 다른 암쥐를 넣어 주면 수컷은 새로 등장한 파트너에게 돌진하고, 게임은 다시 시작된다.

동물이 얼마나 상대방을 탐하는지 측정할 수도 있다. 캐나다의 뇌 연구자인 앤터니 필립스Anthony Phillips는 이것을 수치로 발표했다. 유리문 뒤 새로운 암컷의 등장을 보기만 해도 수컷 뇌의 도파민 수치는 44퍼센트 정도 증가한다. 그리고 교미가 이루어지기 직전 도파민 수치는 정상 수치의 배로 뛰어오른다. 도파민 수치는 교미의 순간 최고치에 이른 다음 급격하게 떨어진다. 동일한 파트너와 이루어진 다음 교미에서 도파민 수치는 더 이상 급격하게 상승하지 않는다. 그리고 교미가 이미 서너 번 이루어지고 나면 도파민 수치는 거의 정상 수치에 머물게 된다. 수컷의 욕망이 시들해진 것이다. 그러나 유리문 뒤에 다시 새로운 암컷이 등장하면 도파민 수치는 즉각 다시 올라가 34퍼센트의 만만찮은 상승률을 보이게 된다.

새로 나타난 암컷 쥐가 어떤 면에서건 이전의 암쥐보다 더 낫다거나, 이전 쥐에게는 없는 어떤 매력적인 특징을 갖고 있다고 주장하는 사람은 아무도 없을 것이다. 문제는 이 두 번째 쥐가 '새로움'이라는 매력을 발산한다는 사실이다. 그것이면 충분하다. 바로 그 이유 때문에 암컷 쥐를 보자마자 이미 수컷 쥐의 뇌에서는 도파민이 분비된다. 마찬가지로 우리는 숫쥐에게 도파민 수치를 인공적으로 높일 수 있는 약물을 투여할 수도 있다. 그러면 성적 피곤함은 깨끗이 사라지고 수컷은 다시 익숙한 암컷에게 적극적으로 돌진할 것이다.

사랑의 느낌이 섞여 있지 않을 경우 적어도 수컷의 교미에서 중요한 요소는 낯선 것이 가져다주는 자극이다. 이것은 교미가 얼마나 조화롭게 이루어지는가보다 한결 더 중요하다. 사람의 경우를 생각해 보자. 따끔거리는 명치, 쿵쾅거리는 심장, 그리고 유혹이 가져다주는 긴장은 실제로 성공한 오르가슴보다 더 흥미진진하다.

도파민 수용체를 얼마만큼 갖고 태어났는가가 그 사람의 성적 파트너 수에 영향을 끼친다는 징표가 있다. 미국 국립 암센터의 딘 해머Dean Hamer는 도파민 수용체 D4 유전자와 성적 모험에의 충동 사이에는 직접적인 관계가 있다고 주장한다. 약 30퍼센트에 해당하는 남자들은 '난교'에 책임이 있는 그러한 유전자를 갖고 태어난다. 그래서 이들은 살면서 보통의 남자들보다 20퍼센트 정도 더 많은 파트너를 찾게 된다. 해머가 제시하는 통계의 연관망은 상당히 애매모호해서 이 세상의 모든 바람둥이들의 행각을 설명하기에 충분치 않다. 그러나 해머의 연구는 우리를 몰아붙이는 새로운 것에 대한 욕구의 강도가 적어도 부분적으로는 선천적일 수 있음을 제시한다.

이 모든 연관망은 남성 및 수컷에서만 부지런히 연구되었다. 반면 여성 및 암컷에게서 성적 메커니즘이 어떻게 작동하는가에 대해서는 연구가 거의 이루어지지 않고 있다. 여성의 쾌락이 결코 남성의 쾌락보다 적을 수 없다는 간단한 논리만 생각해 보더라도, 과학의 이러한 남성 편향은 이해하기 힘들다. 여성도 새로운 연인을 찾아 수많은 모험을 감행하며, 암컷 침팬지들은 우두머리 수컷에게 들키지 않고 그보다 서열이 아래인 수컷들과 교미하기 위해 갖은 묘략을 다 짜낸다. 그리고 최근의 유전자 검사에 따르면, 모든 아버지의

15퍼센트는 친자식이라고 믿었던 자기 아이들이 친자식이 아니라는 사실에 절망해야 한다.

카사노바는 과연 행복했을까?

돈 조반니 카사노바, 18세기 가장 악명 높았던 방탕아이자 호색가인 카사노바처럼 끊임없이 새로운 성적 모험을 찾아 나서는 연인의 모습을 생생하게 체현하는 사람은 또 없을 것이다. 카사노바의 재치와 매력에 유혹당한 여자들 중에는 당시 최고의 미와 지성을 자랑하던 여자들은 물론 시민계급과 하녀들까지 있었다. 감미로운 말을 속삭이는 것은 그에게 숨 쉬는 일만큼이나 쉬웠다. 그는 감각적 쾌락을 가시화하고 정교하게 연출하는 데 대가였다.

전통적인 관습의 한계에 도전하는 일, 이는 카사노바의 방식이 아니었다. 단지 자신의 사랑이 금지된 것이라는 사실이 그에게는 좀 더 흥미로웠을 따름이다. 그는 궁극적으로 모든 것을 맛보고자 했다. 즉 모든 것을 보고 모든 것을 체험하고자 했다. 그는 언제나 새로운 여성들에게 끌렸을 뿐 아니라 삶이 제공할 수 있는 모든 것을 얻고자 했다. 끊임없이 신경을 간질이는 위험과 모험이 없는 삶은 그에게 너무나 불행하고 불만족스럽게 보였다. 그가 걸어간 삶의 모든 여정이 이를 분명히 보여 준다.

그 모든 감각적 쾌락과 도취에도 카사노바는 끝내 행복을 찾지 못했다. 스스로 고백했듯이, 그는 도박꾼이었다. "나는 행운의 여신이 내게 호의적이지 않을 때 도박을 멈출 수 있는 힘도 갖지 못했으며, 돈에 대한 미련도 끝내 버리지 못했다." 그는 어리석기 짝이 없는 음모에 휘말리기도 하고 결투에 목숨을 거는가 하면 아주 사소한 일 때문에 국가권력에 저항해 생애 최고의 몇 년간 도피 생활을 해야 했다. 비교적 잠잠하던 시기에도 그는 새로운 자극에 대한 그리움에 목말라했다. 젊은 시절 코르푸섬에서 보낸 석 달이 채 안 되는 짧은 기간에도 그는 은행가로 일하고, 극단을 하나 세웠으며, 군인들을 소집해 농민 부대를 결성했다. 그리고 해적선에서 도망치고 거짓 왕자의 신분을 폭로하는 등 끊임없이 새로운 사건에 휘말렸다.

카사노바는 호기심에 내몰리는 인간의 극단적인 유형을 보여 준다. 그러나 새로운 것에 대한 갈망은 우리 모두에 내재해 있다. 변화가 없는 곳에는 권태가 똬리를 튼다. 그리고 권태야 말로 가장 견디기 힘든 고통 중 하나이다. 독일 작가 에른스트 윙거Ernst Jünger도 "권태는 옅어진 고통이다"라고 말하지 않았던가. 절망에 빠져 우리는 권태에서 벗어나려고 노력한다. 사람들을 만나 수다를 떨거나 TV를 보거나 유행을 좇는다. 여기서도 우선시되는 것은 일이나 물건의 유용성이 아니라 뭔가 새로운 것을 경험하고 느낄 수 있는가이다. 새로움을 소화해 내는 것, 이는 뇌가 수행하는 가장 중요한 과제 중 하나이다. 신경세포는 충전되길 기다리고 있다.

도파민의 진정한 가치를 찾아서

변화에 대한 욕구는 동물의 본성에 속한다고 아리스토텔레스는 『니코마코스 윤리학』에서 쓰고 있다. 인간 역시 이렇게 프로그래밍되어 있다. 자연은 지속적으로 변화하는 세상에 잘 적응할 수 있도록 자신의 피조물을 설계했다. 그리고 호기심은 바로 이 목적에 잘 부합한다. 호기심 덕분에 우리는 새로운 것을 단지 받아들일 뿐만 아니라 원하기까지 한다. 그렇게 우리는 세상을 탐구하면서 언제나 세상에 한 발 앞서 있다.

호기심이 어떻게 인생을 규정하는가에 대한 심리학 연구들이 있다. 이 연구들을 통해 우리는 호기심이 인간이 지닌 가장 견고한 인격적 특성 중 하나임을 알게 된다. 어떤 특정한 주제나 사람에 대해 쉽게 호기심을 불태우는 사람은 거의 다른 모든 것에 대해서도 열광하게 마련이다.

인간이 만족하기 위해 필요로 하는 새로움은 일정하지 않다. 어떤 사람은 평생 한 회사에 머무는가 하면, 또 어떤 사람은 몇 년마다 한 번씩 행복을 찾아 자리를 옮긴다. 일생을 자신이 태어난 집에서 사는 사람이 있는가 하면, 끊임없이 도시를 옮겨 가며 주거지를 바꾸는 사람도 있다. 쉬운 예로 선택하는 휴가지만 살펴보더라도 그 사람의 성격을 파악할 수 있다. 수십 년 동안 매번 같은 장소에서 행복하게 휴가를 즐기는 사람은 아무리 멀리 떠나도 충분히 멀리 떠나 왔다고 느끼지 못하는 사람에 비해 호기심이 적다. 우리는 자신과 너무나 다른 사람을 보면 놀라움을 금치 못한다. 그러나 한군데에 머물기를 좋아하는 사람이나 항상 어딘가로 떠나는 사람의 습성을 고치고자 하는 것은 의미 없는 일이다. 왜냐하면 한 인간이 살면서 필요로 하는 새로운 자극의 양은 대부분 선천적으로 정해져 있기 때문이다.

한 가설에 따르면, 뉴런에 자리 잡고 있는 또 다른 도파민 접속 장소가 인간에게 필요한 자극의 양에 영향을 끼친다. 이 장소는 도파민 D2-수용체이다. 이 새로운 가설에서 무엇보다 관심이 집중되는 것은 '과연 뉴런을 덮고 있는 이 D2-수용체의 두께가 유난히 얇은 사람들의 비율은 얼마나 되는가'이다. 독일의 예를 들자면 전체 인구의 약 4분의 1정도가 여기에 해당된다. 이들의 유전 구조에는 이 D2-수용체의 생산을 억제하는 유전자 변형체가 있다. 이런 사람들의 뉴런은 도파민에 그다지 적극적인 반응을 보이지 않는다. 즉 이들의 뇌에서는 도파민이 빈약하게 평가되기 때문에 평형감각을 유지하기 위해서는 다른 사람들보다 더 많은 양의 도파민을 필요로 하게 된다. 그래서 이들은 도파민이 분비될 수 있도록 다른 사람들보다 더 많은 모험과 자극을 찾는다. 이들은 위험한 상황에 빠질 준비가 되어 있다. 앞으로 상세히 설명하겠지만 약물 역시 뇌에서 도파민을 분비시킬 수 있는 하나의 방법이다. 실제로 적은 양의 D2-수용체를 가지고 태어난 사람들은 평균 이상으로 쉽게 알코올이나 니코틴에 종속된다.

과학은 아직 D2-수용체 이론에 대한 연구를 완결 짓지 못한 상태다. 그러나 도파민이 호기심이나 종속적인 중독증의 발생에 결정적인 역할을 한다는 사실은 의심의 여지가 없다. 또 뇌에서 평가되는 도파민의 가치와 호기심, 중독에 대한 성향 사이에 일정한 관계가 있는 것 역시 명백하다. 그러나 D2-수용체의 영향력이 다른 요소들에 비해 얼마나 강한지에 대해서는 아직 누구도 정확히 말할 수 없다.

이 이론이 좀 더 강화된다면 우리는 어렵지 않게 동시대인들이나 역사 속 인물들 중에서 이처럼 유전적 요인에 기반하는 모험병 환자들을 몇몇 찾아볼 수 있을 것이다. 앞서 언급한 카사노바는 가장 적당한 예가 되리라. 나이가 들어서도 그는 12권이나 되는 회고록을 작성했을 뿐 아니라 공상 과학 소설도 집필했다. 이 소설에서 이미 그는 자동차와 TV, 비행기의 출현을 예고했다. 결론적으로 말해 호기심은 인간으로 하여금 새로운 것을 찾아 나서게 할 뿐 아니라 창조하게 만드는 동력이다.

사탕 한 봉지의 놀라운 효과

앨리스 아이슨Alice Isen의 방문객들이 받은 것은 정말이지 그리 대단한 게 아니었다. 사탕 한 봉지 또는 "당신 얼굴 정말 좋아 보이는군요!" 같은 친절한 말 한마디 정도였다. 그러나 심리학 실험에 참가하기 위해 찾아온 사람들 중 누가 이런 친절을 기대했겠는가? 어찌 되었든 작은 주의력은 상당히 큰 작용을 했다. 참가자들은 눈에 띄게 고양된 상태를 보여 주었다. 그 자체만 두고 볼 때 이것은 꽤나 기이한 일이 아닐 수 없다. 돈 몇 푼만 있으면 살 수 있는 보잘것없는 사탕 한 봉지가 삶의 그 모든 언짢음을 최소한 30분 정도 잊게 만들 만큼 충분하단 말인가? 게다가 아이슨이 자신의 실험을 위해 초대한 이 사람들은 고집스러운 병원 의사들이 아닌가. 이들은 적어도 유치한 감상에 쉽사리 빠져들 만한 그런 사람들은 아니었다.

그러나 상황은 점점 더 희한해졌다. 실험이 두 번째 단계에 접어들었을 때 아이슨은 실험 참가자들에게 과제를 하나 내주었는데, 이들에게 이것은 너무나 친숙한 일이었다. 즉 실험을 돕는 조교가 현재 자신을 괴롭히고 있는 고통을 설명하면 의사들은 그에 대한 진단을 내리는 것이었다. 조교가 새로운 증상을 묘사하면 아이슨은 실험에 참가한 의사들에게 현재 그들이 알고 있는 지식수준에서 병명을 알아맞히라고 요구했다. 좋은 기분은 의사들의 상상력을 놀랄 만큼 활성화시켰다. 즉 연구가 시작되기 전에 작은 선물을 받은 이들은 그 창조적인 판단력에서 최고의 성과를 나타냈다. 그들이 올바른 진단을 내리기까지 필요로 한 시간은 선물을 받지 않은 실험 참가자들의 2분의 1밖에 되지 않았다. 그들은 흥분해 있었지만 경솔함은 전혀 보이지 않았다. 그들은 연구를 침착하게 끝까지 진행시켜 나갔다. 물론 어떤 새로운 결과에 도달하지는 못했지만 말이다.

그렇다면 우리는 의사와 상담하기 직전에 작은 선물을 먼저 건네야 할까? 그렇게 하지 말란 법도 없다. 다만 동일한 방법을 여러 번 사용할 경우 나중에는 별다른 효과를 얻지 못할 것이다. 그러한 선물이 지닌 가치는 궁극적으로 그것이 상대방에게 놀라움을 선사했다는 데 있기 때문이다. 만일 상대방이 선물을 예견하고 있었다면 '기대 체계'는 튀어 오르지 않았을 것이다.

사탕 몇 개는 어떻게 실험 참가자들을 그렇게 능수능란하고 아이디어가 풍부한 진단가로 변신시킬 수 있었을까? 예기치 않은 선물은 의사들의 뇌에서 도파민 수치가 쉽게 상승하게 만들고 도파민은 다시 신경세포들이 정보 처리에 착수하도록 자극을 주었다. 호기심의 기저에 놓여 있는 것도 바로 이러한 메커니즘이다. 볼프람 슐츠의 원숭이 실험이 보여 주듯이, 도파민은 앞이마뇌에 저장되어 있는 작업 기억 능력을 특별히 활성화시킨다. 머릿속에서 다양한 자료들과 씨름할 때 우리는 바로 이 메커니즘을 필요로 한다. 동시에 도파민은 좀 더 깊숙이 자리 잡고 있는 뇌의 중심부에 영향을 끼치는데, 여기는 주의력의 조정을 통해 집중력을 강화시키는 곳이다. 바로 이러한 과정을 통해서 기분 좋은 놀라움은 사고를 유연하게 만든다.

즐거움, 뇌를 추동시키는 원동력

도파민의 영향 아래 뇌는 연결망들을 만들어 내는 법을 배운다. 도파민이야말로 뉴런들이 새로운 것과 관계 맺을 수 있도록 준비시키는 호르몬이기 때문이다. 깜박이는 빛과 다가올 건포도에 대한 기쁨을 연결시키든, 시인의 머릿속에서 명멸하는 몇 개의 조각난 문장들을 연결시켜 한 편의 시로 탄생시키든 간에 이 모든 것은 도파민의 역할에 기인한다. 도파민의 영향으로 동물들은 외부 세계의 규칙들을 알아내고, 인간은 세상에서 의미를 추구한다.

욕망을 담당하는 뇌의 체계는 통찰력을 높이고 아이디어를 풍부하게 만든다. 그리고 이 두 가지 일이 동시에 이루어진다는 것은 진화에 내재해 있는 일종의 행복한 이치이다. 이로써 우리는 이중으로 목적을 이룰 수 있기 때문이다. 동물원의 침팬지는 높이 걸려 있는 열매를 따기 위해 바나나 박스를 차례차례 쌓아 올린다. 우리는 좀더 잘 살기 위해 그리고 원하는 것을 얻기 위해 다양한 아이디어를 모색한다. 창의력 역시 도파민이 뇌에서 후원하고 있는 호기심과 욕망의 연대에 속한다.

자연적으로든, 병적으로든 또는 약물에 의해서든 이 신경 전달물질의 과도한 분비가 없었다면 많은 예술가들은 결코 탄생하지 않았을 것이다. 카사노바는 모험만 즐긴 사람이 아니라 뛰어난 저술가이기도 했다. 올리버 색스의 환자 레너드는 인공적으로 제조된 엘도파에 의해 뇌 속에 갑자기 과도한 양의 도파민이 분비되었을 때 미친 듯이 자서전을 집필했다. 장 폴 사르트르Jean-Paul Sartre 역시 그의 마지막 책 몇 권은 인공적으로 만들어진 창조의 도취 속에서 집필했다. 프랑스의 이 철학자는 노년에 점점 시력을 잃게 되자 마지막 남은 시력과 경주를 벌이고자 암페타민을 복용했다. 이것은 도파민 수치를 높여 주는 약물이다.

지나친 양의 도파민은 인간을 판타지의 어두운 세계로 몰아간다. 그는 실재하지 않는 의미들을 예감하고, 잔디가 자라나는 소리를 들으며, 광적인 관념들 속에 빠져든다. 그러나 도파민이 적당히 강하게 작용할 때 그러한 자극들은 창의력에 날개를 달아 준다. 자기 안에서 이것을 느끼는 사람은 종종 다른 사람들이 미처 발견하지 못하는 연결망들을 보고 개별적으로 존재하던 것을 연결 지어 인식할 수 있다. 그리고 이러한 능력이야말로 모든 창조적인 업적의 기반이 된다. 그것이 새로운 요리법의 구상이든, 가구를 제조하는 것이든, 수학 문제를 푸는 것이든 말이다.

말하자면 기분은 정신이 이룩해 내는 업적에 영향을 끼친다. 아이슨이 작은 선물로 의사들에게서 확인한 통찰은 두 가지 낙관적인 소식을 전해 준다. 인간을 기분 좋게 만드는 일이 얼마나 쉬운지 그리고 행복과 지성이 대립물이 아니라 오히려 그 반대라는 사실 말이다. 이러한 인식에서 이득을 얻을 수 있는 가능성은 무궁무진하다. 수업 시간에 즐거울 수 있고 웃을 수 있는 학생은 좀 더 쉽게 배울 것이며, 자신의 일에서 기쁨을 얻는 회사원은 좀 더 생산적일 수 있다.

뇌를 추동시키는 원동력은 즐거움이다. 미국인들은 "두뇌는 즐거움으로 인해 돌아간다"라고 말하지 않던가?

3

"우리는 언제나 취해 있어야 한다"

원하는 것과 좋아하는 것은 별개의 일이다. 우리는 별 즐거움을 느끼지 못할 게 거의 확실한 모임에 얼마나 자주 가곤 하는가? 보나 마나 지루하기 짝이 없는 사람들이 잔뜩 모여 술만 마셔 댈 텐데 말이다. 그리고 솔직히 말하면 모임에 참석한 사람들과 그다지 친한 사이도 아니다. 간단히 말해 그 모임에 가지 않는다고 해서 잃을 것은 아무것도 없다는 얘기다. 그런데도 우리는 그곳에 간다. 무엇 때문에 그곳에 가는지 우리 스스로도 명확히 설명할 수 없다. 어쩌면 무언가 흥미로운 것을 놓치게 될지도 모른다는 두려움 때문이리라. 그러나 역시, 언제나 그렇듯이, 아무 일도 일어나지 않고 우리는 의미 없는 잡담을 늘어놓으며 고통스러운 몇 시간을 가까스로 흘려보낸다. 다시는 이런 식으로 시간을 허비하지 않겠노라, 마음속으로 다짐하면서 말이다. 그러나 이 다짐은 그다음 모임에 초대를 받을 때까지만 유효할 뿐이다.

흡연가 역시 원하는 것과 좋아하는 것 사이의 차이를 안다. 담배 한 개비는 황홀할 수 있다. 연기는 따스하게 코를 통과하여 마치 수천 개의 섬세한 깃털이 부드럽게 애무하듯이 목구멍을 간질인다. 담배 연기는 목구멍을 타고 가슴속 깊이 스며들면서 기분 좋게 짜릿한 느낌을 전달한다. 조금은 아리지만 부드러운 향기. 그러나 하루에 반 갑 또는 한 갑의 담배를 핀다면? "담배의 맛을 정확히 묘사한다는 것은 쉬운 일이 아니다. 오존과 갈색의 연초 그리고 이른 저녁의 어눌함이 묘하게 섞여 혀끝을 자극한다." 미국의 작가 제이 매키너니 Jay McInerney는 흡연에 대해 이렇게 묘사한다.

이런 순간 줄담배를 피우는 사람은 담배에 종속된 자신의 처지와 담배를 끊지 못하는 나약함을 증오하기 시작한다. 그는 담배를 혐오한다. 그러면서도 담배를 원한다. 너무나 원하기에 담배가 다 떨어지면 쏟아지는 폭우를 뚫고 자동판매기를 향해 달려간다.

우리는 원하는 것과 좋아하는 것을 구별하는 데 익숙하지 않다. 이 둘은 너무나 자주 얽혀 있다. 음식점에서 당신은 입맛에 맞지 않는 음식은 결코 주문하지 않을 것이다. 원하는 것과 좋아하는 것, 이 두 느낌을 혼동하는 일은 불행의 한 원인이 될 수 있다. 권태로운 모임의 참석자나 줄담배를 피우는 흡연가의 예가 보여 주듯이 말이다. 최악의 경우 이러한 오류는 중독으로 이어지기도 한다. 물론 그 반대의 경우도 가능하다. 즉 우리는 원하지 않는 것을 좋아할 수도 있다. 일곱 가지 음식이 차례로 나오는 정식 메뉴를 먹고 난 후 당신은 이미 포만감을 느끼지만 디저트는 여전히 맛있어 보인다. 그렇지만 당신은 더 이상 디저트를 먹으려 하지 않을 것이다.

인간의 경우 좋은 느낌은 두 가지 방식으로 생겨난다. 무엇을 원할 경우 또는 마음에 드는 무엇을 얻었을 경우. 원하는 것과 좋아하는 것, 다가올 일에 대한 기쁨과 향유, 뇌는 이 두 마음의 움직임을 각각의 방식으로 만들어 낸다. 하버드 대학의 신경학자 한스 브라이터Hans Breiter는 심지어 그 두 느낌이 발생할 때 뇌의 서로 다른 영역이 활동적이 된다는 것을 보여 주었다. 다가올 일에 대한 기쁨을 느끼는 경우 전뇌前腦의 중심부가 활동적이 된다. 이 중심부는 머릿속에 피사의 탑처럼 그렇게 비스듬히 걸려 있기 때문에 '기울어진 핵'이라고 불린다. 이것은 쾌락의 물질인 도파민의 영향을 받으며, 본질적으로 우리가 좋은 경험을 기억하는 일에 기여한다. 반대로 우리가 향락을 누릴 때는 의식적인 감각적 인지를 책임지고 있는 대뇌 일부가 활동적이 된다. 그리고 이때 봉사하는 호르몬은 도파민이 아니라 아편과 비슷한 효과를 내는 신체 고유의 중독성 화학 물질인 오피오이드Opioid이다.

우리 몸이 스스로 만들어 내는 향락 물질들

따라서 모든 향락은 도취다. 어느 겨울 아침 뜨거운 샤워를 즐기든, 마사지나 훌륭한 음식 또는 섹스에서 기쁨을 느끼든, 이 모든 즐거운 느낌에는 동일한 기제가 작동하고 있으며 뇌의 동일한 회로가 그것을 책임지고 있다. 그리고 이 모든 기쁨에는 동일한 화학 물질, 즉 오피오이드가 관여한다. 따라서 그 근본에 있어 모든 향락은 동일하다. 말하자면 마사지가 주는 쾌적한 느낌을 어느 뜨거운 여름날 마시는 시원한 맥주 한 잔의 상쾌함과 구별 짓는 것은 뇌 속에 있는 기본 멜로디가 아니라, 음들을 창조해 내는 악기이다. 한 번은 피부의 감각세포가 피부에 와 닿는 스침을 예민하게 포착해 내는가 하면, 또 다른 한 번은 혀와 입이 감각에 반응한다. 그러나 일단 감각적 자극이 뇌에 도달하기만 하면 두 경우 모두 동일한 향락의 느낌이 발생하게 된다.

다음과 같이 독자들의 마음을 움직이고자 할 때 프랑스의 시인 보들레르Charles-Pierre Baudelaire는 어쩌면 이러한 연관성을 어렴풋이나마 감지하고 있었는지도 모른다. "우리는 언제나 취해 있어야 한다. 그것이야말로 가장 중요한 일이다. 유일한 질문이다. 그대들의 어깨를 짓누르고 그대들을 절망에 곤두박질치게 만드는 저 끔찍한 시간의 무게를 더 이상 느낄 수 없도록 그대들은 끊임없이 도취의 상태에 빠져들어야 한다. 그러나 무엇으로? 포도주나 시 또는 선한 행동 등 그대들이 원하는 그 무엇으로든. 그러나 중요한 것은 그대들이 취할 수 있어야 한다는 사실이다."

향락의 도취가 시간의 흐름을 깨뜨린다는 보들레르의 이러한 생각은 그렇게 터무니없는 생각이 아니다. 오피오이드는 화학적 방식을 통해 간접적으로나마 시간의 체험에 영향력을 행사한다. 오르가습은 시계를 멈추게 하는 것처럼 보이지 않는가. 그러나 무엇보다도 보들레르는 모든 도취의 약물이 동일한 효과를 내며 도취를 얻기 위해서는 인공적인 약물만으로는 충분하지 않다는 사실을 알고 있었다. '선한' 도취와 '악한' 도취를 동일하게 취급하는 것은 당시에는 상상할 수 없는 일이었다. 그런 생각을 슬쩍 암시만 하고 있을 뿐인 그의 시집 「악의 꽃」이 1857년 파리에서 발표되었을 때 그것은 엄청난 파문을 불러일으켰다. 그리고 위에서 인용한 시 '그대들이여, 자신을 취하게 만들어라'가 수록된 산문 시집은 보들레르가 사망한 후에나 발간될 수 있었다.

그로부터 100년도 훨씬 더 지난 후 신경학자들이 보들레르의 용기 있는 주장을 생물학적으로 뒷받침하는 학설을 발표했을 때 사람들이 보인 반응 역시 크게 다르지 않았다. 1973년 세 그룹의 학자들은 서로 상대방의 연구 과정에 대해 아는 바 없이 우리 뇌 속에 있는 뉴런들이 모르핀이나 헤로인과 같은 화학적 아편물을 받아들일 수 있는 수용체, 즉 접속 장소를 지니고 있다는 사실을 발표했다. 진화는 도대체 무엇 때문에 이런 장치를 우리 몸에 마련해 둔 것일까? 물론 양귀비 추출물이 주는 향락에 자신을 내맡기라고 그러지는 않았을 것이다.

열띤 탐구가 시작되었다. 그리고 얼마 지나지 않아 연구자들은 뇌가 모르핀과 유사한 그리고 비밀에 싸인 수용체들에 정확히 들어맞는 물질들을 생산해 낼 수도 있다는 사실을 밝혀냈다. 신체 고유의 아편물들이 발견되기 시작한 것이다. 이것은 유기체 스스로가 생

❖ — "그대들의 어깨를 짓누르고 그대들을 절망에 곤두박질치게 만드는 저 끔찍한 시간의 무게를 더 이상 느낄 수 없도록 그대들은 끊임없이 도취의 상태에 빠져들어야 한다." _보들레르

산해 내는 약물이었다. 사람들은 그것을 엔도르핀Endorphine이라고 불렀다. 이것은 '안'을 뜻하는 그리스어의 접두사 '엔도'와 '모르핀'을 합성해서 만들어 낸 이름이다. 곧이어 또 다른 유사한 물질이 발견되었는데, 엔케팔린Enkephaline이 바로 그것이다. 그리고 마지막으로 다이노르핀Dynorphine이 발견되었다. 이것은 엔도르핀과는 정반대되는 작용을 하는 화학 물질이다. 엔도르핀과 엔케팔린이 좋은 감정

을 생산해 낸다면, 다이노르핀은 혐오의 감정을 생산해 낸다. 오늘날 이 세 물질은 모두 '오피오이드'라는 개념으로 묶여 있다. 오피오이드는 이른바 뉴로펩티드, 즉 신경아미노산 결합물로서 쾌락 물질인 도파민보다 훨씬 더 크고 복잡하게 구성되어 있는 분자이다.

이러한 중독성 약물이 인간의 뇌에서 발견된 이후 학자들이 향락 전달체들을 다른 동물들에게서도 발견하기까지는 그다지 오랜 시간이 걸리지 않았다. 오피오이드는 개나 설치류 그리고 곤충들의 뇌에서도 흐른다. 지렁이같이 단순한 뇌 구조를 가지고 있는 생물체에서도 그것들이 발견되었다. 자연 전체가 행복의 추구에 휩싸여 있다는 말인가?

"그날 그들의 뺨 위론 더 이상 눈물이 흐르지 않는다"

엔도르핀이나 엔케팔린 없는 세상은 끔찍한 잿빛일 것이다. 특정 약품을 통해 이 전달체의 효과가 잠시 중단된 사람들에게서 그 끔찍한 세상을 볼 수 있다. 나록손Naloxon은 마약 중독자들을 헤로인 중독에서 벗어나게 하는 데 사용되는 약이다. 마약에 중독된 적이 있던 사람이 이 약품을 복용하게 되면 더 이상 어떤 음식도 어떤 웃음도 그를 즐겁게 만들 수 없다. 자신을 둘러싼 세상에서 그가 보는 것은 단지 로봇으로 가득 찬 영혼 없는 기계들뿐이다. 이 세상에서 인간들은 그저 특정 기능을 수행할 뿐 그 이상도 그 이하도 아니다. 섹스에 대한 관심도 사라진다. 오르가슴에 도달했을 때 여전히 심장이 뛰는 등 모든 정상적인 신체 반응이 나타나는데도 말이다. 오피오이드가 없는 인간들도 충분히 짝짓기를 할 수 있는 게 분명하다. 다만 그 짝짓기에는 어떤 느낌도 동반되지 않는다.

엔도르핀의 적수인 다이노르핀이 무대를 장악하게 될 경우 사정은 더욱 나빠진다. 다이노르핀의 지배하에 등장하는 느낌이 얼마나 소름끼치는지는 말로 다 설명할 수 없다. 다이노르핀과 유사한 화학물질을 투여했을 경우 실험 참가자들은 온몸이 오싹오싹 떨리는 추위와 광적인 생각, 자기 통제력의 상실과 허약함에 사로잡힌다. 그들 중 많은 사람들에게 이 경험은 차라리 창문 아래로 뛰어내리고 싶을 만큼 처절한 것이었다.

연구자들은 쥐를 실험하면서 비슷한 상황을 유발시킬 수 있었다. 그들이 오피오이드의 조절을 받는 간뇌 중심 부분을 제거했을 때 쥐들은 모든 것에 혐오감을 나타냈다. 심지어 수술 전이라면 어떤 희생을 치르고라도 덤벼들었을 맛있는 음식 앞에서도 쥐들은 구토를 느꼈다. 입에 단것을 넣어 주자 토해 냈다. 연구자들이 영양주사를 놓지 않았다면 아마 굶어 죽었을 것이다.

그러나 엔도르핀과 엔케팔린이 머릿속에서 제대로 순환할 경우 우리가 느끼게 되는 삶의 기쁨은 얼마나 대단한가! 갑자기 우리는 평범한 음식에서 이루 다 말할 수 없는 훌륭한 요리를 발견하게 된다. 이제 식욕은 상승하고, 이 식욕은 배가 부를 때조차 가라앉지 않는다. 음식에서 얻는 기쁨이 클 경우 비만의 위험이 따르게 되는 것도 바로 이 때문이다. 모두가 상냥하고 나를 밝게 비춘다. 할 수만 있다면 세상 전부를 껴안으련만! 생전 처음 보는 사람 앞에서도 우리는 얼굴을 빛낸다. 단지 기분이 좋기 때문만이 아니라 실제로 그들에게 호감이 가기 때문이다. 그리고 할 수만 있다면 이 터질 듯한 행복을 기꺼이 나누어 주련만!

엔도르핀과 엔케팔린의 영향 아래서 슬픈 상태를 유지하는 일은 불가능하다. 호메로스의『오뒷세이아』에 나오는 아름다운 헬레나 역시 이 사실을 알고 있었다. 트로이 전쟁이 끝났을 때 헬레나는 전쟁에서 죽은 사람들 때문에 슬픔에 잠겨 있는 친지들을 위로하기 위해 도취에 빠지게 하는 음료수를 만든다. 오뒷세우스의 긴 여행을 묘사하는 4장에도 비슷한 이야기가 언급되고 있다.

"그들은 자신들이 마시는 포도주에
탄식과 고통 그리고 모든 참혹한 기억들에 맞설 수 있는 물질을 타 넣었다.
포도주에 잘 섞여 들게 휘저은 다음
사람들은 이것을 목젖 아래로 흘러내리게 한다.
그러면 그날 그들의 뺨 위론 더 이상 눈물이 흐르지 않는다.
어머니와 아버지를 잃었을지라도⋯⋯."

오늘날 신경약품학에서는 이 혼합물에 아편이 섞여 있었을 것이라고 추측한다. 19세기까지만 해도 아편으로 공포와 우울증을 치료

하는 것이 최고의 의학적 행위로 여겨졌다. 19세기 미국에서 출간된 한 의학 교본은 "영혼의 고통을 치유하는 데 있어 이것과 견줄 만한 것은 아무것도 없다. 아편이야말로 좌절감이나 또 다른 종류의 정신적 고통을 약화시켜 주기 위해 만들어진 것처럼 보인다"라고 쓰고 있다.

오늘날은 누구도 슬픔을 아편으로 달래라고 충고하지 않는다. 아편의 중독성을 잘 알기 때문이다. 그러나 인간의 뇌는 그 효과에서 아편을 훨씬 능가하는 물질인 베타-엔도르핀을 아주 자연스런 방식으로 만들어 낸다. 간뇌에 있는 가는 선인 뇌하수체Hypophysis가 바로 이 뛰어난 효과를 지닌 물질이 만들어지는 곳이다. 우리는 베타-엔도르핀의 효과를 자연스런 방식으로 아무런 걱정 없이 체험할 수 있으니 때론 맛있는 음식을 먹는 것만으로도 충분할 정도이다.

시금치가 싫은 이유

"정말 대단하지요. 인간의 행복과 구운 칠면조 고기는 얼마나 밀접한 관계에 놓여 있는지요! 그리고 맞을 때마다 마르코브룬 포도주를 한 잔씩 마실 수만 있다면 그까짓 매쯤이야 얼마든지 견딜 수 있지요." 독일 작가 테오도르 폰타네Theodor Fontane는 테오도르 슈토름 Theodor Storm에게 보내는 편지에 이렇게 쓰고 있다. 라인가우의 저 유명한 에르바허 마르코브룬 포도주를 즐길 줄 아는 사람이라면 지나친 불행은 피할 수 있을 것이다. 폰타네는 화가 날 때마다 술을 마셔 대는 알코올 중독자가 아니었다. 그리고 독일산 포도주의 알코올 농도 또한 그다지 높지 않다. 그러니 폰타네가 말하는 포도주의 저 효과에는 뭔가 다른 이유들이 있을 것이다. 혀끝을 간질이는 구운 칠면조 고기와 포도주는 베타-엔도르핀을 방출시킨다. 그리고 이 베타-엔도르핀은 슬픔을 다 날려 보낸다.

그러나 좋은 느낌이 단지 오피오이드 때문에만 생기는 것은 아니다. 몸 전체가 향락을 위해 준비되어 있다. 음식을 먹을 때 생기는 기쁨만큼 이 사실을 분명히 보여 주는 예도 없다. 영양분의 섭취는 삶을 위한 필수 조건이다. 무엇을 먹는 행위는 또한 원초적인 향락 중 하나이기도 하다. 먹는 행위는 너무나 근본적인 향락이기 때문에 감각적 쾌락을 연구할 때 가장 좋은 예가 되며, 실제로 가장 많이 연구되기도 했다. 맛의 감각을 위해 작동하는 기계, 즉 입과 혀를 보면 인간이란 그 얼마나 행복을 얻기 위해 만들어진 존재인지, 즐긴다는 것이 얼마나 유용할 수 있는지를 알게 된다.

많은 종교는 인간의 몸을 신이 거주하는 성전으로 여긴다. 만일 사실이 그러하다면 입은 그 성전의 입구이다. 입에는 0.02밀리미터 정도 되는 높이의 미뢰味蕾가 약 3,000개쯤 있다. 대부분 혀 위에 돋아 있는 이 작은 돌기들은 모두 상이한 맛들에 반응을 보이는 약 50개의 감각세포를 품고 있다.

맛의 감지기야말로 어떤 사람에게는 맛있는 시금치가 다른 사람에게는 맛없게 느껴지는 이유를 만들어 낸다. 사람들 중 4분의 1은

맛에 지독히 예민하다. 이들은 쓴맛과 단맛을 다른 사람들보다 더 강렬하게 인지한다. 어떤 유전자로 구성되었기에 이들은 시금치를 못 견디는 것일까?

두 개의 줄로 엮어진 총 10만 개의 신경선들이 맛에 대한 정보를 입에서 뇌로 전달한다. 거기에 따뜻한 맛과 찬 맛을 전달하는 감지기들이 가담하고, 또 음식의 느낌이 어떤지, 부드러운지, 낟알처럼 오톨도톨한지, 축축한지, 건조한지를 뇌에 보고하는 다른 감지기들도 참여한다. 솜사탕은 캐러멜 사탕과 다른 맛을 낸다. 둘 다 모두 설탕으로 만들어졌는데도 말이다. 그리고 마지막으로 불타는 듯한 맛을 기록하는 감지기가 있다. 이 감지기 덕분에 우리는 고추의 매운 맛에 반응을 보일 수 있다. 이렇듯 무엇이든 조금만 깨물어도, 혀가 조금만 움직여도 전자 신호로 가득 찬 불꽃놀이가 펼쳐진다.

이러한 불꽃놀이에서 향락이 생기는 것은 뇌에 이르러 비로소 가능해진다. 이 책의 앞 장들에서 설명했듯이, 자연은 우리가 유익한 태도를 지닐 수 있도록 하기 위해 좋은 느낌을 만들어 냈다. 훌륭한 맛에 대한 기쁨 역시 에너지 관리의 조정에 기여한다. 심리생물학자들은 쥐 실험을 통해 이것을 증명했다. 그들은 쥐의 위에 탐침探針을 삽입한 후 그것을 통해 영양액을 투입했다. 충분히 많은 칼로리를 섭취할 수 있었음에도 쥐들의 몸무게는 몇 주가 지나자 3분의 1이나 줄었다. 먹는 것에 대한 쾌락은 절대 사치에 속하지 않는다.

장 자크 루소Jean-Jacques Rousseau가 관찰했듯이, "수천 가지 일들이 촉각과 청각 그리고 시각에는 별로 중요하지 않지만, 미각에는 중요하지 않은 것이 거의 없는" 이유는 또 있다. 무엇이든 가리지 않고 먹는 동물인 인간은 어떤 특정한 음식에 맞춰 프로그래밍되어 있지 않다. 소들이 풀만 먹는 것과는 달리 말이다. 인간은 언제나 처음 보는 낯선 음식물을 맛보면서 미각의 도움을 받아 판단을 내려야 한다. 즐거움이나 구토의 반응을 통해, 말하자면 우리가 섭취한 것이 우리 몸에 맞는지 안 맞는지 알아낼 수 있다. 그러나 미각이 언제나 우리를 올바른 결정으로 이끄는 것은 아니다. 이미 많은 미식가들을 희생시킨 달걀파리버섯과 복어는 가장 악명 높은 예이다.

오랫동안 인간은 네 개의 미각을 가지고 있다고 여겨져 왔다. 그러나 신경학자들이 밝혀냈듯이, 인간의 미각은 다섯 개의 방향으로 발달했다. 즉 단맛, 신맛, 짠맛, 쓴맛, 그리고 마지막으로 '고기 맛'이 바로 그것이다. 일본 사람들은 이 다섯 번째 맛을 '우마미'라고 부른다. 이 맛은 글루타민산 같은 특정 아미노산에 의해 발생한다. 아미노산은 육식뿐만 아니라 토마토 같은 다양한 채소나 버섯 그리고 치즈 등에도 들어 있다.

우리는 소금이 들어가지 않은 음식을 밋밋하다고 느끼는데, 그것은 소금 없이는 우리의 몸이 제대로 기능할 수 없기 때문이다. 우리의 몸은 또한 단백질을 필요로 한다. 그러나 쓴맛과 신맛의 경우 우리는 어느 정도 절제된 태도를 보이는데, 그것은 몸이 보내는 일종의 경고 같은 것이다. 독의 대부분은 쓰고, 신 과일들의 대부분은 설익은 것들이기 때문이다. 그 대신 우리는 단것이라면 무조건 환영한다. 설탕은 에너지 그 자체를 의미하기 때문이다. 바로 여기에 몸무게를 줄이고자 하는 사람들의 딜레마가 놓여 있다. 진화는 다이어트 하는 사람들을 고려하지 않았다. 진화는 오히려 사정이 좋지 않은 때를 대비해 가능한 한 많은 효용 가치를 지닌 음식물을 섭취하도록 피조물들을 창조했다. 케이크나 아이스크림을 찾는 욕구는 우리 모두의 머릿속에 자동 입력된 사항이다.

쾌락주의적 원칙, 향락은 지속될 수 없다

뇌는 오피오이드의 도움을 받아 음식물을 판단하는 것과 동일한 방식으로 우리가 경험하는 모든 것을 판단한다. 좋은 일을 경험하게 되면 뇌는 엔도르핀을 방출한다. 반대로 나쁜 경험을 하게 될 경우 다이노르핀이 신호를 보낸다. 이렇듯 진화는 자신의 피조물들이 마땅히 해야 할 일을 하도록, 그것도 기꺼이 하도록 만든다. 포유동물의 부모들은 새끼를 돌봐야만 한다. 그런데 포유동물의 어미들은 오피오이드의 영향 아래 있기 때문에 새끼를 돌보는 이 과제를 환희에 차서 수행한다. 엔도르핀과 엔케팔린은 의무를 달콤한 것으로 만든다. 보상과 쾌락은 강제나 처벌에 대한 공포보다 언제나 더 나은 동기를 마련한다. 그래서 종의 유지에 가장 필연적인 일들이 가장 유쾌한 일이 된다. 섹스가 그 좋은 예이다. 오르가슴을 느낄 때 뇌에서는 오피오이드가 방출된다. 자연은 우리의 유전적 특성이 계속되기를 원한다.

누군가가 부드럽게 쓰다듬을 때 우리의 기분은 고조된다. 인간뿐 아니라 원숭이나 고양이 그리고 모르모트 역시 누군가가 쓰다듬어 주면 차분해진다. 새들조차도 누군가의 손길이 닿으면 뇌에서 오피오이드가 방출된다. 흥미롭게도 신체를 접촉할 때 과잉 공급되는 오피오이드는 쾌락의 감정을 불러일으킨다기보다는 공포심을 누그러뜨리는 데 더 기여하는 게 분명하다. 그래서 특정 집단의 개별 구성원들이 버림을 받았다고 느끼거나 불안을 느낄 때 이 오피오이드는 그들을 안심시키는 역할을 한다. 낑낑거리던 새끼 짐승을 쓰다듬어 주면 곧 조용해진다. 그러나 외부에서 아편제가 투여될 때 신체 접촉에 대한 그들의 욕구는 줄어든다. 만족한 사람은 불행한 사람만큼 격려의 말이 필요하지 않다. 역으로 우리가 고독하다고 느낄 때 또는 상심에 잠겨 있을 때 한 번의 손길은 기적과도 같은 효과를 낼 수 있다.

향락이란 유기체가 필요로 하는 것을 공급받았음을 의미한다. 그러나 우리는 무엇을 필요로 하는가? 그것은 상황에 따라 다르다. 예를 들어 갈증을 느낄 때 우리에게 필요한 것은 물이다. 배가 고프면 먹을 음식이 필요하다. 그리고 슬픔에 잠겨 있을 때 우리에게 필요한 것은 위로의 말이다. 갈증이 날 때 마시는 첫 모금의 물이야말로 가장 맛있다. 엄청난 고생 끝에 산 위에 있는 오두막에 도달해서 먹는 식사는 그것이 지극히 평범한 음식에 지나지 않더라도 커다란 기쁨을 선사한다.

삶에 가장 필요한 무엇인가가 결핍되었을 경우 그것이 무엇이든 몸은 우리에게 그 사실을 알린다. 굶주리게 되면 우리 몸에 필요한 에너지와 음식물 섭취 간에 균형이 깨지게 된다. 그러면 좋지 않은 느낌을 발생시키는 오피오이드인 다이노르핀이 방출된다. 우리가 굶주림을 쾌적하지 않게 느끼는 것은 바로 이 때문이다. 따라서 그에 맞서 뭔가 조처를 취하려는 충동이 일어난다. 즉 우리는 불안해지고 자극에 민감해지며 결핍을 해소시킬 무언가를 찾기 위해 신경을 곤두세워 주위를 살핀다.

자, 목표물을 발견한다. 구운 닭고기 한 조각이 있지 않은가! 뇌는 즉각 베타-엔도르핀을 내보낸다. 그러면 베타-엔도르핀은 희망하던 음식물이 가져다줄 쾌감에 미리부터 기쁨을 느끼게 해 주고, 우리 눈앞에 있는 이것이 유기체에 유익할 것임을 알려 준다. 동시에 베타-엔도르핀은 뇌가 눈 깜짝할 사이에 욕망의 분자인 도파민도 방출하게끔 만든다. 좋아하는 것과 원하는 것의 회로는 이렇듯 밀접하게 서로 연결되어 있다. 도파민의 영향으로 우리는 낙천적이 되고, 좀 더 정신을 차려 우리가 원하는 것을 얻을 수 있도록 노력하게 된다.

향기로운 고기 냄새가 코 안으로 스며들고, 우리는 닭고기를 베어 문다. 맛이 좋다. 뇌는 더 많은 엔도르핀을 방출하고 유기체가 원하는 것이 드디어 섭취되었음을 알린다. 그리곤 평정의 상태로 되돌아간다. 이제 기분 좋은 배부름만이 남았다. 우리는 긴장을 풀고 생각한다. 인생은 아름답다고 말이다.

이렇게 향락은 우리의 몸이 물리적 평형 상태로 되돌아갈 때 그

동반자가 된다. 몸에 좋은 것이 실제로 기분도 좋게 만든다. 그러나 유기체가 따르는 이 쾌락주의적 원칙에는 어두운 이면도 있다. 즉 향락은 지속될 수 없다는 것이다. 모든 것이 제자리로 돌아가면 향락은 사라져 버린다.

향락은 우리가 형편이 나쁜 상태에서 형편이 좀 더 나은 상태로 움직인다는 것을 알려 주는 신호이다. 따라서 좋은 느낌은 상황의 문제이고 올바른 시점 선택의 문제이다. 모든 것은 다 시간의 문제이다. 날씨가 뜨거우면 서늘한 그늘을 찾고, 몸이 얼 정도로 추우면 장작이 타오르고 있는 벽난로나 털이 복슬복슬한 담요를 찾는다. 즉 우리의 기분에 결정적인 역할을 하는 것은 온도 그 자체가 아니라 우리 몸을 둘러싸고 있는 정황이다. 후텁지근한 여름날 상쾌함을 가져다주던 찬물 샤워는 겨울날 스키장에서 돌아온 언 몸에는 가당치 않은 일일 뿐이다.

모든 할리우드 감독은 이 사실을 알고 있다. 등장인물 모두가 서로에게 친절한 영화는 살인사건만이 연달아 일어날 뿐인 영화와 마찬가지로 우리를 지루하게 만든다. 좋은 줄거리는 관객이 청룡열차를 탄 것처럼 감정의 급경사를 느낄 수 있게 해 준다. 영화가 시작한 지 30분 만에 우리는 주인공을 사랑하게 되고, 우리가 주인공의 아름다운 삶을 음미하고 마음속에서 그에 대한 호의를 제대로 막 느끼자마자 주인공은 최대의 위험에 처하게 된다. 끔찍한 사건이 터지고 우리는 주인공에게 연민을 느낀다. 그런 다음 주인공을 둘러싼 모든 일이 다 잘 해결될 때 우리의 기쁨은 최고조에 달한다. 고대의 극작가들은 공포가 사라지고 안도의 한숨을 내쉬며 다시 기쁨을 누릴 수 있게 된 이 순간을 '카타르시스'라고 불렀다. 이미 고대인들도 향락은 그 적대적 힘에 의해 지탱된다는 사실을 잘 알고 있었던 것이다.

왜 '워커홀릭'이 되는가

통증이 완화될 때도 우리는 쾌적한 느낌을 얻는다. 고통과 향락이 서로 연관되어 있다는 사실은 인간이 이미 오래전부터 예견한 일이다. 그러나 이 둘이 얼마나 밀접하게 연결되어 있는지는 신경약물학의 오랜 연구를 통해 비로소 밝혀졌다.

신경약물학은 통증을 느끼는 일이 뇌에서 일어난다는 사실과 뇌가 통증을 약화시키는 기능도 갖고 있음을 밝혀냈다. 손가락을 베이면 상처에 반응을 보이는 통증 감지기가 척수에 있는 특별한 섬유줄을 통해 뇌로 신호를 보낸다. 그러면 간뇌의 중심부인 시상Thalamus에서 이 정보가 처리되고 우리는 통증을 느끼게 된다. 만일 필요하다면 시상 옆에 있는 시상하부Hypothalamus가 오피오이드의 방출을 명령한다. 엔케팔린이든 엔도르핀이든 아니면 심지어 해악한 다이노르핀이든 간에 이 모든 오피오이드는 통증에 맞서 영향력을 행사하여 척수에서 더 이상의 신호가 오지 않도록 막아 버린다. 신체 내에서 방출되는 아편제와 유사한 모르핀이 가장 강력한 효과를 내는 통증 완화제인 것은 바로 이 때문이다.

조깅하는 사람들의 기분이 얼마나 좋은지는 관용적 표현을 통해서도 알 수 있다. 영어로 이 최고의 기분을 '러너스 하이runner's high'라고 한다. 몸이 지치기 시작할 때 뇌는 엔도르핀과 엔케팔린을 방출하여 유기체가 몸의 고단함을 극복하고 계속해서 달릴 수 있게 도와준다. 도취감은 지친 느낌을 잊게 만들고 더욱더 힘을 모아 달리게 만든다.

자연이 왜 이런 기제를 만들어 놓았는지를 알아맞히는 것은 어려운 일이 아니다. 공격을 받아 상처를 입은 동물이 있다 치자. 본능은 몸을 편히 눕히고 힘을 아끼라고 명령할 것이다. 그러나 오피오이드가 통증을 차단시키면 그 동물은 상처를 입었음에도 목숨을 걸고 싸우게 된다. 맹수의 공격만이 아니라 다른 종류의 스트레스 역시 머릿속에서 오피오이드가 선회하게 만든다. 이미 한계 용량을 벗어났음에도 계속해서 또 다른 일감을 찾는 많은 일중독자들이 노리는 효과도 아마 이것일 수 있다. 그렇다, 스트레스 역시 즐길 수 있다. 진화의 입장에서 볼 때 이것은 꽤나 오래된 기제이다. 베를린의 신경학자 란돌프 멘첼Randolf Menzel은 스트레스 상황에서 고통이 차단되는 현상을 벌에게서도 관찰할 수 있었다.

여성들만이 출산의 고통을 견뎌 낼 수 있는 것도 몸에서 방출되는 아편 덕분이다. 막 분만을 끝낸 후 산모들의 얼굴에 떠오르는 저느슨한 행복감은 오피오이드의 효과이다. 한의사들은 침을 놓아 통증을 멈추게 하는데, 그것은 침 끝이 과도한 양의 오피오이드를 방출시키도록 자극하기 때문이라고 추측된다. 그러나 왜 그런지에 대해서는 아직 학자들도 말할 수 없다. 아마도 바늘로 찌를 때의 그 작은 고통으로 훨씬 더 큰 고통을 이길 수 있도록 돕는 것일지도 모른다. 심지어 우리는 많은 사람들이 입에서 불이 나는 것처럼 매운맛에 뒤따르는 '오피오이드-도취감'을 즐기기 위해 고추를 즐겨 먹는다는 추측도 해 본다. 증명된 바는 없지만 말이다.

고통과 쾌락이 가장 밀접하게 연결되어 있는 곳은 바로 섹슈얼리티이다. 마조히즘적 성행위를 즐기는 사람들은 통증을 견디는 것에 대한 보상으로 주어지는 엔도르핀과 그로 인해 고조되는 쾌락에 탐닉하는 것으로 보인다. 행복을 느끼게 해 주는 이 물질 덕분에 뇌 속에서 또한 도파민이 방출된다는 사실이 여기에 첨가되어야 할 것이다. 즉 이런 방식으로 고통에의 향락은 욕망을 더욱더 부채질할 수 있다. 그러나 가장 창의적인 신경심리학자들조차 아직까지는 사도마조히즘 성행위에 대한 면밀한 관찰을 시도하지 않고 있다.

영원히 갖지 못하는 것을 동경하기

고양이는 쥐를 잡기 전에 쥐와 게임을 벌인다. 식욕은 음식 그 자체보다 더 많은 쾌락을 줄 수 있다. 사랑에 있어서도 가장 큰 자극은 숨바꼭질에, 사소한 말다툼에, 우회로에 그리고 망설임에 놓여 있다. 가능한 한 최단 시간에 목적지에 도달하려고 하는 연인은 좋은 연인이 못 된다. 피에르 쇼데를로 드 라클로Pierre Choderlos de Laclos의 소설

『위험한 관계』에 나오는 바람둥이 발몽은 "나는 그 선한 여자를 그렇게 값싸게 얻고 싶지 않아"라고 말한다. 그는 자신이 원하는 것을 너무 빨리 얻을 경우 에로틱한 투쟁의 긴 쾌락이 사라질까 염려한다.

욕망하고 즐기는 것은 서로 밀접하게 연관되어 있다. 그러나 이 두 자극은 또한 서로 적대적이다. 이 두 자극의 관계는 시소 놀이를 하는 두 아이의 모습과 흡사하다. 이번에 한 아이가 높이 올라가면 그다음 번에는 상대방 아이가 높이 올라간다. 욕망하는 사람은 아직 완전히 즐기지 못한다. 그리고 즐기는 사람은 결국 원하는 것을 얻는 그 순간 사라지는 욕망을 목도해야 한다. 욕망에는 애써 추구하는 동력이 내재하는 반면, 향락은 그것 자체로 충분하다. 맛있는 음식, 사랑, 단순히 태양을 즐기는 사람은 전쟁을 일으키지 않는다. 즐기고 있는 이 순간 그는 일상이 가져다주는 사소한 투쟁거리에는 관심이 없다.

극단적인 경우 쾌락은 우리를 완전한 무기력 상태에 빠지게 할 수 있다. 쥐에게 과도한 양의 아편을 주사할 경우 이러한 무기력 상태에 빠져들어 몸이 밀랍처럼 된다. 그래서 반죽 덩어리처럼 임의로 어떤 형태로든 몸을 움직이게 만들 수 있다. 신경화학은 오피오이드가 어떤 특정한 양에 이르면 그다음부터 일시적으로 도파민 수치를 다시 떨어지게 할 수 있다는 사실을 밝혀냈다. 미국 오하이오주 볼링 그린 대학의 신경심리학자 자크 판크세프Jaak Panksepp는 우리가 어떤 쾌락을 즐긴 다음 아무것도 원하지 않는 나른한 상태에 빠지는 것은 바로 그러한 작용의 결과가 아닌가 추측한다.

그러나 우리는 기분 좋은 게으른 상태가 오래 지속되는 것을 참지 못한다. 오피오이드는 잠시 동안만 효과를 낼 뿐이기 때문이다. 그때그때의 상황에 따라 오피오이드의 효과는 몇 분 후 혹은 몇 시간 후에 사라져 버린다. 결국 도취는 신호의 역할을 하기 때문에 전달해야 할 소식이 전달되고 난 다음에는 침묵한다.

그러면 도취의 어두운 면이 나타난다. 행복을 가져다주는 약물의 힘이 사라지고 나면 우리의 기분은 평범한 상태로 되돌아가는데, 도취를 경험한 이후에는 이러한 평범한 상태를 견딜 수 없는 추락으로 느끼기 때문이다. 사랑의 유희가 끝난 후 찾아오는 상심에 대한 비탄의 소리는 인간이 자신의 느낌을 표현할 수 있는 한 끝없이 지속된다. 『구약성서』는 그 이전에 어느 누구도 누려 보지 못한 향락과 소유물을 누린 코헬렛Kohelet왕이 직면하게 된 공허감을 다음과 같이 묘사하고 있다. "나는 내가 한 모든 행위에 대해 그리고 이러한 행위를 통해 얻게 된 많은 소유물에 대해 생각하기 시작했다. 그 결과는 이 모든 것이 한 줌의 바람결에 지나지 않으며 허상에 불과하다는 사실이었다. (……) 그러자 나는 삶이 역겨워졌다."

반면 즐겁게 무엇인가를 추구하고 이것을 얻기 위해 노력하는 일은 몇 시간이, 몇 날이 그리고 몇 년이 걸릴 수 있다. 물론 연회가 사냥보다 더 나을 수도 있고, 향락의 도취가 다가올 미래에 대한 설렘을 압도할 수도 있다. 그러나 오지 않은 미래에 대한 기대는 훨씬 더 오래 지속된다는 장점이 있다. 그래서 수단과 방법을 가리지 않고 의식적으로 자신이 꿈꾸는 동경이 충족되는 순간을 지연시키는 사람들이 적지 않다. 이로써 그들은 도취가 전혀 없는 허무의 순간을 피하고자 하는 것이다. "길이 곧 목적지이다." 이것이야말로 그들의 좌우명이 될 수 있으리라.

어떤 시기에나 이루어지지 않은 동경은 삶을 지탱시키는 데 기여했다. 예컨대 독일의 낭만주의 시인들은 '푸른 꽃'을 동경했다. 결코 찾을 수 없기에 영원히 그리워해야 하는, 이것이 바로 '푸른 꽃'의 매혹이었다. 그리고 중세 시대의 음유시인들은 결혼한 부인들을 흠모했다. 그녀들은 영원히 도달할 수 없는 그리움의 지점이었다. 남프랑스 지방의 음유시인 트루바두르는 성급하게 휘갈겨 쓴 서너 줄의 편지나 몰래 띄워 보낸 미소 외에 그 어떤 것도 원할 수 없었다. 그리움을 유지하기엔 충분한, 그러나 그리움을 해소시키기에는 턱없이 부족한.

4

권태에 대항하는 최선의 수단

우리는 때때로 쾌락의 희생물이 될 위험에 빠져든다. 방금 마련한 여름옷에 대한 기쁨이 오래가지 않기 때문에 다음에 기회가 오면 그 옷에 맞는 프라다 여름 샌들을 산다. 뭐, 세일도 하겠다, 반 치수 정도 큰 데도 우리는 손쉽게 구두를 집어 든다. 이런 식으로 수입이 나쁘지 사람들이 아슬아슬한 경제생활을 하는 경우를 흔히 보지 않는가. 향락은 덧없는 것이다. 설탕과 버터가 잔뜩 들어간 초콜릿 케이크를 세 조각이나 먹고 난 뒤, 기름진 소시지와 씨름하고 난 뒤, 그렇게 해서 지난 며칠간 시도한 다이어트를 물거품으로 만들어 버린 뒤 스스로에 대한 역겨움에 몸서리쳐 본 사람이 한둘이겠는가?

욕망은 기계처럼 자동적으로 생겨날 수 있다. 그런 경우 어떤 일이 벌어질 것인가? 캐나다의 신경학자인 제임스 올즈James Olds는 1954년 전설적인 실험을 통해 이것에 대한 답을 주었다. 그는 쥐들의 간뇌에 있는 시상하부, 즉 욕망을 불러일으키는 물질이 방출되는 곳에 '전기 자극기'를 삽입했다. 그리고 올즈는 이 자극기의 선을 스위치에 연결시켰다. 즉 쥐들이 이 스위치를 건드리면 약간의 전류가 흐르게 되고, 그러면 시상하부가 자극을 받게 되는 것이다. 결과는 한마디로 엄청났다. 쥐들은 얼마 지나지 않아 이 스위치를 떠나려 하지 않았다. 이 가여운 짐승들은 모든 것을 다 잊어버리고 미친 듯이 스위치만 눌러 댔다. 쥐는 한 시간에 6,000번이나 스위치를 눌렀다. 올즈는 놀랍게도 쥐들이 교미조차 잊어버린다는 사실을 확인했다. 먹고 마시는 일조차 완전히 잊어버리자 사태는 정말 심각해졌다. 쥐들은 약간의 행복을 위해 죽음조차 불사했던 것이다! 결국 올즈는 며칠 후 자극기를 꺼서 쥐들의 목숨을 구했다.

쥐들을 파멸에 이르게 한 것은 무엇일까? 스위치를 눌렀을 때 쥐의 뇌에서는 앞으로 다가올 일에 대한 기대감이 부풀어 오르고 이에 따라 과도한 양의 도파민이 방출되었다. 앞에서 살펴본 것처럼 도파민은 미래에 있을 보상을 알려 주고, 유기체가 실제로 이 보상을 받을 수 있도록 신체의 모든 기능을 가동시켰다. 무엇보다도 도파민은 뇌가 상황을 긍정적으로 평가하도록 했다. 즉 뇌가 반복에 대비하도록 만든 것이다. 벌의 경우 도파민이 방출되도록 만든 것은 꿀을 많이 함유한 꽃이었다. 이로써 벌은 다른 식물들을 제쳐 놓고 특히 꿀이 많이 들어 있는 이 식물에 기꺼이 날아들게 된다. 올즈의 쥐들에서 이러한 역할을 한 것은 스위치였다. 따라서 쥐들은 스위치를 거듭 눌러 댈 수밖에 없었고, 그렇게 함으로써 매번 프로그래밍과 그에 따른 강제적 행위를 강화시켰다.

이 실험에서 우리는 쾌락과 파멸의 악순환을 보게 된다. 자극이 거듭해서 욕망을 불러일으키게 되면 그 작동 방식은 뇌의 다른 부분들을 변화시킨다. 즉 지나치게 비대해진 욕망은 인간을 현실 감각을 상실한, 한계를 모르는 기계로 만들어 버린다. 뉴질랜드의 학자 존 레이놀즈John Reynolds는 도파민의 영향 아래 뇌의 조직이 어떻게 바뀔 수 있는가를 직접 증명해 보였다. 이를 위해 그는 올즈와 비슷한 실험 장치를 사용했다. 첫 번째 스위치를 작동한 지 10분만에 외부의 행동을 조절하는 중뇌에 있는 뉴런들의 연결 강도가 변하기 시작했다. 즉 쾌락에 대한 프로그래밍이 작동되기 시작한 것이다.

욕망을 위한 기제가 작동하는 방식

많은 곳에 유익한 것이 손쉽게 오용되는 경우가 있다. 쾌락을 위해 작동되는 우리 뇌의 회로들이 그러하다. 이 회로들이 우리의 인격을 마음대로 조절할 수 있는 것은 그만큼 이것들이 다층적이고 적응력이 강하기 때문이다. 이 회로들은 사람들이 기대하는 방식과는 다른 형태의 조직을 보여 준다. 즉 우리는 음식을 요구하는 회로와 사랑을 갈구하는 회로 그리고 사회적 승인을 추구하는 회로를 각각 따로 갖고 있는 것이 아니라, 욕망 그 자체를 위해 작동하는 종합 회로 체계를 갖고 있다. 이 유일한 기제가 인간으로 하여금 욕망하게 만들고 그 욕망이 충족되는 방향으로 움직이게 만든다. 그 욕망의 내용이 무엇인가는 전혀 중요하지 않다. 욕망 프로그램의 힘도, 위험도 바로 여기에 있다.

인간이 이러한 통찰을 얻게 된 것 역시 쥐 덕분이다. 다시 한번 학자들은 쥐의 뇌에 있는 시상하부에 전기 자극기를 연결했다. 이번에는 쾌락이 행동 양식에 미치는 직접적인 영향을 알아내기 위해서였다. 학자들이 욕망을 위한 뇌 회로를 자극하자마자 쥐들은 생기를 띠기 시작했다. 그렇다면 쥐들은 이 활력을 어떤 목적으로 사용할 것인가? 뇌를 인공적으로 자극하여 생긴 욕망이기 때문에 특정한 목적이 없었다. 자, 이제 쥐들은 목적을 찾아 나서게 되었다. 이 쥐들은 할 수 있는 모든 것을 시도했다. 먹고, 마시고, 킁킁거리며 코로 냄새를 맡고, 이빨로 갉아 대고, 자기 몸을 닦고, 짝짓기를 하고, 우리 안에 있는 물건들을 이리저리 움직이고, 작은 쥐들을 죽이고, 새끼들을 다시 보금자리로 데려갔다.

쥐들이 무슨 일을 하는가는 전혀 중요하지 않아 보였다. 중요한 것은 도대체가 무엇인가를 하고 있다는 사실 그 자체였다. 학자들이 이제 막 무언가를 먹으려고 하는 쥐에게서 먹이를 빼앗자 그 쥐는 물이 담겨 있는 통으로 가서 물을 마셨다. 이번에는 물통을 빼앗자 쥐는 짝짓기를 하려고 상대방 쥐에게 달려갔다. 이러한 임의성은 끝이 없어 보였는데, 물을 마시려던 쥐가 물통의 물이 작은 접시로 옮겨져 있는 사실을 발견하자 물을 마시려던 본래의 목적은 완전히 잊어버린 채 먹이를 먹기 시작했던 것이다. 그리고 더 많은 도파민이 뇌에서 방출될수록 행동의 무의미함은 더욱 커졌다. 이렇게 해서 학자들은 가장 순수한 형태의 행동주의를 관찰할 수 있었다. 여기서 중요한 것은 행위일 뿐 목적은 전혀 문제가 되지 않았다.

우리는 욕망을 위한 기제가 작동하는 방식에서 이러한 추동력을 이해할 수 있다. 이 체계에서 가장 중요한 역할을 하는 도파민은 어떤 특정한 정보를 직접 전달하는 임무를 띠고 있지 않다. 도파민은 오히려 뉴런들이 그러한 정보들을 더 잘 받아들일 수 있도록, 그와 함께 유기체가 바깥 세상에 더 잘 반응할 수 있도록 준비시키는 역할을 한다. 이로써 지금 막 지배적인 자극들이 더욱 강화되는 것이다. 예를 들어 어차피 배가 고픈 쥐는 더욱더 열심히 먹이를 찾아 헤매게 되고, 배가 부른 쥐는 도파민 체계가 인공적으로 가동되면 아무것이나 먼저 주어지는 먹이에 만족한다.

인간의 경우도 크게 다르지 않다. 무엇인가를 원하는 것은 권태에 대항하는 최선의 수단이다. 욕망은 무언가를 이루었다는 느낌을 더욱 강화시킨다. 그때 즐거움을 선사한 것이 무엇인가는 그다지 중요하지 않다. 꿈에도 그리던 옷, 골드 신용카드, 학부모회에서의 의장 자리, 이 모든 게 쾌락 기계를 계속 가동시킬 수 있다. 중요한 것은 욕망의 내적 상태, 즉 승리가 가져다줄 느낌을 미리 예감하는 일이다. 이를 위해 우리는 거의 모든 것을 내줄 준비가 되어 있다.

통제 불능의 쾌감 중독

동일한 유전적 기질이 전제될 경우 미식가의 취향에서 식탐이 생겨날 수 있고, 스포츠를 즐기는 태도에서 강박적인 운동 습관이 생겨날 수 있으며, 이긴 게임에 대한 쾌감에서 게임 중독이 생겨날 수 있다. 이 모든 강압적인 태도는 대단히 비슷한 방식으로 나타난다.

게임 중독의 경우 경제적 보상에 대한 희망은 병적인 기대감을 낳는다. 카지노에 있는 게임기에서 동전이 딸그랑대며 떨어질 때나 옆 자리에 앉은 사람이 돈을 싹 쓸어 모은 뒤 자리를 털고 일어설 때 뇌에서는 도파민이 방출된다. 전 재산을 룰렛 게임에 날려 버린 도스토옙스키가 썼듯이 "몸 전체를 화끈거리게 하는 근질거림"이 시작된다. 평소에는 그토록 이성적이던 사람들이 라스베이거스의 카지노에서 몇 시간이고 납으로 만든 상자 앞에 마술에 걸린 듯 웅크리고 앉아 로봇처럼 1분에 두세 번씩 게임기의 레버를 당기게 만드는 데에는 동전 몇 개가 딸그랑거리는 소리만으로도 충분하다. 이들의 머릿속에는 이제 곧 자신들의 기계에서도 같은 소리가 들릴 거라는 희망이 가득하다. 카지노에서 볼 수 있는 이러한 장면이 계속해서 손잡이를 누름으로써 스스로를 인공적으로 흥분시킬 수 있었던 저 실험실의 쥐들을 상기시키는 것은 결코 우연이 아니다. 뇌에서 일어나고 있는 과정은 두 경우 모두 동일하기 때문이다.

기계에서 떨어져 나오는 동전 소리는 도파민을 매번 새로이 방출시킨다. 즉 뇌에서는 '레버'와 '쾌감' 사이의 연결이 강화되고 그와 함께 다시 게임기의 레버를 당겨야 한다는 강박증이 생겨난다. 쥐 실험에서와 똑같은 방식으로 말이다. 기계가 뱉어 내는 돈이 궁극적으로 기계에 집어넣은 돈보다 적다는 사실을 뇌 안에서 작동되는 '기대 체계'는 알지 못하는 것이다.

하버드 대학의 심리치료사 한스 브라이터는 이윤을 희망하며 게임을 하게 될 경우 뇌에서 가동되는 회로가 약물 중독자의 그것과 같음을 밝혀냈다. 그리고 이것은 전혀 게임에 중독되어 있지 않은 사람이 실험에 참가했을 때도 마찬가지였다. 어쩌다가 한 번씩 게임을 하는 사람을 게임 중독자와 구별 짓는 것은 기대 체계의 충동이 통제 가능하다는 점이다.

행복을 찾으러 가는 길에 당한 사고

종류에 관계없이, 모든 중독증이 일상에서 우리가 무엇을 새로 배울 때나 기대감에 부풀 때 작동하는, 삶에 필연적인 바로 그 기제를 사용한다는 사실은 쾌락을 이해하는 데 있어 상당히 혼란스러운 일이 아닐 수 없다. 그러나 바로 그렇기 때문에 중독증에 대한 연구는 건강한 사람의 정신에 대한 깊은 통찰을 가능하게 해 준다. 인간은 모두 행복을 추구한다. 그리고 중독은 행복을 찾아 나선 인간이 겪게 된 일종의 사고이다.

그러한 자기 상해에 대항하는 방식을 진화는 충분히 발전시키지

188

못했다. 진화는 먼 미래를 내다보며 계획을 세울 수 없었기 때문이다. 1억 년 전, 그러니까 오늘날 우리가 지니고 있는 행동 방식의 거의 대부분이 유전자에 확실히 기입되던 시절에는, 위대한 영장류인 인간이 언젠가는 알코올이 함유된 음료를 제조하고 카지노를 세우며 코카인을 합성하게 되리라고 전혀 예견되지 않았다. 굶주림의 재앙이 여전히 기승을 떨치던 10세대 전까지만 해도, 가까운 미래에 음식물이 흘러넘쳐 비만이 심각한 건강 문제가 되리라고는 아무도 상상할 수 없었다.

그러니까 중독증은 일방적으로 작동되다가 결국 회로 밖으로 튕겨 나간 욕망으로 이해될 수 있다. 우리는 종교에서 말하는 '7대 죄악'까지도 행복을 향한 우리의 자연스런 욕망이 과도하게 방출되어 생긴 것으로 간주할 수 있다. 그리고 이것은 어느 정도 정당한 논리이기도 하다. 즉 자만은 과장된 자기 사랑이고, 인색함은 한계를 넘어선 절약이다. 그리고 시기심은 다른 사람들에 비추어 자신을 인식하려는 우리의 자연스런 경향이 과도하게 될 때 나타난다. 음식물을 섭취할 때 유기체가 포만감을 나타내지 않으면 사람들은 탐식에 빠지게 되며, 섹스가 주는 즐거움에 만족하지 못할 때 육체에의 탐닉이 생겨나게 된다. 분노는 제어되지 않은 공격 욕구이고, 게으름은 더 이상의 새로운 추진력을 알지 못하게 된 쾌적한 긴장 완화이다.

약물은 카지노에 있는 게임기의 치명적인 레버나 쥐 실험에 사용된 스위치와 똑같은 작용을 한다. 즉 약물 역시 뇌에 도파민 충격을 가하는 것이다. 알코올은 도파민 수치를 약 두 배 가량 높이며, 심지어 니코틴이나 코카인의 경우 도파민 수치는 이탈리아의 독물毒物학자 제타노 디 키아라Gaetano Di Chiara가 밝혀냈듯이 3배까지 올라간다. 도파민은 우리를 깨어 있게 하고 주의 깊게 만들기 때문에, 담배한 대를 피웠을 경우 쾌적한 흥분과 더불어 평소보다 더 나은 작업능력을 갖게 된다. 마찬가지로 한두 잔의 포도주는 우리에게 즐거움을 선사한다.

따라서 모든 중독과 욕망의 기저에는 동일한 메커니즘이 놓여있으며, 약물들은 욕망을 불러일으키는 방식에 따라 구별될 뿐이다. 니코틴은 문제의 뉴런들을 활성화시켜 직접적인 방식으로 도파민을 가동시키고, 반면에 알코올과 헤로인 그리고 모르핀은 우회로를 통해 도파민 수치를 높인다. 즉 이것들은 일반적으로 기대 체계를 저지하는 뉴런들의 활동을 약화시킨다. 마지막으로 코카인은 순식간에 다시 세포벽으로 사라지는 도파민이 좀 더 오랫동안 작용하도록만들어 도파민 수치를 높인다. 코카인을 흡입하는 사람은 올리버 색스의 환자였던 레너드가 엘도파의 작용 아래에서 겪은 것과 유사한상태에 놓이게 된다. 즉 자신이 전능하다고 느낀다.

결국 문제는 도파민이 작동되는 방식이 아닌 도파민이 작동된다는 사실 자체이다. 왜냐하면 도파민이 효과를 내기 시작하면 뇌는약물을 보자마자 자동적으로 그것을 욕망하게끔 연결 고리를 만들어 내기 때문이다. 니코틴 중독증이 있는 뇌는 담배를 보는 즉시 '불을 붙이시오'라는 명령을 내리고, 알코올 중독에 걸린 뇌는 '술병'의자극을 받게 되면 마시라는 지시를 하게 된다. 뇌파 검사가 보여 주듯이, 헤로인 중독자의 경우 바늘을 보기만 해도 뇌의 욕망 회로가 튀어 오르게 된다. 이와 같은 방식으로 니코틴과 알코올 그리고 코카인은 마치 트로이의 목마처럼 쾌감의 책임을 지고 있는 뇌의 구조 속에 살며시 침입해 들어온다. 약물이 뇌를 점령하게 된 것이다.

중독이 습득되는 과정

당신은 첫 담배의 맛을 기억하고 있는가? 대부분의 경우 그 맛이 혐오스럽다고 느낀다. 날카롭게 목을 긁는 느낌, 옆에서 지켜보고 있는 또래들 앞에서 당신은 터져 나오는 기침을 가까스로 참는다. 처음 마시는 맥주 역시 많은 사람들의 경우 비슷한 경험으로 남는다. 그런데도 계속해서 더 마신 것은 맥주의 쓴맛을 즐겼기 때문이 아니라 사람들 앞에서 약점을 보이면 안 된다는 생각 때문이 아니었을까?

대부분의 사람들은 어른이 되면 맥주와 담배를 즐긴다. 심지어 고추의 타는 듯한 맛조차 즐긴다. 그러나 그러한 맛에 대한 기쁨을 처음부터 알았던 것은 아니다. 사람들이 알코올과 담배에 종속되는 이유 또한 그 맛이 주는 기쁨 때문이 아니다. 알코올은 실험실의 쥐에게도 똑같은 영향을 끼친다. 그렇다고 해서 쥐가 소주병을 핥아대며 즐거워하는 일은 결코 일어나지 않을 것이다. 그럼에도 학자들은 쥐들이 중독성 물질에 익숙해지도록 만들어야 한다. 그리고 이것은 인간의 경우에도 마찬가지이다. 중독은 습득된다. 중독이 습득되는 과정에서 거의 언제나 그 추동력이 되는 것은 힘든 상황을 손쉽게 극복하고자 하는 욕구이다. "근심 있는 사람에겐 술이 있다"라고 독일의 작가 빌헬름 부쉬Wilhelm Busch는 말했다. 그리고 그 반대의 경우도 마찬가지이다.

알코올은 불안을 가라앉히고 해소시킨다. 코카인은 잠시 동안 터보 충전기처럼 풍부한 아이디어와 위트가 떠오르게 한다. 따라서 친구들 사이에서 따분하다고 알려진 모든 사람에게 코카인은 도움을 줄 수 있을 것이다. 니코틴은 권태와 스트레스를 견뎌 낼 수 있는 힘과 자극을 주고 동시에 마음을 안정시키기도 한다. 무엇보다도 담배는 어른들의 세계를 갈망하는 청소년들 사이에서 우정을 확인하는 수단으로, 새로운 관계의 촉매제로 작용한다.

단지 쾌락을 위해서가 아니라 삶에서 부딪히는 힘든 상황에서 벗어나고자 하는 욕구가 인간을 약물 중독자로 만드는 것임을 보여주는 많은 연구들이 있다. 삶이 행복하지 않을 경우 약물 소비는 자동적으로 증가한다. 실업자들 사이에서 알코올 중독자가 늘어나고 베트남 전쟁에 참가한 미군들 사이에서 급속도로 헤로인 중독이 번진 것 등이 그 예다. 베트남 전쟁에 참가한 미국의 젊은이들 중 40퍼센트가 전쟁의 끔찍함을 참아 내기 위해 적어도 한 번쯤은 헤로인 주사를 맞은 경험이 있다. 그리고 그들의 절반은 상당히 자주 헤로인 주사를 맞곤 해서 나중에 금단현상에 시달려야 했다.

잠시 동안의 유쾌하지 않은 경험도 중독성 물질의 소비를 상승

❖ — 중독이 습득되는 과정에서 거의 언제나 그 추동력이 되는 것은 힘든 상황을 손쉽게 극복하고자 하는 욕구이다.

시킨다. 일군의 미국 학자들이 중독 증상이 없는 실험 참가자들에게 대단히 어려운 수수께끼를 과제로 내주었다. 그리고 실험 도중 실험을 주도하는 사람이 이들을 공정하지 않은 태도로 멸시하고 비판했다. 이 실험이 끝난 후 그들은 '음료수 실험'이라고 불리는 또 다른 실험에 참가하게 되었다. 즉 그들은 여러 종류의 알코올을 마신 다음 그 맛을 서로 비교하고 평가를 내려야 했다. 이때 앞선 실험에서 지독한 비판을 듣고도 꾹 참아야 했던 사람들은 공정한 대접을 받은 다른 사람들에 비해 훨씬 더 많은 알코올을 섭취했다. 그리고 마찬가지로 억울하게 비판을 받았으나 그 비판에 복수할 기회를 가질 수 있었던 제3의 그룹은 정상적인 양의 알코올만을 섭취했다. 그들은 복수를 통해 마음의 평정을 되찾았기에 마음의 화를 술로 달래야 할 욕구가 약화되었음이 분명했다.

누가 중독되는가?

약물은 망각을 돕는다. 그러나 근심이 있는 모든 사람이 약물에 손을 대는 것은 아니다. 또 약물을 복용한다고 해서 모든 사람이 중독되는 것도 아니다. 포도주를 마시는 사람 모두가 알코올 중독자는 아니며, 때때로 코카인을 흡입하는 사람 모두가 코카인에 종속되는 것도 아니다. 중독증이 가장 높게 나타나는 약물은 담배이다. 담배는 지상에 존재하는 가장 유혹적인 중독 물질이다. 그것은 담배를 쉽게 구입하고 즐길 수 있기 때문일 뿐 아니라 니코틴이 도파민 체계를 직접 건드리기 때문이다.

많은 사람들이 중독되지 않고도 약물을 복용할 수 있는 이유는 무엇일까? 누군가가 약물에 중독되는가 아닌가 하는 것은 우선 그가 처해 있는 삶의 정황에 달려 있으며, 그다음에는 유전자에 달려 있다. 모든 종류의 스트레스는 긴장을 풀기 위한 노력의 와중에서 알코올이나 담배 또는 헤로인에 중독될 개연성을 높인다. 유전자가 중독의 위험에 끼치는 영향은 아주 단순하다. 즉 중독성 물질을 별다른 문제없이 잘 받아들이는 사람이 더 위험하다. 그러나 반대로 술 몇 잔에 벌써 깨어질 듯 머리가 아픈 사람은 알코올 중독자가 될 여지가 거의 없다.

더 나아가 호기심의 정도가 중독에 대한 유전적 특질로 작용한다. '중독Sucht'이란 단어가 '찾다, 추구하다suchen'라는 동사에서 나온 것은 우연이 아니다. 실제로 새로운 것에 대한 쾌락과 어떤 물질에 종속될 위험 사이에는 밀접한 연관 관계가 있다. 이 두 자극에는 모두 도파민이 관련되어 있다. 새로운 것과 모험 그리고 위험한 상황에 커다란 흥미를 느끼는 사람은 어느 정도 중독증에 걸릴 위험과 더불어 산다고 볼 수 있다. 쉽게 중독되는 쥐들이 그렇지 않은 다른 쥐들보다 호기심이 더 많다는 연구 결과는 중독증을 연구하는 학자들에게는 이미 오래전부터 잘 알려진 사실이다.

이때 중요한 역할을 하는 것은 이미 잘 알려진 D2-수용체로 이것은 뇌에서 도파민이 접속되는 장소이다. 뉴욕에 있는 국립 브룩헤이븐 연구소에서 연구하는 학자들은 유전자 치료를 통해 쥐들의 머릿속에 있는 도파민-수용체의 수치를 높임으로써 알코올 중독에 걸린 쥐들이 술을 끊게 할 수 있었다.

먼 미래에 우리는 인간에게도 동일한 실험을 할 수 있을까? 즉 인간의 유전적 형질에 개입하여 중독증을 치유할 수 있을까? 현재로서는 불가능해 보인다. 약물 소비에 영향을 끼치는 유전자들의 복잡한 기제를 완전히 이해하지도 못했으려니와, 유전공학자들의 관심도 쉽게 중독증에 빠지는 성향을 지닌 사람들에게 미리 이 사실을 알려 주어 제때에 조치를 취할 수 있도록 하는 데에 놓여 있기 때문이다. D2-수용체를 지나치게 조금 갖고 있는 사람은 특히 위험하다고, 국립 브룩헤이븐 연구소의 중독 연구자 노라 볼코프Nora Volkow는 말한다. 러시아 혁명가 레오 트로츠키의 증손녀인 볼코프는 중독 증상이 있는 사람의 뇌를 연구하여 세상에 알려졌다. 이 연구를 통해서 그녀는 특정 기간 중독증을 앓고 난 사람의 경우에는 그렇지 않아도 이미 적은 D2-수용체 수치가 수년이 지나도록 계속해서 더 떨어진다는 사실을 밝혀냈다.

그렇기 때문에 현재 약물 중독에 빠져 있거나 전력이 있는 사람은 다시 한번 중독증에 빠질 개연성이 높다. 쥐 실험에서 학자들은 모르핀 중독증이 있는 쥐들이 일단 중독증에서 벗어난 이후 다시 알코올 중독에 빠지는 것을 확인했다. 마찬가지로 거의 모든 헤로인 중독자는 다시 담배나 알코올에 종속된다. 이렇듯 중독증은 인간을 총체적으로 장악한다. 이미 사춘기 시절 담배를 피우거나 술을 마시기 시작한 사람은 한결 더 높은 위험 부담을 안고 산다. 왜냐하면 어린 뇌는 특히 더 잘 조작될 수 있기 때문이다. 따라서 어른이 될 때까지 약물 복용을 멀리하는 것보다 더 효과적인 중독 예방책은 없다.

중독에 종속되지 않기

일단 한 번 중독되고 나면 사람들은 맹목적으로 그 중독 물질을 갈망한다. 그것을 즐기고자 하는 소망은 더 이상 찾아볼 수 없다. 마시고 피우는 것에 대한 즐거움이 아니라 약물에 맞춰 프로그래밍된 뇌가 그 약물에 대한 갈증을 유지시킨다.

그렇다고 해서 중독 물질을 전혀 즐길 수 없다는 말은 결코 아니다. 담배나 맥주 또는 강도가 꽤 높은 약물은 쾌적한 감정을 불러일으킨다. 화학적으로 오피오이드와 비슷한, 그래서 도취감을 불러일으키는 헤로인 같은 물질들에서 이러한 현상은 가장 분명하게 나타난다. 약간 더 복잡한 방식이긴 하지만 니코틴과 알코올 역시 이와 유사한 작용을 보여 준다. 따라서 이 쾌적한 도취감에 몸을 맡기는 일이 단지 간헐적으로만 일어난다면 그것은 전혀 문제가 되지 않는다.

그러나 약물을 장기간 복용하게 되면 그 결과는 심각하다. 점차 향락의 느낌은 희미해지고 시간이 지날수록 최고의 감정이 아닌 최소한의 정상적인 기분을 느껴 보는 일 자체가 중요해진다. 약물을 복용하지 않는 날은 잿빛으로 가라앉아 있다. 중독 물질이 투입되고 난 후 몇 시간 동안은 예전에 누렸던 삶의 기쁨이 다시 되살아나지만 결과적으로 뇌는 그만큼 더 무뎌질 뿐이다. 이렇게 해서 약물 투여자는 점점 더 심각하게 종속된다. 니코틴 중독자에겐 줄담배조차 더 이상 대단한 즐거움을 주지 않을 것이고, 알코올 중독자에겐 아침 식사용으로 마시는 보드카조차 더 이상 특별한 느낌을 주지 않는다. 다만 중독이 되었기 때문에 그 중독 물질에 매달려 있을 뿐, 향락은 더 이상 찾아볼 수 없다.

코카인 중독에 빠진 적이 있는 독일 가수 콘스탄틴 베커Konstantin

Wecker는 중독의 이러한 상태를 다음과 같이 절실히 묘사한다. "집 안에 남아 있는 코카인이 단 몇 그램에 지나지 않을 경우 그 공포는 이루 다 말할 수가 없었다. 뭔가 숨겨 두거나 남은 것이 있지 않을까 문을 열어젖히고 미친 듯이 가구들을 뒤졌다. 얼마나 수치스럽던가. 얼마나 스스로에 대한 혐오감에 몸서리쳤던가. 나는 약을 대주던 사람을 사랑했다. 그는 내게 아주 공정했다. 법정에서 그가 점잖은 사람이라고 증언한 것은 나의 진심이었다."

중독 물질이 떨어지자마자 오한에 휩싸인 몸은 부들부들 떨린다. 그러나 몸의 금단현상을 견디는 것은 그 이후에 다가올 일에 비하면 식은 죽 먹기에 지나지 않는다. 몸이 얼어붙고 떨리는 현상과 치솟는 구토증 그리고 헛것이 보이는 증상 등은 약을 먹으면 점차 희미해지다가 몇 주 지나면 사라진다. 그러나 남은 생애 동안 이미 뇌 속에 새겨진 약물에의 욕구를 잘 견뎌 내는 것, 이것이야말로 정말 어려운 일이다.

중독자가 다시 약물에 손을 대는 것은 무엇보다도 위협적인 금단현상을 막기 위해서일 거라고 많은 사람들은 추측한다. 그러나 이 것만으로는 왜 수십 년이 지난 후 다시 중독증에 빠지게 되는지를 충분히 설명하지 못한다. 약물에 대한 뇌의 무감각증은 몸이 고통스러운 금단 과정을 거치는 중에 점차 사라진다. 그럼에도 오랜 시간 금연을 하다가 어쩔 수 없이 다시 담배를 피우게 되는 사람들의 숫자는 엄청나다.

원하는 것과 즐기는 것, 이 두 종류의 자극을 뇌가 서로 다른 방식으로 발생시킨다는 사실을 먼저 알아야 우리는 이 퇴행 현상을 이해할 수 있다. 중독은 이 두 메커니즘을 왜곡시킨다. 약물 없는 삶이 밋밋하게 보인다면 그것은 중독 물질이 향락에 대한 능력을 손상시켰기 때문이다. 그 대신 강제적인 욕구가 생기는데, 이것은 약물이 '원함'을 조절하는 뇌의 체계에 몰래 침투해 프로그램을 바꿔 버렸기 때문이다. 치유 과정을 통해 향락의 둔감함은 다시 회복될 수 있다. 그러나 기대 체계는 계속해서 파괴된 상태로 남아 있게 된다.

종속적 상태가 그토록 완강하게 작용하고 또 언제든 다시 활성화될 수 있는 것은 이처럼 욕구의 강력한 기제에 놓여 있다. 학자들은 이 현상을 '갈망craving'이라고 부른다. 한 번 중독된 사람은 약물에 길들여진 그 습성을 평생 벗어나기 힘들다. 그것은 마치 모국어를 잊어버리기 힘든 것과 마찬가지이다. 중독의 경험이 뇌에 있는 신경세포들의 작동 방식을 영원히 바꾸어 놓았기 때문이다. 그리하여 유전적 정보를 측정해서 단백질로 바꾸는 방식이 변화된다. 신경세포들은 뇌가 약물과 관련된 모든 것에 특히 더 예민해지도록 만드는 물질들을 우선적으로 생산해 낸다. 뇌 속에는 이제 그러한 자극들이 약물에 대한 즉각적인 요구로 연결되도록 만드는 뉴런들의 회로가 두꺼운 선처럼 놓이게 된다. 한 번 형성된 그러한 회로들은 좀처럼 사라지지 않는다. 신경생물학자들은 쥐 실험에서 개별 뇌세포의 작동 방식을 관찰함으로써 오래전에 알코올 중독에 빠진 적이 있는 쥐들을 가려낼 수 있었다.

이것은 인간이 중독증에 완전히 무방비 상태로 내맡겨져 있음을 의미하지는 않는다. 종속은 극복될 수 있다. 그러나 한 번 중독된 사람은 평생 극복된 상처에 유념하면서 살아야 한다. 심장마비를 겪은 사람이 삶의 방식을 완전히 바꿔야 하는 것처럼 말이다.

중독증이 있는 사람은 약물의 유혹을 아예 피하든가 아니면 유혹을 참을 수 있어야 한다. 물론 두 가지 다 힘든 일이다. 뇌가 도취 물질을 갈망과 연결시킬 뿐만 아니라, 술집의 자욱한 담배 연기와 옛 친구의 모습 그리고 케이크 속에 담겨 있던 럼주 몇 방울의 향기 등 도취 물질과 연관된 모든 자극도 갈망과 연결시키기 때문이다.

엘튼 존Elton John은 중독에 빠진 사람이 겪는 고통이 얼마나 어처구니없는지에 대해 이렇게 말한다. "눈으로 뒤덮인 스위스의 알프스 위를 날아갈 때면 나는 때때로 한때 내가 들이마신 모든 코카인이 저 아래 놓여 있다는 생각이 든다." 그는 성공적으로 중독을 극복한 많은 팝 스타 중 한 사람이다.

5

세상을 조화롭게 만드는 마법

모든 사랑의 이야기 중에서 트리스탄과 이졸데Tristan und Isolde에 관한 켈트족의 전설이야말로 일체의 협상을 거부한 채 가장 극단까지 밀어붙인 사랑 이야기일 것이다. 이졸데는 트리스탄이 자신의 약혼자를 살해했기 때문에 잔혹하게 복수하고자 한다. 그러나 트리스탄의 시선이 그녀에게 머물자 증오는 의지를 완전히 거스르며 애정으로 뒤바뀌었다. 게다가 이졸데의 시녀가 실수로 그녀와 트리스탄에게 사랑의 묘약을 마시게 하여 두 사람은 더 이상 자신들의 열정에 저항할 수 없게 된다. 이제 사랑하는 사람의 곁에 있는 일 외에 두 사람에게 중요한 것은 없다. 황홀경에 빠진 두 사람은 심지어 그들에게 가장 가까운 사람을 배반할 준비까지 하게 되었다. 이졸데는 자신의 남편을 그리고 트리스탄은 자신의 삼촌, 저 선량한 마르케왕을 말이다. 자신들의 관계가 사람들 입에 오르내리자 두 사람은 함께 죽음의 길에 들어서고자 한다.

무엇이 두 사람을 이런 극단적인 길로 내몰았을까? 바그너의 오페라에서 트리스탄은 너무나 놀라 해명을 요구하는 마르케왕에게 "삼촌께 설명할 수 없어요"라고 말한다. 자신을 사로잡은 그 힘의 정체가 무엇인지 그 자신도 모르는 것 같다. 그러나 바그너는 뭔가 아는 듯 보인다. 이 장면에서 연주되는 음악은 이졸데를 향한 트리스탄의 그리움, 말로는 표현할 수 없는 그의 감정을 묘사하고 있다. 이 그리움의 감정은 고통인 동시에 그야말로 천상의 행복이다.

사랑하는 사람에 대한 갈망이 트리스탄과 이졸데의 이야기처럼 그렇게 통제 불가능함을 주장하는 경우는 다행스럽게도 자주 발생하지는 않지만, 우리 모두는 이러한 경험을 잘 알고 있다. 우리는 사랑의 마술에 걸렸다고 느끼며 사랑에 온전히 넋을 빼앗긴다. 그러나 무엇이 우리를 변화시켰는지, 도대체 이처럼 우리에게 중요해진 사람이 왜 하필이면 바로 이 사람이어야 하는지 우리는 알 수 없다. 고대 사람들은 걷잡을 수 없는 이러한 힘, 이성에 반해 서로를 서로에게 끌어당기는 이 힘을 운명이라고, 마법에 걸린 것이라고 설명할 수밖에 없었다.

지렁이도 인간도 피할 수 없는 사랑의 묘약

사랑의 묘약은 실제로 있다. 줄여서 'Gn-RH'라고 불리는 호르몬인 룰리베린Luliberin이 그것이다. 일반적으로 이 호르몬은 시상하부에서 발생해 성욕에 관련된 호르몬을 방출시킨다. 간뇌에 이 호르몬이 아주 조금만 있어도 억제하기 힘든 욕망이 일어나게 된다. 학자들은 수컷 모르모트에게 이 호르몬을 주입하고 그 효과를 살폈다. 호르몬이 주입된 수컷들은 마침 가까운 곳에 있던 암컷들과 즉각적으로 사랑의 행각을 벌이기 시작했다. 암컷들도 이 물질의 영향에서 자유롭지 못했고 기꺼이 모든 욕망에 몸을 내던지고자 했다. 인간에게서도 이 호르몬은 동일한 작용을 한다. 그러나 이것은 유혹의 수단으로는 적합하지 않다. 룰리베린은 뇌에 직접 주입되어야 하기 때문이다.

이와 같은 실험 결과는 짝짓기 행위를 너무나 기계적인 것으로 치부하기 때문에 거부감을 줄 수도 있다. 그러나 사랑의 묘약은 단순히 성욕만을 의미하지는 않는다. 그것은 또한 한 쌍의 연인이 평생 헌신적으로 서로 기대어 살 수 있도록 도와준다. 애틀랜타 에모리 대학의 톰 인셀Tom Insel이 주도한 실험은 이 사실을 확인해 주었다. 그는 북아메리카에만 사는 털이 복슬복슬한 대초원들쥐 수컷에게 바소프레신Vasopressin이라고 하는 호르몬을 주사했는데, 이 주사를 맞은 들쥐들은 성실한 연인으로 변해 이후로는 암컷 파트너의 곁을 절대 떠나지 않았다. 암컷의 경우 이러한 기교를 발휘한 것은 바소프레신과 유사한 속성을 지닌 옥시토신이었다.

인셀은 자연에 있는 사물의 질서에 약간의 가속도를 붙여 주었을 뿐이다. 대초원들쥐는 사실 성적 호기심이 매우 강한 동물이다.

손가락 크기의 이 피조물은 사춘기에 들어서자마자 이것저것 가릴 것 없이 가장 가까운 이성에게 덤벼든다. 그들은 하루 종일 쉴 새 없이 열 번에서 스무 번에 이르기까지 사랑의 유혹에 자신을 내맡긴다. 그리고 이때부터 둘은 영원히 함께 머문다. 그들은 함께 둥지를 튼다. 그리고 수컷은 사려 깊은 아빠가 되며, 침입자가 접근하면 암컷과 수컷은 힘을 합쳐 서로를 보호하고 새끼들이 있는 둥지를 지켜낸다. 잠시 떨어져 있다고 해도 둘 사이의 관계는 깨지지 않는다. 몇 달 후라도 다시 만나면 둘은 즉시 서로를 알아보고 갈망한다. 둘 사이의 충실함은 죽은 후에도 지속된다. 반려자 중 하나가 먼저 죽으면 남은 들쥐는 평생 혼자 산다.

이러한 상호 의존성은 어떻게 발생하는 것일까? 격렬한 사랑의 행위가 진행되는 동안 수컷에게서는 바소프레신이, 암컷에게서는 옥시토신이 방출된다. 이러한 호르몬 덕분에 뇌는 파트너에 대한 선호의 감정을 발달시킨다. 즉 섹스는 사랑에 길을 터 준다.

들쥐 실험을 통해 인셀은 바로 이 과정에 개입한 것이다. 그가 수컷과 암컷에게 그에 상응하는 호르몬을 주사하자 사랑에 광분한 첫날밤을 지내지 않은 동물들도 평생의 반려자로 머물게 되었다. 이렇듯 생의 마지막 순간까지 지속되는 관계를 위해서는 단 하나의 호르몬 물질이면 충분했다. 덧붙여 말하면 실험은 그 반대 방향에서도 유효하게 진행되었다. 인셀이 대항 물질을 주사해 사랑의 호르몬이 제대로 기능하지 못하게 만들자 수컷과 암컷은 극도로 격렬한 섹스를 한 뒤에도 서로 신의를 지키지 않았다.

들쥐들이 신의를 지키지 않은 이유는 짝짓기 후에 서로를 잊어버렸거나 아니면 짝짓기 행위가 뇌에 특별히 깊은 인상을 남기지 않았기 때문일 것이다. 어찌 되었건 바소프레신이 제대로 기능하지 않는 수컷 들쥐는 여러 번 짝짓기를 한 파트너에 대해서도 매번 처음 만나는 것처럼 코를 킁킁거리며 주위를 맴돌았다. 수컷이 바보가 된 것은 아니었다. 단지 파트너에 대한 기억을 상실했을 뿐이다. 파트너와의 관계는 사회적 기억을 전제로 한다. 그리고 이러한 사회적 기억을 위해 바소프레신과 옥시토신이 작용하는 특별한 회로가 뇌에 설치되어 있음이 분명하다. 그리움에 가득 차서 연인을 떠올릴 때 우리는 어쩌면 이 호르몬들의 작용을 느끼고 있는 것인지도 모른다.

바소프레신이나 옥시토신은 일반적으로 전혀 지속적인 관계를 맺지 않던 동물들에게서도 효력을 발휘한다. 예를 들어 목초지들쥐들은 짝짓기를 할 때만 상대방에게 관심을 갖는다. 짝짓기가 끝나고 나면 상대방을 감쪽같이 잊어버린다. 그런데 인셀은 유전공학적 개입을 통해 이 목초지들쥐들이 '일부일처제'를 지키게끔 만들었다. 즉 그는 목초지들쥐의 유전형질에 대초원들쥐의 유전자 하나를 이식시켜 끊임없이 파트너를 바꾸는 목초지들쥐를 충실한 반려자로 변화시켰다. 이 유전자 덕분에 이들의 뇌에 바소프레신이나 옥시토신을 위한 수용체들이 생긴 것이다. 그러자 이제 목초지들쥐에게서도 짝짓기가 진행되는 동안 이 두 호르몬들이 풍성하게 방출되었다. 다만 뇌에 적합한 접속 장소가 부족했기 때문에 지속적인 흔적을 남기지는 않았다. 그러나 유전공학적으로 구조를 약간 변화시키자 바소프레신과 옥시토신은 이들에게서도 상대방에 대한 지속적 관계를 가능하게 만들었다. 이렇듯 단 하나의 유전자가 '다부다처제' 동물을 '일부일처제' 동물로 변화시키고, 파트너와 함께 살아가는 데 따르는 여러 가지 복잡한 일들을 모두 수행할 수 있도록 만드는 것이다.

인간의 경우 매력과 사랑 그리고 지속적 관계는 좀 더 복잡한 양상을 띤다. 일부일처제의 성향을 가지고 있다고 하더라도 모든 뜨거운 하룻밤이 평생의 관계로 이어지지는 않는다. 그러나 사랑의 묘약이 인간에게는 그 어떤 본질적인 역할도 하지 않는다면 그것은 꽤나 기이한 일이리라. 옥시토신과 바소프레신 같은 물질은 5억 년 전부터 가장 단순한 형태의 지렁이는 물론 인간과 가장 가까운 친족 관계에 있는 원숭이에 이르기까지 거의 모든 피조물의 성생활을 조정해 왔다.

인간을 여타의 피조물들과 구별 짓는 것은 사랑이 작동되는 기본적인 메커니즘이라기보다는 사랑에 대한 우리의 자유로운 선택권이다. 인간은 자신을 사로잡는 애정에 완전히 승복할 수 있다. 극단적인 경우 이성의 충고에 반하는 경우가 생기더라도 말이다. 『트리스탄과 이졸데』의 마지막 장면에서 완전히 탈진한 트리스탄은 저 '무시무시한 음료수'를 저주한다. 그러나 "그 음료수를 제조한 것은 나 자신이거늘"이라고 말함으로써 그것의 진원지는 사실 자신의 영혼임을 암시한다. 그러나 인간은 가족의 반대 때문에 또는 자신들의 시간과 에너지를 성공에 투자하고 싶기 때문에 등등의 이유로 사랑을 비껴갈 수도 있다.

우리가 살고 있는 환경은 우리가 타인과 지속적인 관계를 맺을 수 있는지, 있다면 언제 어떻게 맺을 수 있는지에 매우 큰 영향을 끼친다. 그렇지만 근본적인 감정은 우리 뇌 속에 이미 프로그래밍되어 있다.

주차를 못 하는 여자? 멀티가 안 되는 남자?

이성 간의 끌림은 머릿속에서 일어난다. 여성의 뇌와 남성의 뇌는 서로 다르게 각인되어 있어 한쪽이 다른 한쪽을 원하게 된다. 이를 위한 회로는 이미 어머니 뱃속에 있을 때 정해진다. 즉 우리는 탄생 이전부터 성적 욕망을 지니게끔 정해져 있는 것이다.

사랑의 남성적 극과 여성적 극이 어떻게 생겨나는지를 잘 보여주는 환상적인 실험이 하나 있는데, 이것은 자연이 카리브해 연안에 사는 사람들과 벌인 실험이다.

도미니카 공화국에 사는 사람들 중 작은 무리를 일컫는 '구에베도체Guevedoce'라는 말이 있다. 스페인어로 '열두 살에 알을'이라는 뜻이다.(여기서 알은 '고환'을 의미한다-옮긴이) 아마도 성장해 가는 과정에서 이 구에베도체들은 성의 변환을 겪는 모양이다. 즉 태어날 때 그들의 몸에서는 페니스나 고환을 찾아 볼 수 없다. 그들은 소녀처럼 보이기 때문에 실제로 소녀처럼 길러진다. 그러나 사춘기의 호르몬이 생성되기 시작하면 그들의 진짜 모습이 드러나게 된다. 즉 외견상

음순처럼 보이던 곳이 고환이 되고 클리토리스에서 페니스가 자라나는 것이다. 동시에 이들은 사내아이들처럼 행동하기 시작한다. 하룻밤 사이에 여자 옷을 벗어 던지고 그때까지 끼고 살던 인형을 구석에 처박는다. 그리곤 셔츠와 바지를 입고 축구에 관심을 가지기 시작한다. 물론 이제 그들의 가장 큰 관심사는 소녀들이다.

자신들이 이제까지 살아온 마을의 전통적인 관습 속에서 수년 동안 남자들의 비위를 맞추도록 교육받아왔다는 사실은 이제 구에베도체들에게 아무런 역할도 하지 못한다. 이들은 아무런 거리낌 없이 모든 여성적 매력에 즉각적인 반응을 보인다. 그들에게 사랑의 유전적 프로그램은 그토록 강한 반면에 유년기의 영향은 그토록 약한 것이다. 몸의 구조처럼 뇌 역시 여성적 초안 또는 남성적 초안에 따라 형성되기 때문이다. 이것은 이미 임신 초반에 결정된다. 일반적으로 이 기간 중에 태아의 성기와 뇌가 거의 동시에, 그러나 상이한 방식으로 남자 또는 여자의 전형에 따라 발달한다. 그래서 아기는 사내아이의 뇌나 여자아이의 뇌를 갖고 세상에 나오게 되고, 외모 역시 그에 따르게 된다.

하지만 구에베도체들의 경우에는 사정이 다르다. 미국의 학자들이 발견한 수수께끼의 해답은 다음과 같다. 즉 구에베도체의 경우 성기와 뇌, 이 두 개 노선 중 하나가 온전히 성장하지 못한다는 것이다. 어머니의 자궁에서 뇌는 정상적으로 형성되는 반면 성기의 발달은 지연된다. 그래서 구에베도체들은 사내아이의 뇌를 갖고 태어나지만 여자아이의 외모를 간직하게 되는 것이다. 그리고 그들이 보여 주는 성장의 역사는 출생 이전에 형성된 뇌의 구조가 얼마나 강력하게 이후의 사랑에서 취해야 할 태도를 규정하는지 보여 준다.

그렇다면 왜 여자아이로 태어나서 사내아이로 성장하는 것은 가능한데 그 반대는 가능하지 않은가? 어머니의 자궁 속에서 성장하기 시작할 때 모든 인간은 여성적이다. 여성과 남성으로 발달해 나가는 몸과 뇌의 기본 설계도, 말하자면 이것이 여성의 설계도라는 말이다. 이것은 아담의 갈비뼈에서 이브가 탄생했다는 기존의 기독교적 인식을 완전히 뒤집는 이야기이다. 나중에 가서야 비로소 남성 Y염색체가 사내아이로 성장해 나갈 신호를 준다. 이 Y염색체에는 대략 수정 8주 후 태아의 생식선生殖腺으로 하여금 남성 호르몬인 테스토스테론을 만들어 내게 하는 유전자가 놓여 있다. 이 남성 호르몬이 보내는 다양한 신호를 통해 몸과 뇌는 이 태아가 남자아이로 성장해야 된다는 사실을 알게 된다.

무엇보다도 대뇌의 구축에서 양성 간의 차이가 나타난다. 여성의 경우 오른쪽 대뇌와 왼쪽 대뇌는 서로 강하게 연결되어 있어 개별적인 뇌 중심부들은 남성의 경우보다 조금 덜 세분화되어 있는 것처럼 보인다. 이 때문에 여성은 대부분 자신의 감정을 남성보다 더 허심탄회하게 이야기한다고 사람들은 추측하지만 증명된 것은 없다. 그러나 약간 다른 이 뇌의 구조가 학습 능력에서 차이를 나타낸다는 사실은 분명하다. 즉 여성은 평균적으로 남성보다 언어 능력이 뛰어나고, 암산을 쉽게 하며, 감각적 인지 속도가 빠르다. 게다가 손놀림도 더 정교하다. 그에 반해 남성은 수학적, 논리적 사유와 공간 인식에서 종종 더 뛰어난 능력을 보여 주기도 한다.

그러나 일반적으로 이 차이는 지나치게 과장된 면이 있다. 심지어 어떤 책은 '주차를 못하는 여자, 멀티가 안 되는 남자'라는 단순명료한 문구의 제목으로 여성과 남성 사이의 모든 불일치를 설명하고자 한다. 사실은 그렇게 간단하지 않다. 여성과 남성이 서로 다른 재능을 갖고 태어난다는 생각은 굉장히 많은 남자들과 굉장히 많은 여자들을 관찰할 경우 평균적으로만 언급할 수 있는 말이다. 그리고 통계학이란 특히 평균에서 벗어나는 경우가 전체적으로 보아 그다지 많지 않을 때 믿을 수 있는 것이다. 예를 들어 베를린에 태양이 비추는 시간은 1년에 평균 1,672시간이고 뮌헨은 1,645시간이다. 그렇다고 해서 베를린의 하루하루가 늘 뮌헨보다 더 화창한 날씨를 보인다는 말은 결코 할 수 없지 않은가.

성기와 입술이 몸의 반을 차지한다면?

사유에 관한 한 여성과 남성의 차이는 그리 크지 않다. 그러나 사랑에 있어서는 그 차이가 대단하다. 구에베도체들의 운명이 예견케 하듯이, 이성애적 남성과 여성의 뇌는 다분히 상대방 성에 맞춰 프로그래밍되어 있다. 그리고 지난 몇 년 동안 뇌 연구는 성적 선호의 근거를 가리키는 지점들을 찾아냈다.

상대방에게 매력을 느끼는 진원지는 정확히 머리 한가운데 놓여 있는 간뇌이다. 여기서 흥분 상태가 발생한다. 이 간뇌는 여성과 남성의 경우 너무나 분명하게 구별되어서 뇌에 대해 어느 정도 지식이 있는 사람이라면 자신의 눈앞에 있는 이 뇌가 누구의 뇌인지 알아볼 수 있다. 특정 핵, 다시 말해 이른바 시상하부의 프리옵티컬 영역은 남성의 경우 여성보다 두 배 이상 크고, 더군다나 다르게 구성되어 있다. 무엇보다 이것은 섹스에 결정적인 역할을 하는 룰리베린의 방출을 조절한다.

이러한 크기의 차이는 사랑의 유희에서 효과를 나타낸다. 프리옵티컬 영역은 남성의 경우 여성에 대한 관심을 불러일으키는 작용을 하는 것이 틀림없다. 이것이 자극을 받게 되면 눈에 보이는 모든 여성적인 것에 대해 흥분하고 촉각을 곤두세운다. 그러나 이 핵이 제거되면 이성에 대한 관심은 마비된다. 이것을 제거당한 수컷 원숭이는 암컷처럼 행동하기 시작했다. 그러나 적어도 자위를 통한 만족은 여전히 느끼고 있었다. 이것은 이성에 대한 관심과 성적 만족은 서로 다른 과정에 의해 조정된다는 사실을 암시한다.

일본의 뇌과학자 유카타 오오무라Yukata Oomura와 그의 동료들은 아주 치밀하게 이 영역을 탐구했다. 그들의 실험 결과는 읽어 볼 만하다. 이들은 비밀에 싸인 이 핵의 기능을 밝혀내기 위해 모든 수고를 아끼지 않았다. 관찰 가능한 조건 하에서 이성 간의 접촉과 교접 행위가 일어나게 하기 위해 그들은 아주 재미있는 장치를 구상해 냈다. 이것은 대학 실험실에서보다는 차라리 공장에서나 상상해 봄직한 장치였다.

"수컷은 의자에 몸을 고정시킨 채 앉아 있도록 만들었다. 그때 수컷의 머리는 아무런 통증을 느끼지 않아도 되게끔 차분히 세워져 있었다. 이러한 상태에서 정교한 마이크로 전극을 시상하부에 연결할 수 있었다. (……) 수컷은 회로 하나를 받았다. 수컷은 회로의 단추를 눌러서 암컷이 앉아 있는 의자를 자신의 의자 가까이로 끌어당길 수 있었다. 수컷은 결국 머리를 움직이지 않은 채 암컷과의 짝짓기에 성공할 수 있었다. (……) 시상하부의 프리옵티컬 영역에 있는 뉴런 하나는 '1초에 50회의 자극'이라는 최대의 활동성을 나타냈다. 짝짓기가 이루어지는 동안 호르몬의 방출 강도는 떨어지기 시작했고, 사정이 끝난 후에는 완전히 정지했다. 이 뉴런의 활동성이 특별히 성적인 것과 관련이 있다는 사실이 다른 실험을 통해 확인되었다. 이 다른 실험에서는 암컷의 자리를 바나나가 대신했다."

여기서 언급되는 암컷/수컷은 사람이 아닌 한 쌍의 긴꼬리원숭이를 가리킨다. 이 기이한 실험은 이제까지 프리옵티컬 영역에 대해 발표된 연구 결과 중 가장 명료한 결과를 보여 준다. 즉 프리옵티컬 영역은 무엇보다도 성적 욕망을 위한 것이지 성행위 자체를 위한 것은 아니라는 사실이다. 이러한 기능이 어떤 방식으로 수행되는지에 대해서는 아직 완전히 해명되지 않았다. 아마도 간뇌에 있는 다른 핵들과 뇌 시스템의 도움을 받아 페니스와 대뇌피질로 각각 전자 연결이 형성되는 것이리라. 많은 연구자들은 남성 섹슈얼리티가 종종 공격성을 띠게 되는 것은 뇌의 해부학적 특성 때문이라고 추측했다. 즉 프리옵티컬 영역은 여러 가닥의 신경줄을 통해 편도핵에 연결되는데, 이 편도핵은 다른 부정적인 감정과 함께 공격성을 유발시키는 뇌 부분이다.

여성의 쾌락에 대해서는 그다지 철저하게 연구가 이루어지지 않은 상태이다. 그러나 적어도 다음과 같은 사실은 분명하다. 즉 여성의 쾌락에서 결정적인 역할을 하는 것은 시상하부의 또 다른 영역인 복내측핵ventromedial nucleus이다. 이 핵은 포유류의 경우 짝짓기의 반사작용을 담당한다. 예를 들어 암컷 쥐는 수컷 쥐가 행동을 개시할 수 있도록 몸을 고정시키고, 암컷 원숭이는 자신의 성기를 과시한다. 인간의 경우 이 핵의 역할은 섹스에 대한 전반적인 준비 태세를 갖추는 데에 있다. 이 핵은 성호르몬의 영향 아래 있다. 여성들이 생리 기간 중에 비교적 쉽게 흥분하는 것은 이 때문으로 보인다.

여성 또한 얼마만큼 섹스에 맞게 프로그래밍되었는지를 알기 위해서는 뇌의 해부학적 구조를 약간 살펴보는 것으로 충분하다. 여성과 남성 모두의 두개골 바로 아래 펼쳐져 있는 넓은 영역은 옥시토신 같은 성호르몬을 받아들일 수 있는 수용체들로 가득 차 있다. 어마어마한 숫자의 뉴런들이 성감대에서 오는 신호들을 받아 사랑의 느낌으로 전환시키는 데 몰두한다는 것도 근거 없는 말은 아니다. 만일 뇌에서 차지하는 공간의 비율에 따라 신체 각 부분의 크기가 정해진다면 인간의 상체 전체가 성기로 뒤덮히고도 남을 것이다. 그 다음으로는 사랑과 음식의 향유 기관인 입술일 것이다.

완전한 남자도, 완전한 여자도 없다

여자로서 한 남자를 사랑하고 또 남자로서 한 여자를 사랑하는 일이 모든 사람에게 성적 만족감을 주지는 않는다. 독일만 해도 약 300만 명에 해당하는 사람들이 동성의 파트너를 더 선호한다.

이러한 사실은 섹스와 관련된 뇌의 구조에 대한 이제까지의 인식과 전혀 모순되지 않는다. 소녀로 태어났다가 남자로 성장해 나가는 구에베도체들은 생물학이 섹슈얼리티의 모든 가능한 유희들에 얼마나 많은 자유를 허용하고 있는지에 대한 좋은 예가 된다. 마찬가지로 신체의 성 기관과 성적 욕망을 조정하는 뇌의 영역은 상이한 방식으로 발달할 수 있다. 그래서 남자가 남자를 좋아하게끔 만드는 뇌도 발달할 수 있다.

캘리포니아의 뇌 연구자인 사이먼 리베이Simon LeVay가 에이즈로 죽은 동성애 남자들을 부검해서 발견한 사실도 바로 이것이었다. 성적 선호도와 관련된 많은 특성들에서 이들의 뇌 구조는 전형적인 남성적 유형보다는 오히려 여성적 유형에 더 가까웠다. 즉 평균적인 남자보다 프리옵티컬 영역은 더 작은 반면, 왼쪽 대뇌와 오른쪽 대뇌의 연결은 한결 더 견고하다고 리베이는 보고했다. 그렇다고 해서 간혹 나오는 주장대로 동성애 남자들이 여성의 뇌를 갖고 있다는 말은 절대 아니다. 동성애 남자와 평균적인 남자 사이의 차이는 성적 욕구를 담당하는 영역에 해당될 뿐이다. 남자와 여자에게서 큰 차이를 보이는 뇌의 크기 면에서 보자면 동성애자와 이성애자 사이에는 아무런 차이도 없다.

동성애 운동가들은 성적 성향의 근거가 뇌로 환원될 경우 자신들의 생활양식이 다시금 질병으로 해석될 것에 대한 우려를 나타낸다. 그러나 그들의 우려는 문제의 핵심을 벗어나고 있다. 실제로 리베이의 연구는 동성애가 충분히 있을 수 있는 일이라고 말하고 있다. 남자에게 애정을 느끼는 남자의 경우, 그것은 결코 성격의 왜곡된 발달 과정을 가리키는 것이 아니라 유전적 형질의 자연스러운 형태 중 하나일 뿐임을 뜻한다. 왼손잡이와 오른손잡이가 있듯이, 음악에 재능이 있는 사람이 있는가 하면 운동에 두각을 나타내는 사람이 있듯이, 섹슈얼리티에 있어서도 다양한 형태의 성향들이 존재하는 것이다.

이성애와 동성애 사이에는 생각할 수 있는 모든 다양한 성적 성향들의 스펙트럼이 있다. 뇌가 극히 남성적으로 또는 극히 여성적으로 발달하는 경우는 흔치 않다. 많은 사람들의 경우 뇌는 그 중간쯤 어딘가에 있다. 따라서 어떤 남자도 완전히 남자는 아니며, 어떤 여자도 완전히 여자는 아니다.

양성 사이의 이 스펙트럼이 얼마나 세밀하게 전개될 수 있는가를 우리는 생쥐들에게서 관찰할 수 있다. 생쥐의 경우 어미 뱃속에 있을 때의 주변 환경이 이후의 행동 양식에 커다란 영향을 끼친다. 뱃속에 있을 때 남성 호르몬이 강한 수컷 형제들에 둘러싸여 지낸 한 암컷 생쥐는 나중에 한결 더 공격적인 태도를 나타냈으며, 순수하게 암컷 자매들 사이에서 자란 생쥐보다 더 자주 새끼를 낳았다.

수컷 생쥐의 경우 그 반대되는 효과를 관찰할 수 있다. 즉 뱃속에서 암컷 누이들과 자라난 수컷 생쥐는 한결 부드러운 성질을 나타냈다. 이처럼 성적 특성의 원인은 단순히 유전자에만 놓여 있는 것이 아니다. 출생 전후의 환경 요인은 유전자 못지않게, 아니, 때로는 유전자보다 더 중요한 역할을 담당한다.

인간의 경우 양성 사이의 이 스펙트럼은 더욱더 세밀한 양상을 나타낸다. 다른 피조물에 비해 더 확장된 모습을 보여 주는 인간의 뇌는 어떤 특정한 역할에만 고정되는 확률이 훨씬 적기 때문이다. 그뿐 아니라 남성과 여성 양극은 인간의 경우 처음부터 상당히 근접해 있다. 프리옵티컬 영역은 이에 대한 증거를 제시한다. 수컷 설치류는 암컷보다 거의 네 배나 더 큰 프리옵티컬 영역을 갖고 있다. 그러나 인간의 경우 남성의 뇌에 있는 프리옵티컬 영역은 여성의 것보다 평균적으로 두 배 정도 클 뿐이다. 따라서 인간의 뇌는 셀 수 없이 많은 사랑의 유희를 가능케 한다. 수줍음 많은 낭만주의자에서부터 냉혹한 여 수도원장에 이르기까지 말이다.

유혹과 섹스는 별개의 문제

모든 남자가 카사노바는 아니다. 그렇지만 사랑을 정복으로, 섹스를 승리로 생각하는 일은 남자들에게 그렇게 낯설지 않다. 이것은 물론 부분적으로는 수백 년 동안 그러한 모티브들이 유령처럼 떠돌게 만든 우리의 문화와도 관련이 있다. 그러나 남성 섹슈얼리티와 공격성과의 연관성에는 프리옵티컬 영역뿐 아니라 좀 더 근본적인 원인이 있다.

첫 시선의 교환에서부터 쾌락의 정점에 이를 때까지 남녀의 성적 욕구를 조절하는 기제들은 서로 상이하다. 남성은 바소프레신이라는 호르몬의 영향 아래 있는데, 이 호르몬은 철부지 수컷 들쥐를 충실한 반려자로 변화시킬 뿐 아니라 공격성을 유발시키기도 한다. 얼핏 보기에 이것은 모순 같지만 가부장으로서 아내와 아이들 그리고 보금자리를 수단과 방법을 가리지 않고 수호해야 하는 수컷의 위치를 생각하면 당연한 일이다.

전희의 여러 단계에서 남성의 경우 호르몬의 수치는 평소보다 10배 이상으로 올라간다. 물론 이 수치를 완전히 믿을 수 있는 건 아니다. 왜냐하면 이제껏 혈액 속에 있는 호르몬 수치만 측정되었을 뿐 태도를 규정하는 뇌 안에서의 호르몬에 대해서는 알려진 바가 없기 때문이다. 실제로 혈액과 뇌에서의 호르몬 수치에 차이가 있을 수 있다는 것이 신경생물학자인 라이너 란트그라프Rainer Landgraf에 의해 확인되었다. 그는 가느다란 전류선을 통해 쥐의 뇌에서 직접 옥시토신과 바소프레신의 방출량을 측정하는 데 성공했다. 극단적인 경우 바소프레신은 머리가 아니라 몸에서만 작용한다고 상상해볼 수도 있으리라. 그러나 이것은 매우 개연성이 적은 추측이다. 그와는 달리 바소프레신이 결핍될 경우 어떤 일이 생기는가에 대한 실험 결과, 남성의 섹슈얼리티는 여전히 가능하지만 일체의 열정은 사

✿ ― 첫 시선의 교환에서부터 쾌락의 정점에 이를 때까지 남녀의 성적 욕구를 조절하는 기제들은 서로 상이하다.

라진다는 사실이 밝혀졌다.

사랑의 유희가 진전될수록, 섹스를 향해 나아갈수록 바소프레신의 수치는 다시 떨어지기 시작해서 사정할 때는 거의 평소 상태로 되돌아간다. 유혹과 섹스는 전혀 별개의 문제라는 것이 또 한 번 입증된 셈이다. 오르가슴의 순간이 다가올수록 남성을 지배하는 것은 바소프레신이 아닌 다른 호르몬, 즉 바소프레신의 여성적 대응물인 옥시토신으로 드러났다. 즉 이제부터 옥시토신이 남성의 몸에 돌기 시작하는 것이다. 처음부터 여성의 쾌락을 규정한 이 호르몬, 옥시토신 없는 오르가슴은 상상할 수 없다.

여성이 성적 흥분을 느끼는 과정은 남성의 경우와 다르다. 암컷 쥐의 뇌에 인공적으로 바소프레신의 양을 늘릴 경우 이 쥐의 성적 욕구는 거의 영점으로 떨어진다. 그 대신 끌고 당기는 사랑의 유희가 시작되면 뇌에서는 옥시토신의 수치가 올라간다. 상대방의 접근을 열린 상태로 맞이하려는 준비 과정일 것이다. 그러나 옥시토신의 작용을 억제할 경우 암컷은 수컷의 성적 접근을 허용하지 않는다. 그런데도 수컷이 고집을 부리면 암컷은 광포해진다.

여성이 쾌락의 정점에 다다를수록 옥시토신은 더 많이 방출된다. 오르가슴의 순간에는 엔도르핀까지 합세한다. 엔도르핀은 말하자면 고조된 감정을 책임진다. 전희의 과정에서 더 많은 옥시토신이 방출될수록 쾌락의 정점은 더 격렬해진다. 성 연구자들은 여러 번의 오르가슴을 경험한 여성들에게서 이 사실을 확인할 수 있었다.

보노보에게 짝짓기란?

우리는 도대체 왜 오르가슴을 경험하는가? 사회생물학자들이 수십 년 동안 고민해 왔음에도 이 질문은 예나 지금이나 열린 상태로 남아 있다.

특히 여성(암컷) 섹슈얼리티의 클라이맥스에 대한 수수께끼는 학자들에게 난제였다. 학자들 중에는 이 믿을 수 없는 흥분의 상태가 반드시 있어야 할 필요는 없다는 의견을 가진 사람도 많았다. 호르몬의 작용 아래 가임 기간 중 짝짓기를 하면 종족 보존의 문제는 충분히 해결되는 게 아니냐는 것이다. 그리고 여성이라는 존재가 섹스에 쾌락을 느낀다고 해도 오르가슴이 반드시 필요한 것은 아니다. 특별한 클라이맥스가 없어도 기분 좋은 느낌은 가능하다는 게 그들의 생각이었다. 그보다 조금 덜 극단적인 학자들은 오르가슴은 쓸모 있는 파트너를 발견했다는 생물학적 신호로 여성에게 사용될 수 있다는 의견을 펼쳤다. 그러나 남성적 편향성을 보여 주는 이 이론들에 대한 증거는 아무 데도 없다.

아무튼 그사이 신화 하나는 깨졌다. 즉 인간 여성만 오르가슴을 경험하는 것은 아님이 밝혀졌다. 학자들은 암컷 원숭이들에게서도 결정적인 순간에 맥박이 격렬하게 뛰고 근육에 긴장된 떨림이 발생함을 관찰할 수 있었다. 이것은 인간 여성이 오르가슴을 느낄 때 보이는 반응들과 매우 유사하다. 네덜란드의 성 연구자인 쿠스 슬롭 Koos Slob 은 긴꼬리원숭이에게서 이 사실을 최초로 확인했다.

모든 영장류는 공동체 생활을 한다. 이러한 사실에 비추어 볼 때 가임 기간 외에 이루어지는 짝짓기는 사회적 기능을 갖는 것이 분명하다. 보노보는 이에 대한 확실한 예를 보여 준다. 이들은 섹스를 통해 분쟁을 해결한다. 무리 내에 일단 긴장이 감돌게 되면 싸움을 일으키기 좋아하는 구성원들은 분쟁이 일어나기 전에 이미 섹스를 통해 만족을 얻는다. 그래도 싸움이 벌어지게 되면 싸움의 상대자들은 함께 잠을 잠으로써 서로 화해한다. 보노보들 사이에서는 동성끼리의 섹스도 이루어지고 있는 것으로 보아 이들에게서 짝짓기란 종족보존 이상의 목적을 갖는 게 확실하다.

신경화학자들의 오르가슴 관찰은 그러한 성적 행동이 얼마나 의미 있는 것인가를 설명해 준다. 쾌락의 절정에 양성 모두에게서 방출되는 옥시토신은 평화의 매개체이다. 많은 연구들이 보여 주듯이, 옥시토신은 서로간의 의존성을 촉진시키고 공격성에 대항하여 작용한다. 그리고 오르가슴에 이를 때 황홀경에 빠지게 하는 오피오이드 역시 편안하고 여유 있는 마음을 불러일으킨다. 기분이 좋으면 싸울 이유도 적을 게 아닌가.

이처럼 섹스는 함께 어울려 살 수 있도록 돕고 공격 취향과 파괴적 분노를 가라앉힌다. 베트남 전쟁 당시 히피들은 전쟁이 아닌 사랑을 만들자고 촉구했다. 그들이 옳았다.

청춘의 묘약

사랑의 감정이 최고조에 올랐을 때 우리의 연인은 아주 특별한 존재처럼 보인다. 그 무엇도 그 누구도 그녀처럼 또는 그처럼 우리를 이렇게 도취감에 빠뜨린 적이 없다. 이 낭만적인 감정은 뇌에서 일어나는 고유한 흥분 상태와 발맞추어 일어난다. 이러한 흥분 상태에서 그녀 또는 그는 자기 본래의 인격의 경계가 희미해짐을 느낀다. 시인들은 언제나 이러한 경험을 즐겨 노래해 왔다. 런던의 학자들인 안드레아스 바르텔스Andreas Bartels와 세미르 제키Semir Zeki는 사랑에 빠진 상태에서 맛보는 도취 역시 학문적으로 연구할 수 있음을 증명해 보였다. 그들은 인터넷을 통해 스스로 정말 '진실 되고 깊은,

미친 듯한 사랑'에 빠졌다고 믿는 사람들을 수소문했다. 연락을 해 온 사람들 대부분은 여성이었다.

사랑에 빠진 상태의 특성이 무엇인지를 확실히 밝혀내기 위해 바르텔스와 제키는 실험 참가자들에게 핵스핀 단층촬영을 제안했다. 우선 그들은 실험 참가자들에게 애인이 아닌 이성 친구의 사진을 보여 주면서 집중적으로 이들에 대해 생각하라고 부탁했다. 그동안 학자들은 그들의 뇌가 움직이는 모습을 기록했다.

그런 다음 연구자들은 이성 친구의 사진을 연인의 사진으로 대치했다. 이제 실험 참가자들은 자신의 파트너에 대해 집중적으로 생각해야 했다. 그리고 이번에도 뇌의 움직임을 기록했다. 핵스핀 단층촬영에 의해 나타난 두 개의 결과를 비교했을 때 연인과의 집중된 관계가 뇌에 어떤 작용을 불러일으키는지가 분명해졌다. 즉 바르텔스와 제키는 이들 뇌의 움직임이 약물의 영향 아래 있는 사람의 뇌가 나타내는 움직임과 유사하다는 사실을 확인했다. 사랑에 빠졌을 때의 그 도취는 헤로인이나 코카인의 영향과 전적으로 유사했던 것이다.

신경생물학적으로 보았을 때 이것은 그다지 놀라운 일이 아니다. 약물과 옥시토신, 바소프레신 같은 사랑의 묘약은 뇌에서 동일한 회로들에 영향을 끼치기 때문이다. 이들은 모두 동일한 시스템에 자극을 주는데, 욕망의 호르몬인 도파민이 이 시스템에서 중요한 역할을 한다. 이것은 상대방과의 심적 연결망이 생기기 위해서는 필연적인 과정이다. 이미 앞 장에서 살펴보았듯이, 도파민이 주의력을 향상시키고 욕망을 일깨우기 때문이다.

신경심리학자인 자크 판크세프는 사랑을 중독과 비교했다. 중독의 경우 약물과의 연계가, 사랑의 경우 사랑하는 사람과의 연계가 생겨난다. 둘 사이의 친연성은 특히 단절 또는 이별의 순간에 극명해진다. 약물의 금단현상들, 예컨대 외로움과 공허감, 식욕 감퇴, 상실감, 수면 장애, 그리고 예민함 등은 모두 연인과 이별한 사람에게서도 나타나는 증상들이다.

약물이 주는 편안한 느낌은 약물을 반복해서 복용할수록 무뎌지고, 마찬가지로 사랑하는 사람에게서 나오는 자극은 점점 더 효력을 상실한다. 그럼에도 우리는 수십 년 동안 함께 지낸 후에도 여전히 상대방을 빛나는 시선으로 바라보는 연인들을 드물지 않게 만나게 된다. 그들을 보면 사랑의 감정이 무뎌지는 것을 막아 주는 어떤 메커니즘이 있는 게 분명하다.

여기에도 옥시토신이 관여한다. 동물 실험을 통해 우리는 옥시토신이 좋은 감정을 식상하게 만드는 과정을 어느 정도 지연시킨다는 사실을 알게 되었다. 이 실험 결과가 맞다면 오랜 시간이 경과해도 여전히 그 효력을 잃지 않는 사랑을 가능케 하는 마법의 주문은 바로 섹스이다. 사실 쾌락의 절정에 다다랐을 때 여성과 남성의 뇌에서 방출되는 것도 옥시토신 아닌가. 옥시토신은 열정이 식지 않게 만드는 청춘의 묘약과도 같은 효과를 낸다.

여성의 뇌 속 출산 프로그램

사랑은 아이들이 세상에 태어날 때도 싹튼다. 부모가 아이들에게 갖는 애정은 여러 가지 면에서 남녀 간의 사랑과 흡사하다. 사랑에 빠진 사람들은 상대방과 완전히 하나가 되는 느낌을 고백하곤 하는데, 어머니들 그리고 드물기는 하지만 아버지들 역시 비슷한 순간을 경험한다. 그들은 아이와 하나가 된 듯, 아이의 고통과 기쁨을 마치 자신의 것처럼 느낀다.

두 경우 모두에서 이러한 연결을 가능케 하는 것은 동일한 힘 때문일까? 뇌 연구는 이러한 추측을 인정한다. 아이의 울음소리를 들려주면 어머니의 뇌는 사랑하는 사람을 생각할 때 연인들의 뇌의 움직임이 보여 주는 것과 아주 유사한 움직임을 보였다. 이것은 물론 애정의 도취를 불러일으키는 사건이나 과정을 서로 비교할 수 있다는 사실에 대한 증명은 될 수 없다. 그러나 적어도 그러한 사실에 대한 강한 암시는 될 수 있다. 즉 여기서 핵심은 가장 강력한 순간에 일종의 약물 효과처럼 나타나는 행복의 느낌이다.

옥시토신은 연인들의 사랑뿐 아니라 아이를 돌보는 모성에서도 중요한 역할을 한다. 이 호르몬은 말하자면 모든 사회적 행동 양식을 조화롭게 지휘한다. 이러한 연관성은 여성의 뇌 연구에서 밝혀졌다. 아이의 탄생을 기다리는 어머니는 아이를 향한 부드러운 사랑의 감정을 느끼기 위해 일종의 변화를 겪어야 하는데, 이 변화를 가능케 하는 것이 바로 옥시토신이다.

이것은 여성들에게서, 무엇보다도 동물의 암컷들에서 발생한다. 이러한 전환을 통해 많은 암컷들은 새끼를 낳기 직전에 거친 야수에서 헌신적인 어머니로 변한다. 예를 들어 암컷 쥐는 다른 쥐가 낳은 새끼의 냄새를 맡으면 그 새끼를 먹어치운다. 그러나 자신이 새끼를 낳게 되면 사정은 달라진다. 보금자리를 마련하기 시작할 때쯤 암컷 쥐는 이미 한결 부드러워져 있다. 그리하여 새끼가 세상에 나오게 되면 어미는 새끼에게 젖을 먹이고 핥아 주며 보호하는 데 몰두한다.

이러한 변화가 옥시토신의 영향 아래 일어난다는 사실은 옥시토신의 작용을 억제했을 때 나타나는 변화를 보면 분명해진다. 옥시토신이 멈추게 되면 어미들은 새끼들을 낳자마자 잡아먹는다. 그러나 새끼를 돌보는 정서가 생기기 위해서는 옥시토신만으로는 충분하지 않다. 새끼를 낳아 본 적이 없는 암컷 쥐가 새끼를 돌볼 수 있게 하기 위해서는 여성 호르몬인 에스트로겐을 주사해야 한다. 이 호르몬은 일반적으로 임신 중에 생성된다. 어쩌면 뇌는 아이들이 정말 만들어지고 있다는 소식을 몸으로부터 직접 받아야 하는지도 모르겠다.

이제 에스트로겐과 옥시토신이 보내는 신호들이 만나게 되면 드디어 머릿속에서 모성애에 대한 프로그래밍이 시작된다. 그리고 간뇌에 있는 특정 부분들이 영원히 변하게 된다. 이 변화 과정이 정확히 어떻게 진행되는지는 아직 연구된 바가 없다. 동물 실험에서 나온 몇 안 되는 자료에 따르면, 이때 특히 변하는 곳은 여성의 경우 출생 때부터 남성과 다르게 형성되는 곳인 프리옵티컬 영역이다. 그리고 세포의 기능을 조절하는 많은 유전자들이 기능을 멈추거나 새로 기능하기 시작한다. 이렇듯 뇌 전체의 작업 방식이 지속적으로 변화한다.

수유가 젊은 어머니의 존재를 변화시키는지, 시킨다면 어떤 방식으로 변화시키는지에 대한 질문 또한 충분히 해명되지 않고 있다. 여성의 젖꼭지를 자극할 경우 뇌에서는 옥시토신이 방출된다. 사랑의 행위 중 가슴을 애무할 때 그리고 아이들에게 젖을 물릴 때 쾌감을 느끼는 것은 이 때문이다. 그러한 느낌을 바탕으로 어머니와 아이 사이에 강한 유대감이 형성된다. 우리는 행복감을 주는 사람이 곁에 있어 주길 지극히 자연스럽게 원하기 때문이다.

스웨덴의 카롤린 의학연구소에서 행해진 정밀한 연구에서, 수유 중인 여성은 아직 아이를 낳지 않았거나 낳았더라도 수유를 하지 않은 여성에 비해 더 많은 내적 평화와 타인에 대한 관심을 나타냈다. 아마도 젖을 물릴 때 방출되는 옥시토신이 내면의 평온함과 타인에게 무언가를 줄 수 있다는 사회적인 행복감도 유발시키는 것이리라.

수유가 기여하는 바가 얼마나 큰지는 알 수 없지만, 아무튼 대부분의 어머니들은 평생 자신의 아이들과 연결되어 있음을 느낀다. 아무리 희미한 아이의 울음소리도 깊이 잠든 어머니를 깨운다. 그리고 열린 어머니의 귀에는 다른 집 아이들의 울음소리도 아주 잘 들리곤 한다.

이렇듯 여성은 뇌의 구조에서도 아이를 낳게끔 프로그래밍되어 있다. 자연은 아이를 낳는 여성에게 좋은 감정들로 보상한다. 그러나 아이들과의 관계에서 얻게 되는 기쁨이 모든 여성의 뇌에 동일한 방식으로 강하게 각인되는 것은 아니다. 성적 선호도가 상이하듯 이것 역시 사람에 따라 다르다.

또 아버지도 아이들에게서 기쁨을 맛본다. 그러나 아버지를 이러한 기쁨으로 이끄는 것이 무엇인지에 대해서는 연구된 바가 거의 없다. 학문은 이제껏 모성애에만 관심을 기울였다. 여성과 남성의 뇌 구조가 다르기 때문에 부성애에 따르는 이 행복은 모성애의 경우와 다를 것이다. 그러나 이에 대해 우리는 아직 너무나 무지하다.

6

타인에게로

아이작은 레이첼을 좋아했다. 그들은 어릴 때부터 친구 사이였다. 둘에게 육체적 매력은 그다지 큰 역할을 하지 않는 듯 보였다. 지난 수년 동안 둘은 거의 섹스를 하지 않았다. 레이첼이 한 번도 임신하지 않은 것을 보면 알 수 있듯이. 그렇다고 해서 혈기왕성한 아이작이 후손을 전혀 보지 않은 것은 아니다. 상당히 많은 아이들이 그의 혈통을 받고 태어났지만 모두 다른 어미들에게서였다. 레이첼과 아이작은 함께 시간을 보내기를 좋아했다. 다른 수컷들이 그렇고 그런 위계 싸움에 말려들 동안 아이작과 그의 친구 레이첼은 약간 옆으로 비켜서서 그 모든 소용돌이를 마치 다른 세계의 모습인 양 바라볼 뿐이었다. 사람들은 둘이 잔디밭에서 나란히 앉아 있는 모습과 과일을 먹는 모습 그리고 몇 시간이고 서로 턱을 쓰다듬어 주는 모습을 볼 수 있었다. 만일 비비원숭이에게 '행복해 보인다'라고 말할 수 있다면 이 둘이야말로 그러했다.

캘리포니아의 뇌과학자인 로버트 새폴스키Robert Sapolsky는 수년 동안 아프리카의 세렝게티에 사는 원숭이 무리를 관찰하고 기록했다. 그래서 그는 아이작의 행복한 기분을 심지어 자료로 증명할 수 있었다. 새폴스키는 규칙적으로 무리 중에 있는 수컷들에게 화살을 던져 마취시킨 다음 피를 뽑아 검사를 하곤 했다. (암컷에게는 이러한 방식이 금지되어 있다. 젖먹이나 아직 태어나지 않은 새끼를 해칠 수 있기 때문이다.) 그는 뽑은 피를 바탕으로 코르티솔 같은 스트레스 호르몬을 검사했다. 이 호르몬 수치는 동물이 얼마나 많은 긴장을 견디는가를 보여 준다. 새폴스키는 아이작에게서 예외적으로 적은 수치를 측정할 수 있었다. 이 원숭이는 겉으로도 자기 동료들보다 더 이완된 것처럼 보일 뿐만 아니라 실제로도 그러했다.

새폴스키는 다른 동물들에게서도 비슷한 관찰을 할 수 있었다. 우정을 나누는 친구가 많을수록, 우정이 더 오래 지속될수록 원숭이는 스트레스를 적게 받는 것으로 나타났다. 동료들과 더 자주 어울리고 그들을 더 많이 보살필수록 삶의 괴로움은 그다지 큰 고민거리가 되지 않는 듯 보였다. 사회적 관계를 위해서 뭔가를 하는 동물은 한결 더 좋은 심리적, 육체적 상태를 유지했다. 스트레스는 행복감을 약화시킬 뿐 아니라 건강도 해치기 때문이다.

아무튼 아이작의 경우 레이첼과의 우정은 보람 있는 일이었다. 동년배의 수컷들이 이미 오래전부터 병에 걸려 시들어 가거나 싸움에서 죽거나 나이를 먹어 지쳐 갈 때, 아이작은 여전히 생생한 모습으로 사바나에 앉아 친구 레이첼의 턱을 긁어 주고 있었다.

장수의 비결은 우정

동아리 활동은 인간에게도 좋은 영향을 끼친다. 친근한 목소리는 미소를 자아내고 아늑함을 느끼게 해 준다. 외로움에 시달리거나 주변에 있는 사람들과 제대로 된 관계를 맺지 못하는 사람은 좋은 감정을 체험할 기회가 별로 없다. 우정이나 가족의 따스함은 행복이 잘 전개될 수 있는 좋은 토대이다.

"자신의 삶에서 우정을 지워 버리는 사람은 세상에서 태양을 없애 버리는 것이다"라고 로마의 정치가 키케로는 말했다. 맞는 말이다. 많은 연구 역시 타인과 함께하는 삶이 행복감에 얼마나 중요한가를 확인해 준다. 영국의 사회심리학자 마이클 아가일Michael Argyle 과 다른 학자들이 보여 주었듯이, 타인과의 유대는 실제로 어떤 상황에서든지 삶에 대한 만족감을 높여 주는 몇 안 되는 외적 요인 중 하나이다. 우정과 비교할 수 있거나 그보다 조금 더 큰 효력을 지닌 것은 연인과의 관계, 섹스의 빈도수, 그리고 운동 정도다.

친구는 또한 오래 살도록 도와준다. 서유럽과 미국에서 수만 명의 사람들을 대상으로 행해진 많은 연구들이 이러한 결론에 도달했다. 즉 수명에 관한 한 사회적 관계는 평균적으로 흡연이나 고혈압, 비만이나 규칙적인 운동과 똑같은 정도의 영향력을 행사한다. 외로운 사람은, 나이와 건강 상태 그리고 성별과 무관하게, 사람들 사이에서 제대로 배려를 받는다고 느끼는 사람보다 두 배 이상의 사망률을 보인다. 흡연에 의한 사망률보다도 높은 수치이다.

스탠퍼드 대학에서 실행된 한 실험은 이보다 더 인상적인 결과를 보여 준다. 그곳에서 의사들은 유방암에 걸린 여자 환자들을 두 개의 집단으로 나누어, 한 집단은 통상적인 의학 치료를 받게 하고 다른 집단은 치료 외에도 일주일에 한 번씩 다른 환자들과 만나 의견을 교환하고 상호 이해를 촉진하는 기회를 가질 수 있도록 했다. 모든 환자에게서 암은 치료될 가망이 전혀 없을 정도로 진행된 상태였지만, 만남의 시간을 가진 환자들은 일반적인 약물 치료만 받은 환자들보다 더 좋은 기분 상태에서 통증을 덜 느꼈다. 그리고 특히 자신에 대해 솔직히 말할 수 있었던 환자들은 평균적으로 두 배 이상 더 오래 살았다.

백혈병과 심장마비를 앓는 환자들을 대상으로 한 실험도 비슷한 결과를 보여 주었다. 이러한 결과에 사람들은 의아해할지도 모른다. 오늘날의 지식에 따르면 암은 아무런 심리적 원인을 갖지 않기 때문이다. 그래도 많은 사람들은 여전히 종양이야말로 몸 안에서 기승을 떨치는 근심덩어리라고 잘못 믿고 있지만 말이다. 오염된 환경의 독소들, 담배 연기 또는 잘못된 식생활은 결함 있는 유전자들이 치명적인 영향력을 행사하게끔 만들기도 한다.

그렇다면 인간의 따스한 배려가 암에 걸린 환자들의 건강에 끼치는 영향은 어떻게 설명할 수 있을까? 곁에 있는 사람들이 보내는 은밀한 돌봄의 시선은 더 나은 심리적 상태에 기여한다. 친구들이나 자신과 같은 환자들이 자신을 보살피고 있음을 느끼게 되면 사람들은 자기 자신에게 조금 더 신경을 쓰게 되며, 예를 들어 약을 좀 더 주의 깊게 먹게 된다. 그러나 타인들의 시선이 그 모든 것을 해명해 주지는 않는다. 즉 좀 더 포괄적이고 전문적인 보호를 받고 있을 때 비로소 애정 어린 관심은 건강 상태를 호전시킬 수 있다.

외로움은 정신과 육체 모두에 부담이 된다. 다른 사람들에게서 지원을 얻는 것은 일반적으로 스트레스를 해소하는 가장 훌륭한 전략 중 하나이다. 외로운 사람들은 삶의 거친 시련을 좀 더 잘 견딜 수 있게 도와주는 인간적 따스함 없이 지내야 한다. 게다가 외로움은 그것 자체가 이미 스트레스이다.

감정이 건강에 끼치는 영향력에 관해 새로 탄생한 학문의 한 영역이 지난 수년 간 상당수의 증거물들을 제시했다. 이 새로운 학문은 바로 육체와 정신의 상호 작용을 탐색하는 심리신경면역학이다. 코르티솔이나 글루코코르티코이드 같은 스트레스 호르몬들은 면역 체계의 작용을 약화시킨다. 학자들은 이러한 현상을 외로운 사람들이나 어미를 잃은 원숭이 새끼들에게서 관찰할 수 있었다. 스트레스는 감기뿐 아니라 혈압과 관련된 질병에도 관련된다는 사실 역시 충분히 검증되었다.

이제 우리는 앞에서 언급한 유방암 환자들의 수수께끼에 대한 두 가지 해명을 얻게 된 셈이다. 첫째, 스트레스는 직접적으로 암을 유발시키지는 않지만 적어도 다른 원인으로 생긴 종양이 커지는 것을 돕는다. 둘째, 혼자 남겨졌다고 느끼는 여성들의 유기체는 암이라는 질병 외에도 약해진 면역 체계와 싸워야 했을 것이다. 예를 들어 감염 등이 쉽게 이루어졌을 수 있다.

혼자서 헤쳐 나가야 한다는 느낌은 육체의 면역력을 떨어뜨리지만 감정적 연대는 그러한 부담에 맞서 작용하여 치유의 효과를 낸다. 이러한 사실은 스웨덴의 예테보리 실험에 참가한 2,000여 명의 남성들이 걸어 온 삶의 여정을 설명해 줄 수도 있을 것이다. 연구자들은 이들을 대상으로 어떤 조건 하에 걱정이 건강에 나쁜 영향을 끼치는지 조사했다. 통계학적 분석을 통해 감정적 연대가 그 어떤 뛰어난 의학적 보살핌보다도 더 광범위하게 사람을 보호한다는 사실이 밝혀졌는데, 터놓고 말할 상대가 있는 남자들은 가장 혹독한 운명의 채찍도 별 탈 없이 잘 견뎌 냈던 것이다.

육체와 정신을 병들게 하는 외로움

혼자가 되는 것에 대한 불안은 우리 모두에게 깊이 각인되어 있다. 냉정한 사람이라도 버림받은 동물이나 아이의 칭얼거림에 거의 자동적으로 반응한다. 우주에서 온 주름투성이 존재가 궁지에 몰려 집에 전화를 걸고 싶어 할 때조차 우리는 어떤 떨림을 느낀다. 8세의 아이건, 80세의 노인이건 간에 E. T의 고통을 이해할 수 있는데, 이것이야말로 스필버그 영화가 거둔 놀라운 성공의 요인이었다.

신경심리학자인 자크 판크세프는 우리가 다른 사람과의 관계를 추구하는 것은 상당 부분 외로움의 고통을 피하고자 하는 욕구와 관련된다고 추측한다. 자연은 우리를 타인에게 다가가도록 유혹할 뿐만 아니라 실제로 타인에게 밀어붙인다. 타인과의 교제를 향한 이러한 추동력의 근거를 그는 뇌 깊숙한 곳에 놓여 있는, 비교적 오래된 영역의 회로에서 찾는다. 동물 실험에서 간뇌에 있는 특정 부분, 즉 시상과 라무스, 프리옵티컬 영역에 있는 특정 부분을 자극했을 때 동물들은 공포의 비명을 내질렀다. 이것은 보통 버림받았을 때 내지르는 외침이다.

진화론적으로 볼 때 이러한 행동은 최초의 포유류 동물에게서 나타난 바 있는 상당히 오래된 태도이다. 이것이 갓 태어난 새끼들의 생존을 도왔을 확률은 대단히 높다. 예를 들어 이제 막 세상에 나온 새끼 생쥐는 보지도 듣지도 심지어 걷지도 못한다. 털이 나지 않은 이 작은 몸뚱이는 살아남기 위해 필요한 온기조차 충분히 지니고 있지 못하다. 어미가 없다면 이 생쥐는 얼어 죽을 것이다. 모든 것이 어미를 중심으로 형성되는 지극히 의존적인 피조물, 이것이 바로 이 새끼 생쥐이다. 어미가 곁에 없으면 새끼 생쥐는 공포를 드러낸다. 비슷한 처지에 놓인 인간 아기와 마찬가지로 공포의 비명을 내지르는 것이다.

많은 포유류 새끼들은, 심지어 병아리조차 혼자 남겨지면 이러한 신호를 내보낸다. 가장 잘 연구된 것은 새끼 쥐들의 울음이다. 이 울음소리는 불가청 음파 영역에 속하기 때문에 인간의 귀에는 들리지 않는다. 그러나 어미 쥐의 귀는 약 40킬로헤르츠에 해당하는 이 주파수에 대단히 민감하게 반응한다. 어미 쥐는 이러한 소리를 듣자 마자 어린 것들을 달래기 위해 모든 수고를 아끼지 않는다. 먼저 세심하게 핥아 주어 새끼들이 따스한 보살핌을 받는다는 느낌을 갖게 하며, 입에 물고 여기저기 돌아다니다가 더 이상 두려워하지 않아도 좋은 안전한 장소를 찾아내면 그곳으로 옮겨 놓는다.

어른이 되고 난 후 쥐들은 더 이상 혼자 남겨지는 것에 대해 불안해하지 않는다. 쥐는 특별히 사회적인 동물은 아니다. 그러나 무리 지어 사는 동물들은 평생 동안 분리에 대한 공포를 느낀다. 혼자 남겨진 개들은 끙끙거리고 정처 없이 바닥을 파헤치며 문을 긁어 댄다. 앵무새들은 부리로 제 몸의 깃털을 잡아 뽑으며 자학적인 행동을 한다. 성인이 된 인간은 외로움에 시달릴 때 동물처럼 눈에 띄게 반응을 보이지는 않지만, 육체와 정신이 내보이는 증상들은 마찬가지로 격렬하다. 불안과 공허감, 긴장과 식욕 감퇴 및 수면 장애, 그리고 자신에 대한 의혹은 삶을 고문으로 만든다.

인간과 동물 모두가 보여 주는 매우 유사한 이러한 반응들은 좀 더 단순한 모델을 통해 인간의 외로움을 연구할 수 있게 해 준다. 다시 말해 관계나 교제가 부족할 때 동물 역시 스트레스를 받는다는 것이다. 스트레스 호르몬인 부신피질 자극 방출 호르몬CRH이 동물들이 내지르는 공포의 외침에 관여하고 있는데, 이로써 증거는 완전무결해진 셈이다. 왜냐하면 CRH는 그것 나름대로 다시 코르티솔을 방출하는데, 이것은 인간이 스트레스로 인해 질병을 얻는 데 관여하는 호르몬이기 때문이다.

인간들처럼 새끼 쥐들도 외로움이 지속될 경우 건강을 해치게 된다. 즉 병에 걸리기 쉬운 체질로 변하고 뉴런의 수가 감소하는, 그래서 수행 능력이 떨어지는 뇌를 갖게 된다. 그리하여 평생 불안하고 쉽게 신경질적이 된다. 그와는 달리 새끼 쥐들을 자주 쓰다듬어 줄 경우 형태를 갖추어 잘 자라게 된다. 즉 동일한 조건에 있는 다른 새끼들보다 50퍼센트 정도 더 빨리 성장한다.

인간의 아기들에게서도 동일한 결과를 관찰할 수 있다. 마이애미 대학의 티파니 필드Tiffany Field가 단순한 실험을 통해 보여 주었듯이 쓰다듬는 행위는 성장을 촉진한다. 필드는 인큐베이터 안에 있으면서 사람의 손길을 거의 받지 못한 조산아들을 돌보기 시작했다. 그녀는 이 아기들을 하루에 세 번씩 쓰다듬어 주고 가볍게 팔과 다리를 흔들어 주었다. 그러자 기적이 일어났다. 이 아기들은 눈에 띄게 빨리 성장하고 다른 병동에 있는 조산아들보다 더 건강해져 평균적으로 일주일 먼저 인큐베이터를 떠날 수 있었다.

반면에 비교적 오랜 시간 다른 사람들과 접촉하지 못한 아기들의 경우 그 결과는 쥐들의 경우보다 훨씬 심각했다. 아기들이 자라는 데 있어 다정한 말이 얼마나 중요한가는 시칠리아왕 프리드리히 2세의 실험이 잘 보여 준다. 그는 13세기에 최초로 심리학적 실험을 계획하고 실시한 사람이었다. 연구 충동이 강했던 이 군주는 인간의 자연 언어가 무엇인지 알아내고자 했다. 이를 위해 그는 아직 말을 하지 못하는 어린아이들을 따로따로 독방에 유폐했다. 외부 세계의 영향을 전혀 받지 않은 상태에서 이 아이들이 언젠가는 스스로 '기원의 언어'를 말하기 시작할 거라고 프리드리히 황제는 생각했다. 신하들은 음식과 깨끗한 옷, 그 외에 사는 데 필요한 모든 것을 아이들에게 가져다주었다. 다만 일체의 접촉만은 금지되었다. 결과를 방해하지 않기 위해서였다. 그러나 실험은 끔찍한 방식으로 실패했다. 아기들이 죽은 것이다. 당시의 한 역사가가 기술하고 있듯이, "이 아이들은 살아남지 못했다. 왜냐하면 아무도 이들에게 손뼉을 쳐 주지 않았고, 그 어떤 몸짓이나 즐거운 표정도, 달콤한 말도 들려주지 않았기 때문이다".

편안하고 따스한 느낌을 찾아서

따스하게 품에 안긴 듯한 느낌은 외로움의 끝을 의미한다. 엔도르핀이 이러한 느낌의 발생에 관여하고 있다. 아편과 유사한 이 호르몬이 뇌에서 방출될 경우 쾌적한 느낌이 환기된다. 우리는 어린 쥐에게서 이러한 현상을 쉽게 관찰할 수 있다. 어미에게서 떼어 낸 후 어린 쥐들에게 엔도르핀과 비슷한 모르핀을 주사하면 이 쥐들은 즉시 비명을 멈춘다. 엔도르핀은 말하자면 비명을 내지르게 하는 CRH 같은 스트레스 호르몬에 대항하는 효력을 발휘한다. 그러나 엔도르핀의 자연스런 작용을 막을 경우 새끼들은 어미가 곁에 돌아와 자신들을 돌본 지 한참이 지나도 계속해서 비명을 질러 댄다. 학자들은 동물들이 서로 핥아 줄 때 뇌에서 엔도르핀이 방출된다는 사실을 원숭이에게서도 확인할 수 있었다.

앞서 서술했듯이, 엔도르핀은 일반적으로 뇌에서 바람직한 상태에 대한 신호로 기능한다. 예를 들어 굶주린 동물이 맛있는 음식으로 배를 채우게 되면 이 물질은 만족의 감정을 전달해 준다. 아주 비슷한 방식으로 이 물질은 가까이 있고 싶은 욕구를 조절하는 데 기여한다. 원숭이 같은 사회적 동물이 다른 동료들과 평생 지속되는 관계를 맺지 못하게 될 경우 이들은 평형감각을 상실한다. 그리하여 분리의 고통과 접촉에 대한 갈증이 나타나게 된다. 혼자가 된 동물들이 동료들과의 관계를 회복하게 되면 엔도르핀은 다시 정상적인 상태로 되돌아왔다는 사실을 알린다. 이때 품에 안긴 듯한 안락한 감정이 솟아난다.

약물 역시 외로움의 감정을 잊게 만든다. 이를 위해서는 일반적으로 쾌활한 순간에 저절로 방출되는 아편을 인공적으로 뇌에 주사하기만 하면 된다. 자신의 엔도르핀 수치를 알코올의 효과를 통해 높이는 외로운 술꾼은 친구가 필요치 않다. 단것 역시 엔도르핀의 방출에 기여한다. 소설『브리짓 존스의 일기』의 여주인공이 아침 식사 때부터 초콜릿을 먹어 대는 것은 혼자 있는 고통을 달래기 위함이다. 프랑스의 시인 장 콕토 역시 아편은 자신에게 "방문자들로부터의 해방"을 의미한다고 일기장에 쓰고 있다.

친근한 사람들의 곁을 그리워하게 만드는 이 편안하고 따스한 느낌은 무엇보다도 엔도르핀의 덕분이다. 그렇지만 물론 엔도르핀

238

혼자서 이 따스한 행복감을 전부 책임지고 있는 것은 아니다. 예를 들어 사랑이 성사되도록 힘을 보태는 옥시토신과 바소프레신 역시 인간 사이의 관계에 일정한 역할을 수행한다. 이들은 사회적 기억에 필요한 호르몬들이기 때문이다. 우울한 사람에게 결여되어 있는 세로토닌은 타인에게 호감을 갖는 데 중요한 역할을 하는 것으로 보인다. 흥미롭게도 신경약물학자들은 동물 실험이 아니라 은밀한 파티에서 주로 사용되는 흥분제인 엑스터시ecstasy의 경험을 관찰함으로써 이 사실을 알아냈다. 이것은 예외적인 경우라고 할 수 있다.

엑스터시를 복용하면 뇌에서는 과도한 양의 세로토닌이 방출된다. 물론 도파민 역시 방출될 것이다. 이로써 엑스터시 소비자는 너무나 기분 좋은 상태에 빠져들어 세상이 전부 친구라고 생각한다. 애정을 주고받으며 서로 잘 이해하고 있다는 느낌이 비현실적으로 과도하게 상승한다. 그래서 이 마약은 1980년대까지 '감정이입 Empathy'이라는 이름으로 불렸다. 아주 적절한 명명이라고 하지 않을 수 없다. 영어로 감정이입의 능력을 가리키는 이 말은 사업 수완이 뛰어난 텍사스의 한 거래업자가 다른 이름을 발명해 낼 때까지 이 흥분제의 이름으로 쓰였다. 학자들은 오늘날까지 엑스터시가 가장 내적인 것을 자극하는 약물이라고 말한다. 캘리포니아의 화학자 알렉산더 슐긴Alexander Shulgin은 1965년 자신의 실험실에서 이 약물을 만들어 내는 데 성공했다. 최초로 이 약물을 시험해 본 그는 자신의 경험을 이렇게 기록하고 있다. "나는 가벼움과 행복을 그리고 어마어마한 힘을 느꼈다. 더 나은 실존 세계에 있는 것 같았다. 나는 지구

의 시민일 뿐만 아니라 우주의 시민이라고 느꼈다. 전 우주가 내 집 같았다."

물론 강도는 다소 약하겠지만 소중한 사람이 곁에 있을 때 우리가 느끼는 느낌도 꼭 이와 같은데, 홀가분한 마음과 충만한 신뢰가 바로 그것이다. 그러나 우정이 담고 있는 이러한 측면을 연구하는 데 있어 오늘날의 뇌 연구는 한계에 부딪히고 있다. 엑스터시의 작용을 세밀하게 파헤치는 일은 아직 미완으로 남아 있기 때문이다.

연대와 관계의 시작, 주고받기

우리는 왜 우정이 필요한가? 어미에게만 의존하는 새끼 쥐들과는 달리 사회적 동물들의 삶은 집단이 보내 주는 지지에 종속된다. 문명화된 인간은 스스로 독신의 삶을 선택하거나 타인과의 접촉을 일체 끊고 고치 속에 갇혀 살듯 파트너하고만 살 수도 있다. 그러나 좀 더 원시적인 사회에서 혼자 살거나 짝을 지어 둘만 사는 것은 실질적으로 살아남을 가능성이 전혀 없는 삶의 형태였다. 위험에 처했을 때 종족만이 보호와 도움을 줄 수 있었기 때문이다. 그러나 갓 태어난 아기와는 달리 어른은 대가 없이 다른 사람에게서 먹을 것과 애정을 요구할 수 없다. 그리고 어릴 때처럼 어떤 경우에건 어머니가 보살펴 줄 것이라고 기대해서도 안 된다. 나 역시 줄 수 있어야 한다. 이렇듯 우리의 삶은 모두에게 도움이 되는 방식으로 나누도록 되어 있다. 물론 모든 사람이 모든 사람과 동일한 방식으로 주고받지는 않는다. 가까운 사람일수록 서로 많이 주고받으며, 서로 많이 주고받을수록 그 관계는 더욱 친밀해진다.

공동체 내에서 이러한 규칙들이 준수되는 방식을 잘 알기 위해서는 상당한 수준의 지적 능력이 필요하다. 모든 구성원은 다른 사람들이 서로 관계 맺는 방식을 눈여겨보아야 하고, 자신도 그들에게서 무엇을 받을 수 있는지, 그러기 위해서 그들에게 무엇을 주어야 하는지 알아야 한다. 그에 비하면 단 둘이 짝을 지어 사는 것은 적어도 동물들에게는 아주 단순한 일이다. 우선 상대방을 알아볼 수 있으면 되고, 그다음에는 무조건 서로를 위해 존재하면서 새끼를 낳으면 된다. 유인원처럼 지능지수가 높은 존재만이 우정이나 변화 가능한 사회적 역할 등 좀 더 복잡한 공동체 생활을 꾸려 나간다. 반면에 쥐나 새 또는 좀 더 단순한 뇌 구조를 가진 다른 동물들은 짝짓기와 함께 생존에 필요한 집단생활만을 영위할 수 있다.

많은 원숭이들은 공동으로 먹이를 구하고 서로 힘을 모아 적에게 대항한다. 원숭이들의 이러한 연대는 우정의 상호 의무가 어떻게 발생하는지에 대한 좋은 실마리가 된다. 원숭이들 사이의 관계는 인간들 사이의 관계보다 한결 명료할 뿐 아니라, 인간들처럼 그렇게 화려한 언어를 사용해 사태를 안개에 휩싸인 듯 모호하게 만들지 않기 때문이다.

우리는 누군가를 좋아하게 되면 그를 기꺼이 식사에 초대한다. 남태평양이건 그린란드건 손님들과 함께 나누는 음식이 사교의 중심을 차지하지 않는 문화는 없다. 가족은 식탁을 중심으로 모이고, 사업하는 사람들은 식당에서 계약을 준비하며, 국가 원수들의 방문은 연회에서 그 정점에 달한다. 원숭이들 또한 먹이를 공유한다는 사실은 '함께하는 식사'가 연대나 관계의 발생에 얼마나 중요한가를 잘 보여 준다.

작은 가발원숭이들을 살펴보자. 머리에 난 털이 두건처럼 생겨서 가발원숭이라고 불리는 이 남아메리카의 원숭이들은 함께 사냥을 나가서 코곰의 둥지를 턴다. 심지어 코곰이 보는 앞에서 그 새끼들을 납치하기도 한다. 이것은 코곰이 이빨로 얼마나 세게 물 수 있는가를 생각해 볼 때 위험한 시도일 수밖에 없다. 따라서 이러한 행동을 할 수 있으려면 약탈에 가담한 모든 원숭이가 나중에 받을 자기 몫을 확신할 수 있어야 한다.

행동과학 연구자인 프란스 드 발은 잘 통제된 실험을 통해서 원숭이들이 어떤 조건 하에 무언가를 내놓는지, 그리고 그것을 기반으로 어떤 종류의 협동 작업이 이루어지는지를 관찰했다. 그는 두 마리의 가발원숭이를 서로 이웃하는 우리에 넣었다. 우리의 격자 사이는 과일이 드나들 수 있을 정도로 넉넉했다. 원숭이들은 우리에 설치된 줄을 통해서 과일이 담긴 바구니를 자기 쪽으로 끌어당길 수 있었는데, 이 바구니는 원숭이 두 마리가 힘을 합해 끌어야 움직일 수 있을 정도로 무거웠다. 그런데 이 설치물은 결국 원숭이 한 마리만 과일을 손에 넣을 수 있도록 세워져 있었고, 어떤 원숭이건 과일을 얻고 싶으면 다른 원숭이의 도움을 얻어야 했다. 그리고 이 도움은 실제로 가능했다. 따라서 다른 원숭이는 수고의 대가가 지불되리라는 기대 하에 도움을 주었던 것이다. 이렇듯 가발원숭이들은 다른 원숭이의 공정한 처사를 기대해도 좋을 만큼의 공동생활 능력을 지니고 있다.

그러나 이들의 신뢰에는 한계가 있다. 이들은 수고의 대가가 직접적으로 눈앞에 놓여 있을 때에만 다른 원숭이를 돕는다. 도움을 받은 원숭이가 지금 당장이 아니라 얼마쯤 시간이 지난 뒤 보답을 할 수도 있다는 생각은 이들로서는 상상할 수 없는 일이다. 따라서 이들이 맺는 연대는 길게 지속되지 않는다. 그렇기 때문에 가발원숭이들은 항상 원점에서 새로 출발해야 한다. 이들은 파트너와의 견고한 관계를 알지 못한다.

하지만 좀 더 지능이 높은 원숭이들의 경우는 이와 다르다. 침팬지들은 수년 간 지속되는 관계를 맺을 뿐 아니라 다른 종류의 도움을 서로 주고받는다. 한 원숭이가 다른 원숭이의 털을 긁어 주면, 이 원숭이는 다른 기회에 자기 먹이의 일부를 나누어 준다거나 공동의 적에 함께 대항한다거나 하는 방식으로 보답한다. 침팬지들의 삶은 끊임없는 주고받음으로 이루어져 있다. 함께 사냥을 나가고, 어미들은 서로 번갈아가며 새끼들을 돌보며, 서열이 높은 수컷들은 다른 수컷들과의 좀 더 복잡한 연대를 통해 지원을 받는다. 이것은 우리가 인간 사회의 정치와 사업에서 볼 수 있는 힘의 관계와 통제를 상기시킨다.

이러한 상호 종속의 연결망은 모든 구성원이 다른 동료들의 성격과 이해관계를 알 수 있을 때, 그리고 그들에게서 무엇을 기대할 수 있을지 알 때 생겨난다. 침팬지 역시 언젠가는 그에 대한 보상을 받을 수 있으리라는 확신이 있을 때에만 동료에게 무엇인가를 나누어 준다. 가발원숭이와는 달리 높은 지능을 지닌 이러한 동물들에게는 힘의 분배와 균형에 대한 기대치가 있는 것이다. 이들의 기억력은 마치 장부 기록자처럼 오랜 시간 동안 주고받음의 경제학을 세세히 추적한다. 이렇게 해서 드 발은 그위니라고 불리는 한 암컷 침팬지의 경우를 관찰하여 기록할 수 있었다. 그위니는 자기 먹이를 남에게 나누어 주려 하지 않았다. 이런 그위니가 다른 동료들의 먹이를 먹으려 하자 이들 역시 마찬가지로 그위니를 거부했다.

뇌는 좋은 감정을 기억한다

물론 침팬지 머릿속에서 어떤 생각이 오고가는지 우리는 알 수 없다. 그러나 자기밖에 모르는 그위니를 침팬지들이 좋아하지 않은 것은 분명하다. 원숭이들도 그러한 감정을 느낄 수 있다.

인간에게서도 우리는 동일한 감정을 관찰할 수 있다. 즉 누군가를 경험하게 되면 그 경험을 근거로 좋음과 좋지 않음의 감정이 형성된다. 놀랍게도 이 반응은 앞서 일어난 사건들에 대한 의식적 기억 없이 발생한다. 즉 다른 사람들을 만날 때 우리가 보여 주는 반응들은 "가슴속에서 나오는 느낌"에 기반한다. 이것은 때로 의식적인 심사숙고보다 훨씬 더 강력하다. 왜 그런지 그 이유는 잘 모르는 채 누군가를 좋아하는 경우가 종종 있지 않은가.

신경학자 안토니오 다마시오는 데이비드라는 가명의 환자를 실험 관찰하여 우리가 타인에 대해 갖게 되는 그러한 태도가 어떤 방식으로 형성되는지를 보여 주었다. 데이비드는 뇌 손상으로 인해 기억 장애를 겪고 있었다. 그의 기억 장애 현상은 의학 연구가 이제까지 발표한 사례 중 가장 심각한 것이었다. 그는 누군가를 새로 만나게 되면 그의 얼굴도, 목소리도, 그리고 이름도 기억하지 못했다. 자신과 그 사람 사이에 무슨 일이 일어났는지에 대해서도 그는 전혀 기억하지 못했다. 다마시오는 자신의 동료 두 사람이 데이비드와 일주일이 넘도록 계속해서 관계하게 만들었다. 이 두 사람 중 한 사람은 극단적일 만큼 친절하고 우호적인 반면, 다른 한 사람은 거칠었다. 거친 사람은 데이비드가 원하는 것을 전혀 들어주지 않았고, 극도로 길고 지루한 심리학적 테스트로 데이비드를 끌어들였다. (이 테스트들은 보통 원숭이의 정신 능력을 확인하기 위한 용도로 사용되는 것들이다.)

일정한 시간이 흐른 뒤 다마시오는 데이비드에게 이 두 동료의 사진을 보여 주고 두 사람 중 누구에게 도움을 청할 것인지, 누구를 친구라고 생각하는지 물어보았다. 데이비드는 물론 이들을 전혀 기억할 수 없었다. 그런데 그는 아무런 망설임 없이 자신에게 호의적이던 사람의 사진을 가리켰다. 다른 한 사람이 젊고 아름다운 여성이었는데도 불구하고 데이비드는 그녀를 선택하지 않았다. 물론 데이비드는 그녀에 대해 그 어떤 나쁜 경험도 이야기할 수 없었다. 그가 겪은 체험이 자신도 알지 못하는 사이에 좋지 않은 감정을 형성했던 것이다.

이것은 극단적인 경우이다. 건강한 사람들은 자신의 느낌을 설명할 수 있다. 그럼에도 뇌가 두 개의 상이한 방식으로 경험을 저장한다는 사실을 알려 준다는 점에서 데이비드의 사례는 관심을 불러일으킨다. 마치 영화가 이미지와 음향을 따로 저장하는 것처럼 말이다. 한편으로 뇌는 의식적인 기억 작업을 수행한다. 이것은 영화의 이미지들이 한 장면 한 장면 펼쳐지는 효과와 같다. 그러나 다른 한편으로 뇌는 그와 무관하게 우리가 해당 순간에 체험한 감정을 기억한다. 적합한 자극이 주어질 경우 이 감정들이 다시 환기된다. 그러나 이때 다른 곳에 저장된 장면들이 동시에 의식될 필요는 없다. 우리는 장면을 보지 않고서도 영화음악을 듣는다. 감정의 기억들은 가시적이지 않은 방식으로 발생하고, 장면의 기억들은 가시적인 방식으로 발생한다. 데이비드의 경우 파괴된 것은 바로 이 가시적인 기억 체계였다.

따라서 애정은 가시적이지 않은 기억이 행하는 결과이고, 의식적인 기억보다는 느낌에서 발생한다. 감정에 기반을 둔 어떤 긍정적인 선입견이 미리 마련돼 있어야 우정이 성장할 수 있다. 그러한 긍정적인 선입견이야말로 '주고자' 하는 마음을 개발시키며, 상대방이 가진 장점을 알아볼 수 있는 예리한 눈을 마련해 주기 때문이다. 이런 방식이 아니면 타인과의 관계는 앞으로 나아가지 않는다. 즉 신뢰가 생겨야 그것을 바탕으로 '주고받음'의 좀 더 폭넓은 행위가 가능해지는 것이다.

7

올바른 열정 사용법

열정은 다른 어떤 감정보다 더 많이 우리의 삶을 결정한다. 다른 감정은 의식적으로 변화시킬 수 있는 반면, 열정은 인간에게 각인되어 있는 특질이다. 우리는 열정을 있는 그대로 받아들여야 한다. 열정은 행복을 추동시키는 힘이기도 하지만 불행의 나락으로 떠미는 힘이기도 하다. 그렇기 때문에 열정을 제대로 알고 열정과 더불어 살며, 열정을 즐기는 것, 바로 여기에 삶의 지혜가 있다.

따라서 인간이 오래전부터 열정에 대해 많은 생각을 해 왔다는 사실은 놀라운 일이 아니다. 어떻게 사는 게 현명한 것인지, 감정을 어떻게 다스려야 되는지에 대해서는 할 말이 더 이상 남아 있지 않을 정도로 충분히 언급되었다. 그러나 정확히 그 반대의 경우를 주장하는 사람도 언제나 있어 왔다. 2,000년 동안 철학이 이 문제를 고민했고, 100년이 넘도록 심리학이 연구를 했으며, 각종 충고와 제안을 담은 책들과 토크쇼, 여성 잡지 등이 물밀듯이 제공되었건만 이 문제에 있어서 우리는 여전히 조금도 현명해지지 않았다. 사랑의 모험을 감행할 것인가, 아니면 한 사람과 친밀한 관계를 지속하는 편이 더 행복할까? 만족을 위해서 우리는 일을 해야 하는가, 아니면 삶의 여유를 찾아야 하는가? 이와 같은 질문은 여전히 풀리지 않은 채 남아 있다.

그러나 지식은 그동안 꽤 많이 발전했다. 신경생물학은 검증 가능한 실험을 통해 열정을 단순히 기술하는 것뿐 아니라, 열정이 어떻게 발생하는지 그리고 무슨 역할을 하는지 처음으로 밝혀낼 수 있었다. 이로써 우리는 이전과는 다른 방식으로 인간의 본질에 접근할 수 있게 되었으며, 이것은 대단히 실용적인 학문으로 자리 잡았다. 왜냐하면 우리의 본성에 순응하는 삶의 방식은 거스르는 삶의 방식보다 더 생산적이고 행복한 결과를 낳을 것이기 때문이다.

이렇듯 신경생물학의 연구 결과는 지혜로운 삶을 위해 수많은 충고들 속에서 좀 더 나은 충고를 걸러 낼 수 있는 체로 사용될 수 있다. 그래서 이 장에서는 일반적으로 우리의 생각을 주조하는 몇몇 속담이나 격언 등이 신경학의 연구 결과들과 일치할 수 있는지 살펴보고자 한다. 부분적으로 나는 앞에서 이미 다룬 연구 결과들을 다시 참조할 것이다.

충분히 입증되었고 다양한 연결망 속에서 계속 등장하곤 하는 세 개의 통찰이 이러한 점검의 중심에 서 있다. 첫째, 긍정적인 감정은 부정적인 감정을 물리칠 수 있다. 둘째, 어떤 행복도 영원히 지속되지 않는다. 그러나 우리는 이제까지 경험한 것보다 더 많은 행복의 순간을 맛볼 수 있도록, 그리고 행복의 순간에 대한 기쁨이 좀 더 천천히 사라질 수 있도록 노력할 수 있다. 셋째, 무엇을 경험하는가보다 더 중요한 것은 어떻게 경험하는가이다. 이러한 통찰들은 너무나 자명하게, 아니, 심지어 뻔하게 들릴 수 있다. 그러나 놀랍게도 정반대의 사실을 증언하는 많은 격언들과 이른바 삶의 지혜라고 하는 경구들이 우리의 집단의식 속에 자리 잡고 있다.

"나는 만족을 얻을 수 없다." _롤링 스톤스
"나태는 슬픔을 가져온다." _토마스 아퀴나스

인간은 빈둥거리는 삶을 위해 태어나지 않았다. 우리의 행위는 자연에 의해 보상받는다. 지나친 안락을 꾀할 경우 좋지 않은 감정이라는 대가를 치러야 한다.

인간이 비교적 오랜 시간을 하는 일 없이 빈둥거리고도 아무런 값을 치르지 않을 수 있다면 그것은 이치에 어긋나는 일일 것이다. 인간을 다른 모든 존재와 구별 짓는 것은 인간이 그들보다 좀 더 현명하고 좀 더 능수능란하다는 점이다. 이러한 진화의 결과는 보존되어야 한다. 그래서 우리의 뇌는 우리가 행동하도록, 즉 세상을 단순히 바라만 보는 것이 아니라 세상에 도전하도록 끊임없이 우리를 부추긴다. 이때 결정적인 역할을 하는 것이 도파민이다.

그러니까 우리에게 일이 필요한 것은 단순히 먹고살기 위해서만은 아니다. 한가로운 여유를 찬양한 고대의 부자들이나 철학자들도 목적과 행위가 없는 삶이 매우 쉽게 우울증과 연결됨을 잘 알고 있었다. 그래서 그들은 글을 쓰거나 논쟁을 하는 일에, 또는 정치적 캠페인을 펼치거나 세련된 축제를 조직하는 일에 몰두했다.

오늘날에도 사람들은 열심히 일을 하면서 중간중간 맛보는 자유 시간에 더 많은 행복을 느낀다. 일 때문에 완전히 지친 드문 경우를 제외하고는 말이다. 그러나 안락함을 떨치고 일어나 당장 해결하지 않아도 되는 일에 착수하기란 사람에 따라서 꽤나 어려운 일일 수도 있다. 사람들은 빈둥거리는 것이야말로 지금 정말 필요한 일이라는 감언이설에 기꺼이 자신을 내맡긴다. 그러나 이것은 치명적인 오류이다. 아무것도 하지 않는 상태가 행복을 가져오는 경우는 거의 없기 때문이다. 심지어 학자들은 이것을 측량하기까지 했다.

그렇기 때문에 편리함을 우선순위로 치는 문명의 나사를 가끔씩 뒤로 돌리는 일은 매우 바람직하다. 직접 피자를 만들어 구워 먹으면 냉동 피자를 데워 먹을 때보다 더 많은 즐거움을 맛볼 수 있다. 요리책을 뒤적일 때 이미 우리의 뇌 속에서는 기대 체계가 작동되기 시작한다. 쉽게 구하기 힘든 재료가 요구된다고 해도 불행할 일은 없다. 목적에 부합되는 행동을 할 수 있도록 도파민이 방출되고 오피오이드는 앞으로 즐기게 될 음식 맛에 대한 기쁨을 미리 예견하여 사소한 고생도 기꺼이 감수하게 만든다.

이렇듯 활동은 앞으로 다가올 일에 대한 기쁨을 미리 맛볼 수 있도록 도와주며, 이로써 즐거움의 강도를 높여 준다. 기대 체계는 어떤 특정한 목적을 지향하지 않음으로 무슨 일을 하느냐는 그다지 중요하지 않다. 집을 새로 단장할 수도 있고, 스노보드 타는 법을 배울 수도 있으며, 사회 활동에 참여할 수도 있다. 이 모든 활동이 효과를 나타낸다. 아인슈타인은 목공일을 좋아했으며, 로마 황제 디오클레티아누스는 채소 기르는 일을 즐겼다. 빗자루로 마당을 쓰는 일조차도 만족감을 안겨 줄 수 있다. "인간은 행복을 찾는 일에 몰두한다. 그러나 인간의 가장 큰 행복은 몰두한다는 사실 자체에 있다"고 프랑스의 철학자 알랭Alain은 쓰고 있다.

"운동 필요 없음. 위스키와 시가만 있으면 됨." _윈스턴 처칠

영국의 총리는 자신의 삶을 지탱해 주는 묘약을 이렇게 묘사했다. 그러나 이 모토를 위해 그는 값비싼 대가를 치러야 했다. 처칠은 심각한 우울증에 시달렸다. 그는 끝까지 자신을 쫓아다닌 이 고통을 '나의 검은 개'라고 풍자적으로 표현했다. 처칠이 견뎌야 했던 심각한 우울증은 물론 유전적 원인도 있을 것이다. 그렇지만 지난 연구가 보여 주듯이, 운동은 심각한 우울증의 경우에도 기분을 좋게 만드는 효과를 낸다. 많은 연구들은 상심과 낙담의 심리 상태에서 숲을 달리는 일은 일종의 심리 치료와 동일한 효과를 낸다는 결론에 도달했다.

육체의 단련은 세상 보는 눈을 긍정적으로 만든다. 유럽과 미국에서 학자들은 이 주제로 80회가 넘는 대대적인 설문 조사를 시행했는데 실제로 대답은 언제나 같았다. 규칙적으로 운동을 하는 사람은 더 많은 행복감과 자기 신뢰를 가지고 있었고, 공포를 별로 느끼지 않았으며, 상심에 빠지는 경우도 매우 드물었다. 인간은 움직임을 위해 만들어진 것이다.

운동은 특히 여성에게 많은 도움이 된다. 여러 연구 결과를 보면, 운동 후 기분이 나아진다고 느끼는 확률이 여성의 경우 남성보다 20퍼센트 정도 더 높다. 성별에 따른 이 차이의 원인은 아직 밝혀지지 않고 있다. 달리기와 수영, 춤 등 모든 종류의 운동이 효과를 나타낸다. 운동의 종류는 중요하지 않으며, 높은 성과는 더더욱 중요하지 않다. 운동을 잘하겠다는 욕심은 도움이 되기보다 오히려 해가 된다. 너무 높이 세운 목표는 도달하기가 쉽지 않으며, 오히려 좌절을 불러와 초반의 좋은 의도를 물거품으로 만들 수도 있다. 날마다 30분 정도의 운동으로도 충분하다. 우람한 근육을 만드는 것이 목적이 아니라면 말이다. 루소도 썼듯이, "무엇보다도 영혼 때문에 몸을 단련할 필요가 있다".

운동은 여러 가지 방식으로 기분을 좋게 만든다. 근육이 움직이면 뇌에서는 세로토닌 같은 호르몬이 다량 방출되고, 가벼운 흥분을 불러일으키는 엔도르핀 역시 방출된다. 그러나 기분이 좋아지는 것은 무엇보다도 신체 내부의 감각들 때문이다. 몸 어디에나 촉수가 퍼져 있는데, 이 촉수를 통해 신경 체계는 유기체를 감시한다. 내장

수용체라고 불리는 이것들 덕분에 우리는 심장이나 위, 폐, 장의 상태를 느낄 수 있다. 이 수용체들은 모든 커다란 근육의 긴장도 끊임없이 측정한다. 매 순간 몸 전체에서 전달된 소식들이 뇌에서 만나게 되고, 우리는 이것을 주의 깊게 인지하고 몸이 아무 탈 없이 잘 기능하고 있음을 즐길 수 있도록 배워 간다.

우리가 이 수용체들의 신호를 의식하지 못한다 하더라도, 뇌는 이 신호들을 감정으로 해석해 낸다. 예를 들어 지나친 근육의 긴장과 차가운 손은 공포의 신호로 해석된다. 즉 우리는 가벼운 언짢음을 느끼지만 그 이유가 뭔지는 모른다. 조금 신경을 써 몸을 움직여주면 사지는 다시 따뜻해지고 긴장은 이완되며 맥박은 약간 빨라진다. 그리고 바로 이것이야말로 좋은 느낌이 다시 몸에 깃들었음을 알리는 신호이다. 이렇듯 우리는 몸의 움직임을 통해 부드러운 방식으로 머릿속의 뉴런들을 조절할 수 있다. 운동을 하면 유기체는 일반적으로 기쁠 때 취하는 상태로 변하고, 이것이 뇌에 전달되면 뇌에서는 다시금 자동적으로 좋은 감정이 생산된다.

"나는 모든 것을 원한다. 그것도 지금 당장.
내 안의 마지막 꿈이 바싹 말라 먼지로 화하기 전에."
_기테 해닝Gitte Haenning

우리는 정말 모든 것을 얻기 원하는가? 대답은 '그렇다'는 쪽으로 기운다. 우리는 그렇게 프로그래밍되어 있다. 즉 우리는 거의 반사적으로 가능한 모든 것을 얻고자 시도한다. 하지만 얻고 나서도 그것에 만족하지 않는다. 이미 얻은 것은 우리를 만족시키지 못하고 오히려 더 빨리 더 많은 것을 향한 갈증을 일깨울 뿐이다.

우리 머릿속의 회로들은 일단 이런 방식으로 작동한다. 인간의 경우도 볼프람 슐츠가 실험한 그 원숭이들과 전혀 다르지 않다. 보상으로 주어지던 사과는 일단 거기에 익숙해지면 더 이상 놀라운 사건이 되지 못하고, 뉴런도 반응을 보이지 않게 된다. 이제 원숭이들은 건포도를 원한다. 즉 뭔가 다른 것을 손에 얻을 수 있게 되자마자 욕구는 상승하게 된다. 인간도 이처럼 결코 만족할 줄 모르는 동물이다.

위에 언급한 기테 해닝의 노랫말은 이러한 욕망을 폭로하고 있지만 현실이 되어 버린 소망이 얼마나 권태로운가를 간과하고 있다. 모든 것이 소유 가능한 듯 보이는 과잉의 세계에서 자족감을 갖는 일은 정말이지 어렵다. 하루 저녁만 TV 앞에 앉아 보라. 당신의 삶은 형편없이 시시하게 보인다. 파티에서 벌어지는 사랑의 모험이나 재벌 2세의 어마어마한 재산과 권력 그리고 햇살 가득한 잔디밭에서 뛰어노는 늘 행복한 아이들. 이 모든 것을 동시에 다 누릴 수 있는 사람이 도대체 어디 있겠는가? 그러한 기준에 맞춘다면 누구든 자신을 낙오자로 느낄 수밖에 없다. 부더기로 쏟아져 나오는 광고들은 소유에 대한 우리의 끝없는 갈망을 채워 주는 듯 보인다. 그러나 새 휴대 전화나 전자 제품의 매력은 간식거리의 포만감처럼 재빨리 사라져 버린다.

다행히 자신의 탐욕에 완전히 내팽개쳐진 사람은 없다. 도파민에 의해 조절되는 기대 체계와 좀 더 비판적인 관계를 맺는 일이 요구될 뿐이다. 원숭이와는 달리 우리는 그럴 만한 능력을 가지고 있다. 종종 이것은 욕망이 언제나 당장의 쾌락으로 이어질 필요는 없음을 스스로에게 분명히 하고, 지금 동경하는 일이 이루어진 몇 달 후 자신의 삶이 어떠할까를 상상해 보는 것으로 충분하다. 원하는 것과 좋아하는 것은 두 개의 상이한 일이다.

누구도 소비의 즐거움이나 일을 관철시키고자 하는 욕망을 포기해서는 안 된다. 좀 더 나은 것, 좀 더 많은 것을 향한 욕구는 너무나 깊숙이 우리의 본질 속에 닻을 내리고 있어서 벗어나기가 대단히 어렵다. 그러나 약간의 거리 두기는 이러한 욕망을 어떻게 대해야 하는지 알려 주고, 그리하여 이 욕망을 너무 심각하게 여기지 않도록 도와준다. 마리아 칼라스는 매우 독창적인 방식으로 이것을 실행했다. 한창 명성을 누리던 당시 최고의 보수를 받던 이 성악가는 자신이 번 돈을 쓸 시간이 거의 없었다. 그렇지만 이 디바는 무대에 설 때마다 정확히 1달러씩 더 받기를 요구했다.

"기분전환은 즐거움을 준다." _로마 속담

맞는 말이다. 즐거움의 종류를 바꾸는 일은 감각이 무뎌지는 것을 막는 한 방법이다. 이것은 좋은 소식이 아닐 수 없는데, 이제 우리는 '더 많이'의 충동에 맞설 수 있는 대안을 얻게 되었다. 기대 체계는 아름답고 쾌적한 모든 것에 너무도 빨리 적응한다. 방금 전까지 기쁨을 주던 놀라움을 기대 체계는 이제 당연하게 받아들이고 더 강한 자극을 요구한다. 그리고 이것은 종종 실현 불가능한 것이기도 하다. 괴테는 "좋은 날들이 계속 이어지는 것보다 더 견디기 힘든 일은 없다"라고 쓴 바 있다. 더 강한 자극 대신 다른 자극에 몸을 내맡길 때 쾌락은 다시 발생한다. 정확하게 대비되는 자극을 선택했을 경우 그것은 이전보다 더 강렬한 효과를 낼 수 있다.

당신이 방금 친구들과 유쾌한 하루 저녁을 보냈다면 같은 친구들과 같은 방식의 파티를 연이어 다시 계획하는 것은 전혀 좋은 생각이 아니다. 그것은 모든 사람에게 힘든 과제가 될 것이다. 그것보다는 다른 사람들과 뭔가 다른 일을 도모하는 게 현명하다. 예를 들어 함께 영화를 보러 간다거나 둘이서 저녁 시간을 보낸다거나 하는 식으로 말이다. 얼마쯤 시간이 지난 후 물론 첫 번째 파티의 즐거움을 다시 추구할 수 있다. 기대 체계의 기억술은 그리 오래가지 않기 때문이다. 즐거움의 순번을 영리하게 조절하는 것, 바로 이것이 행복을 만드는 지혜이다.

이제까지 상상하지 못했던 일을 새로 알아가는 것은 동일한 이유에서 권장할 만하다. 우리는 모든 새로운 자극에 이중적인 태도를 보인다. 낯선 것은 곧 스트레스를 의미하기도 하는데 농부는 자신이 알지 못하는 식재료는 먹지 않는다. 다른 한편 인간은 새로운 자극을

❖ ― "좋은 날들이 계속 이어지는 것보다 더 견디기 힘든 일은 없다." _괴테

추구하게끔 프로그래밍되어 있기 때문에 유쾌한 놀라움은 우리가 경험할 수 있는 가장 강렬한 쾌락의 감정 중 하나가 되기도 한다.

새로운 자극 앞에서 나타나는 이 두 가지 반응은 우리 모두의 내부에서 경합을 벌이는데 새로운 자극에 대한 망설임이 종종 과도하게 표출되기도 한다. 다른 모든 피조물이 그렇듯이 우리 인간도 좋

258

은 경험이 기다릴지도 모른다는 유혹보다 불쾌한 위험에 더 강하게 반응을 보이기 때문이다. 기대와 공포가 서로 힘을 겨루어야 할 경우 대부분 공포가 승리한다. 이것은 진화가 남긴 유산이다.

물론 우리의 실존을 위협하는 일들은 옛날처럼 많이 널려 있지 않다. 그러나 옛 프로그램은 여전히 가동되고 있다. 우리는 조심스러움 때문에 너무나 자주 유쾌한 발견의 기회를 놓친다. 그러나 예기치 못했던 유쾌한 자극을 일단 한번 발견한 사람은 모든 곳에서 그러한 자극을 발견하게 된다. 낯선 사람들을 만나는 일은 신선한 자극이 된다. 그들이 어떤 방식으로 반응할지 미리 예측할 수 없기 때문이다. 탐정소설은 우리를 사로잡는다. 이야기가 예기치 않은 반전을 맞이하기 때문이다. 아기가 날마다 예상치 못한 행동을 통해 어떤 고유한 인격체로 성장해 나가는 것을 보는 일은 부모의 가장 큰 기쁨이 아니던가?

"아름다움은 관찰하는 사람의 눈 속에 있다." _그리스 속담

전 세계적으로 가장 강력하게 성장한 산업 중 하나가 관광업이다. 여행은 변화를 가져다주고 낯선 곳을 탐색하는 기쁨을 안겨 준다. 그러나 문제는 가장 낯선 곳조차 한 주나 두 주가 지나면 벌써 익숙해지기 시작한다는 데 있다. 그것에 대처하는 방식은 새로운 곳, 더 자극적인 곳을 향해 출발하는 것이다. 그러나 이보다 더 나은 방

법은 눈을 좀 더 크게 뜨는 것이다. 우리는 통상적으로 우리를 둘러싸고 있는 환경의 극히 일부분만 바라보곤 한다. 인도의 시인 타고르는 이에 대해 다음과 같이 놀라움을 표시한다.

"수년 동안 / 비싼 값을 치르면서 / 나는 수많은 나라를 여행했다. 높은 산과 / 대양을 보았다 / 그러나 내가 보지 못한 것은 / 내 집 문 앞 잔디에 맺혀 있는 / 반짝이는 이슬방울이었다."

정말 그렇다. 우리는 사실 우리를 둘러싸고 있는 일상 속에서 평소보다 한결 더 많은 것들을 보고 듣고 냄새 맡고 맛볼 수 있다. 주의 깊은 관찰자는 가장 일상적인 것 속에서 예기치 못한 자극을 발견한다.

익숙한 일상 속에서 새로운 것을 체험하고자 하는 사람은 어느 정도 훈련을 해야 한다. 대부분의 사람들은 필요한 것이 아니면 눈여겨보지 않기 때문이다. 이런 방식으로 우리의 뇌는 살아남는 데 중요한 역할을 하지 않는 자극들에서 자신을 보호한다. 도파민의 영향 아래 있는 회로들이 이 일에 가담하고 있다. 이 회로들은 지각을 조절하고, 새로운 자극이 유기체에 어떤 이익을 약속할 때에만 흥미로운 경험으로 받아들이게 한다. 그러나 이러한 제약은 극복될 수 있다. 예를 들어 자전거를 타는 것은 인간에게 선천적으로 주어진 성향이 아니다. 그럼에도 우리는 자전거 타는 법을 배운다.

주의력을 의식적으로 조절하면 감성도 훈련할 수 있다. 사물의 목적과 의미에서 잠시 눈을 돌리고 오직 감각적 인지에만 몰두하는 것이 그 방법 중 하나이다. 그럴 경우 떨어지는 잎사귀는 더 이상 잔디밭에서 걷어 내야 할 짜증나는 일거리를 의미하지 않는다. 그 대신 우리는 살랑거리며 떨어지는 잎사귀의 나지막한 소리를 들을 수 있다. 낯선 얼굴도 더 이상 '호감 가는/ 호감 가지 않는' 식의 이분법에 따라 분류하지 않고, 삶의 연륜 속에서 그의 얼굴에 새겨진 주름을 보게 될 것이다.

이때 좋은 감정은 저절로 생겨난다. 세상을 더 잘 알수록 그만큼 더 높이 평가하게 되기 때문이다. 이것은 심리학의 한 놀라운 효과에서 기인하는데, 캘리포니아의 학자 로버트 재종크Robert Zajonc는 관찰을 통해 다음과 같은 사실을 확인한 바 있다. 즉 우리는 더 자주 강도 높게 자극을 지각할수록 그 자극에 대해 더 적극적으로 반응한다는 것이다. 그는 자신의 학생들에게 한자漢字를 관찰하도록 했다. 그들에게 한자는 아무런 의미도 지니지 않은 기호에 불과했다. 그러나 실험에 참가한 학생들은 단순히 반복적으로 바라봄으로써 이 기호들에 대해 일종의 호감을 가질 수 있었다. 어느 특정한 글자를 자주 볼수록 기분도 고조되었다.

이러한 효과는 우리가 감각적으로 인지하는 거의 모든 것에서 나타난다. 자주 보게 될 경우 낯선 사람들의 초상화는 호감을 불러일으킨다. 낯선 나라의 민속 음악도 자주 들으면 특정한 자극이 된다. 맛을 모르던 음식도 계속 먹다 보면 맛있어진다. 라디오 방송국이 동일한 유행가를 반복해서 틀어 주고, 유행이 일정한 간격을 두고 다시 반복되는 것은 친숙함에 대한 바로 이러한 선호에 기인한다.

지루함에서 오는 자연스런 혐오는 즐거움의 순환 간격을 제대로 맞추지 못했을 때 생긴다. 유행이 그렇게 하듯이, 우리는 익숙한 것을 살짝 변형시키거나 점점 더 잘 알게 되어 그 안에서 계속 새로운 모습을 발견함으로써 지루함에서 벗어날 수 있다. 따라서 새로운 발견이 주는 쾌락과 익숙함이 주는 기쁨은 결코 서로 대립되는 것이 아니다.

대부분의 사람들에게 파리는 귀찮은 곤충에 지나지 않는다. 그러나 취미로 곤충을 연구하는 사람은 이 생명체에서 어떤 우주적 세계를 볼 수 있을 것이다. 그는 열에 들떠 '이것은 집 안을 날아다니는 평범한 파리가 아니라 희귀한 야생파리 히포보스카 에쿠이나야!'라고 외친다. 그러고 나서 이것의 눈은 700개도 넘는 면들로 이루어져 있으며 적외선도 볼 수 있다고, 그리고 그 날개의 가벼움은 또 어떠하냐고 연이어 들뜬 목소리로 말한다. 그는 발견자가 누리는 기쁨의 작은 황홀경에 빠져드는 것이다.

이 경우에도 역시 핵심은 감탄의 대상이 아니다. 연극이건 축구건, 오토바이의 테크닉이건, 그 대상에 관계없이 모든 관심은 삶의 쾌락을 고조시킨다. 그러한 행복은 강박적으로 계속해서 불만족을 유발시키는 소비에 대한 쾌락과는 달리 영원히 마르지 않는다. 모든 경험, 새로 획득한 모든 지식은 새로운 발견으로 들어가는 문을 활짝 열어젖히기 때문이다. 이렇게 해서 우리는 평생 지속될 수 있는 여행을 시작한다. 이 여행에서는 하나의 기쁨이 이미 그다음 기쁨을

262

준비하고 있다.

"강한 사람은 혼자 있을 때 가장 강력하다." _프리드리히 폰 실러

　우리는 고독한 늑대에 관한 잘못된 컬트에 전염되지 않게 조심해야 한다. 서구 문명이 낳은 책과 영화 그리고 연극은 온통 전 세계를 홀로 짊어지려고 하는 남자들의 이야기로 가득 차 있다. 이들은 혼자의 몸으로 모든 적에 대항하려 한다. 서부영화에 나오는 영웅은 홀로 암흑의 세력들에 대적하고 또한 승리한다. 그리하여 사람들의 존경을 한 몸에 다 받으며 미시시피강 서편 지역에서 가장 아름다운 여인과 함께 자신이 구해 낸 마을에서 살 수 있게 된다. 그러나 이러한 보상조차 영웅은 경멸한다. 그래서 우리는 영화의 마지막 장면에서 지는 노을 속으로 모든 악인과 선인을 두고 다시금 말을 타고 떠나는 존 웨인을 보게 된다.

　독일의 일반적 사상은 고독이야말로 우리가 추구해야 할 고상한 정신적 상태라는 치명적인 오류에 갇혀 있다. 카스파 다비드 프리드리히Caspar David Friedrich가 묘사하는 바닷가의 외로운 수도사, 헤르만 헤세나 토마스 만이 그려 내는 비극적 주인공들, 이들은 모두 우리로 하여금 "인간은 고독하게 홀로 있음으로써 자신의 가상 내밀한 본질에 다가갈 수 있다"고 믿게 만든다.

　그러나 임상 연구와 뇌 과학 연구가 증명하듯이, 사실은 그와 정반대이다. 고독이야말로 그 무엇보다 더 큰 스트레스를 의미하며, 육체와 정신 모두에 영향을 미친다. 고독은 사람을 안절부절못하게 만들며, 스트레스 호르몬의 영향으로 생각과 느낌이 희미해지게 만든다. 면역력도 떨어지게 한다. 고립은 슬픔과 병을 가져온다.

서구가 아닌 다른 문화권에 사는 사람들은 대부분의 경우 고독을 '고통을 불러오는 자연스럽지 않은 상태'로 제대로 이해하고 있다. 예를 들어 인도 사람들은 동행자 없이 혼자 여행을 다니는 서구인들을 놀라움에 차서 바라본다. 노벨 문학상을 받은 인도 작가 비디아다르 네이폴Vidiadhar S. Naipaul이 묘사하는 뭄바이 사람들은 협소한 환경에서 부를 이룩했지만 호화로운 아파트에서 나와 자신들이 성장한 낡고 비좁은, 사람들로 복작거리는 바라크로 되돌아간다. 주인공의 아내가 새로 주어진 비싼 공간의 적요함을 견디지 못하고 우울증에 걸린 것이다.

이러한 삶의 태도는 종종 극단으로 치닫곤 하는 서구의 개인주의와 마주 보고 있다. 우울증을 연구하는 마틴 셀리그먼Martin Seligman에 따르면 이러한 개인주의는 우울증이 급속도로 확산되는 데 적어도 일정 부분 책임이 있다.

"나쁜 관계 속에 있는 것보다는 혼자 있는 편이 낫다." _조지 워싱턴

이 명제는 바로 앞에서 언급한 명제에 모순되는 것처럼 보인다.

그렇지만 이 명제 또한 타당성이 있다. 타인과 가까이 있는 것이 인간의 행복에 그처럼 중요하기 때문에 나쁜 관계는 혼자 사는 삶보다 더 많은 스트레스를 의미한다. 계속되는 갈등은 심리적 평온함만 약화시키는 게 아니다. 몸도 그에 대한 대가를 치른다. 미국의 심리치료사 재니스 키콜트-글레이저Janice Kiecolt-Glaser가 그녀의 남편인 면역학자 로버트 글레이저Robert Glaser와 함께 발표한 많은 연구들은 이러한 사실을 증명한다. 이들의 연구 결과에 따르면, 파트너와의 파괴적인 관계는 면역 체계에 직접적으로 영향을 끼친다. 이들은 실험에 참가한 부부들에게 싸움을 유발했다. 서너 시간이 지나자 혈액 속에 있는 항체의 수치가 확실히 줄어들기 시작했다. 부부 사이의 갈등이 적대적이 될수록 항체의 기능도 떨어졌다. 그러한 갈등 상황이 간헐적으로만 등장할 경우 항체에는 별다른 변화가 일어나지 않았지만 계속해서 서로를 견딜 수 없어 하는 부부들의 경우 그것은 건강에 흔적을 남겼다.

또 다른 연구에서 글레이저 부부는 기숙사에 사는 학생들 중 그곳에 사는 다른 학생들을 싫어하는 학생일수록 감기에 걸려 의사를 찾을 확률이 높다는 사실을 밝혀냈다. 스트레스가 독감이나 다른 사소한 감염에 대한 면역력을 떨어뜨린다는 사실은 오래전부터 잘 알려져 왔다. 타인과 기쁘지 않은 공동생활을 할 경우 유기체 전체가 고통을 받는다는 사실에는 확실한 근거가 있다. 다른 사람에게 호감이 가지 않을 경우 그리고 더 이상은 호감이 생기지 않을 게 분명할 경우 관계를 끝내는 편이 더 나을 수 있다.

그렇다면 관계를 끝낼 경우 뒤따를 수도 있는 외로움을 어떻게 할 것인가? 이에 대해 몽테뉴는 자신의 경험에서 나온 다음과 같은 흔치 않은 충고를 했다. "나는 나의 취향을 (……) 신체적 쾌감이 발생할 수 있도록 기르고 자극한다. 우리는 이와 손톱 발톱을 다 동원해서 우리에게 남아 있는 삶의 기쁨을 향유하는 데 매달려야 하기 때문이다." 그러니까 홀로 있음의 고통에 대항하기 위해 뜨거운 물에 목욕하고, 마사지를 받으며, 좋은 음식과 향기 그리고 음악을 즐기라고? 물론이다! 외로움이 가져오는 커다란 위험 중 하나가 바로 자신을 돌보지 않는 것이기 때문이다. 자신을 한껏 사랑하는 사람은 그러한 위험에서 벗어날 수 있다. 뇌 과학의 시각에서 볼 때에도 몽테뉴의 제안은 매우 심사숙고할 만하다. 위에서 언급한 사치스런 향유는 오피오이드의 방출을 도와 우리가 모든 세상으로부터 버림받았다고 느낄 때 불쾌한 긴장을 없애고 우울을 효과적으로 약화시키기 때문이다.

그 외에도 뇌에서 자연적으로 방출되는 행복의 물질은 사회 활동성을 높인다. 마취약은 과도하게 방출될 경우 접촉에 대한 욕구를 줄어들게 하지만, 적당히 사용될 경우에는 쥐의 실험에서 나타났듯이 그 욕구를 상승시킨다. 그리고 태양이 다시 자신의 머리 위로 떠오르는 것을 보는 사람은 이 기쁨을 다른 사람들과 나누고 싶어 한다. 즉 기분이 좋을 때 사람들은 사교적이 된다. 이것은 아마도 가볍게 고조된 감정이 우리로 하여금 그토록 빈번하게 다른 사람과의 접촉을 망설이게 하던 그 두려움을 해소시키기 때문일 것이다.

266

"같은 사람과 두 번 섹스를 하는 사람은
이미 체제에 안주한 사람이다." _1968년에 나돌던 슬로건
"남자 없는 여자는 자전거 없는 물고기와 같다."

_글로리아 스타이넘Gloria Steinem

1968년 강렬한 세계 혁명에 대한 믿음과 함께 파트너와의 관계에 대한 첫 번째 지혜 역시 어느 정도 유행에서 물러난 것 같다. 그러나 68세대의 많은 이념들이 그러하듯, 여러 사람과의 섹스를 통해 시민계급의 고루함에서 벗어나고자 하는 희망은 우리의 사고에 약간의 변화를 주었다. 수년 째 같은 사람하고만 섹스를 하다니, 나는 재미없는 사람 아닌가? 혼자 남몰래 이런 질문을 해 보지 않은 사람은 아마도 없을 것이다.

"물고기에게 자전거가 필요 없듯 여성에게도 남성이 필요 없다"는 미국 페미니스트 글로리아 스타이넘의 표어는 당시 독신 세대의 신앙고백이 되었다. 좋은 친구들과 때때로 찾아드는 사랑을 통해 더 많은 행복을 누리는 것이 가능하다면 무엇 때문에 한 사람과의 지속적인 파트너 관계가 요구하는 제약을 참는단 말인가? 이러한 견해는 지금도 여전히 주장되고 있지만, 대부분의 여성과 남성들은 이로써 오류에 빠질 확률이 높아진다.

끊임없이 사랑하는 대상을 바꾸는 사람의 삶은 확실히 더 자극적일 것이다. 그러나 지루함에 복종하는 것도 그다지 손해 보는 일은 아니다. 누군가와 연결되어 있다는 느낌은 행복한 감정을 선사한

다. 그리고 육체적 사랑은 서로 돌보며 함께 살아가는 힘을 북돋운다. 다른 피조물과는 달리 인간은 한 사람과의 지속적인 관계를 유지하게끔 구조화되어 있음을 암시하는 몇몇 사실들이 있다. 우리 중 대부분은 일부일처제에 대한 자연적 성향이 있다. 이것은 뇌 속에 있는 복잡한 자동 조절 시스템에 의해 매개되는데, 이때 옥시토신이 중요한 역할을 한다. 이것은 지속적인 연인 관계가 친구 관계보다 더 많은 따스함과 보호받고 있다는 느낌을 주는 근거 중 하나일 수 있다.

설문 조사는 이러한 사실을 확인시켜 준다. 인간은 혼자 지낼 때보다 파트너와 지속적인 관계 속에 있을 때 일반적으로 더 행복하다는 것이 설문 조사의 공통된 결과였다. 예를 들어 미국에서는 결혼하지 않은 사람들 중 25퍼센트가 "매우 만족한다"고 답한 반면, 결혼한 성인들 중에서는 40퍼센트가 "매우 만족한다"고 답했다. 이것은 여성과 남성 모두에게 적용되는 사실이다. 그러니까 혼자서도 행복을 찾는 일은 결코 불가능하지 않지만 둘이서 찾는 편이 좀 더 쉽다는 말이다. 혼자 사는 사람들은 파트너가 있는 사람들보다 더 자주 우울증에 걸린다.

이때 중요한 역할을 하는 것이 바로 감정적인 보살핌이다. 좋은 친구들은 많은 도움과 지원을 보장하지만 파트너 관계를 대신하는 경우는 드물다. 서로 상대방을 위해 상대방 곁에 있겠다는 마음은 대체로 친구들보다 파트너의 경우에 더 강하기 때문이다. 그리고 궁극적으로 우리는 신뢰하는 사람과의 신체적 접촉만으로도 상심과 스트레스가 완화됨을 느낀다. 이것 역시 애정으로 가득 찬 순간에 방출되는 옥시토신이나 오피오이드 같은 호르몬들의 영향이다.

간단히 말해서 좋은 파트너 관계는 우리를 행복하게 만든다. 좋은 파트너 관계는 그와 관련 있는 빈번한 섹스와 더불어 삶에 대한 만족을 규정하는 가장 중요한 외적 요소이다. 이와 비교해 볼 때 경제적 상황이나 노동, 집, 또는 자유 시간에 하는 활동 등의 역할은 미미하다. 그럼에도 우리는 종종 파트너보다 이러한 일들을 위해 훨씬 더 많은 시간과 에너지를 쓴다. 이러한 태도를 바꾸는 것은 보람 있는 일이다. 다른 사람을 위해 시간을 쓰고 그 시간을 강렬하게 체험하는 것처럼 그렇게 지속적으로 우리 자신의 행복에 이익을 가져다주는 일은 거의 없을 터이기 때문이다.

나중에, 결국 스타이넘 역시 이것을 인식했다. 그녀는 63세의 나이에 결혼했다.

3

평생 지속될
행복을 찾아 떠나는
여행

1

환상과 지성을 위해 지불해야 하는 대가

꼼짝 않고 침대에만 누워 있었으면 싶은 그런 날들이 있다. 그래도 우리는 가까스로 몸을 일으켜 푸석한 얼굴을 하고 일상 속에 들어선다. 그런 날은 아주 단순한 일조차 어마어마한 노력을 요구하는 것 같다. 사소한 일 때문에 거의 눈물을 쏟을 뻔하고, 어디를 가나 모욕적인 일이 기다리고 있는 듯하다. 가능하기만 하다면 자신을 둘러싸고 있는 모든 세상을 잊고만 싶다. 그렇다고 해서 홀로 남겨져 있는 상태가 견딜 만한 것도 아니다. 생각조차 평소보다 더 천천히 흐르는 것 같다. 스스로를 비난하고, 모든 것이 무의미해 보이며, 자신의 이 비참한 상태가 언젠가 저질렀을지도 모르는 잘못에 대한 마땅한 처벌로 여겨진다. "난 더 나은 대접을 받을 처지도 못 돼."

이와 같은 자기 비난과 우울의 상태를 모르는 사람은 없을 것이다. 그러나 매우 불쾌한 뇌의 이러한 프로그램은 유익할 때도 있다. 무엇인가를 또는 누군가를 상실했을 때, 아니면 원하던 일을 이루지 못했을 때 유기체는 슬픔으로 대응한다. 이러한 감정은 어쩌면 의미 없을지도 모르는 일을 더 이상 추구하지 말라고 지시하는 일종의 신호이다. 낙담은 자연에 내재해 있는 일종의 에너지 절약 프로그램이다. 자신의 힘이 부친다는 생각이 들면 우리는 뒤로 물러서서 자신을 돌아보게 된다. 그리하여 좀 더 분명한 통찰과 강한 힘으로 그 고통의 시간에서 빠져나오게 되는 것이다.

습득된 불행에서 벗어나기

그러나 지나친 슬픔은 해롭다. 우울은 경직된 상태에 빠지게 되면 처음의 계기와는 거의 상관없는 독자적인 메커니즘을 전개시키게 된다. 그럴 경우 우리는 환멸이 끝난 후 새로운 방향 정립을 위해 약간의 시간이 필요한 뇌의 작용 때문에 슬픈 것이 아니라 단순히 슬프기 때문에 슬퍼진다. 즉 유기체를 위해 봉사해야 할 느낌이 유기체에 반해 작용하는 것이다. 그리하여 점차 심연을 향해 곤두박질치는 우울의 하강 곡선이 시작된다. 부정적인 감정은 절망적인 생각을 불러일으키고, 이제 우리는 정말 무거워진 머리를 힘없이 떨구고 있을 수밖에 없다. 또 우리의 운명이 우리 손 안에 놓여 있지 않기에 그 어떤 것도 상태를 호전시키지 못한다. 그리하여 상심은 이 무기력한 상태가 마치 어떤 특정한 이유 때문에 나타난 것인 양 만들어 버린다. 일단 그러한 악순환에 빠져들게 되면 누구도 행복할 수 없다.

극심한 우울증은 치료를 필요로 하는 질병이다. 치통이 발생할 때 그러하듯, 우울증이 시작되면 곧바로 그에 대항하는 방법을 간구하라고 전문가들은 권고한다. 절망이 그 어떤 방해도 없이, 오랜 시간 속절없이 번지게 되면 거기서 헤어나는 데 걸리는 시간도 그만큼 길어지기 때문이다. 그 결과 더 많은 해로움을 낳게 되고, 이후에 다시 우울증에 빠질 확률도 더 높아지게 된다. 만약 2주 정도의 시간 동안 대부분의 시간을 무가치하다고 느끼고 그 어떤 일에도 흥미를 못 느끼며 지속적인 피곤이나 불면증에 시달린다면, 심지어 자신의 죽음에 대해 여러 번 생각해 보게 된다면 당신은 의사를 찾아가 상담해야 한다.

창피할 이유도 없고 절망에 빠질 이유도 없다. 여덟 명에 한 명꼴로 사람은 누구나 이러한 경험을 한 적이 있으며, 아직 없다면 생의 어느 한순간 겪게 될 것이다. 독일에서만도 1,000만 명이 넘는 사람들이 우울증에 시달리고 있다. 독일의 경우 우울증은 고혈압이나 류머티즘 못지않게 널리 확산되어 있는, 거의 '국민 질병'이라 할 수 있는 증상이다. 그러나 고혈압이나 류머티즘과는 달리 우울증은 잘 치료할 수 있다. 다시 웃는 법을 배울 수 있는 확률이 대단히 높다. 일정한 치료를 받고 나면 누구나 기분이 좋아졌음을 느끼며 80퍼센트 이상이 이전의 정신적 평정을 완전히 되찾는다.

이 장에서 소개될 몇몇 지침들은 그다지 심하지 않은 우울한 기분, 즉 일상적인 상심의 상태에 대항하는 방법들이다. 그러한 일상적 상심이야말로 성가실 뿐 아니라 그야말로 행복을 훔쳐 가는 가장 큰 도둑이다. 심리학자와 뇌 연구자들은 우리 모두가 알고 있는 저 '어두운 마음'이 심각한 우울증과 관련이 있는 것인지 아닌지를 밝혀내기 위해 고심했다. 최근의 연구 결과는 그러한 가능성에 표를 던진다. 궁극적으로 두 증상 모두 인간 뇌에 내재해 있는 변화 가능성의 결과이기 때문이다. 즉 우리는 행복한 상태만을 배울 수 있는 게 아니라 불행한 상태까지도 배울 수 있는데, 우울과 근심은 일정 부분 습득된 불행이다. 이로써 우리는 그것에서 벗어날 수 있는 힘을 얻게 된다.

어두운 감정이 불러오는 우울증

좋지 않은 감정에 대항하려면 그것이 어디서 오는지 알아야 한다. 상심을 설명하려는 노력은 시간이 지남에 따라 학문 또한 단순해질 수 있음을 보여 주는 아주 좋은 예이다. 2세기 때 그리스의 해부학자 갈레노스Galenos는 우울증의 원인을 과다한 양의 검은 담즙에서 찾았다. 또 지그문트 프로이트는 해결되지 않은 유년기의 갈등이 무의식에서 계속 작동하기 때문에 우울증이 생긴다고 보았다. 그러나 오늘날 사람들은 다음과 같이 생각한다. 즉 유쾌하지 않은 상황을 변화시킬 수 없을 때, 바로 그러한 경험에서 지속적으로 억압된 감정이 발생한다고 말이다. '습득된 절망', 이것이 우울증에 대한 현대 이론의 설명이다. 상심은 체념에서 발생한다. 그러한 상심이 유전적 경향과 만나게 될 경우 우울증이 생긴다.

이러한 연관성을 최초로 예견한 사람은 심리학자 마틴 셀리그먼이다. 그는 자신의 개들을 관찰하여 이러한 인식에 도달할 수 있었다. 1965년 그는 펜실베이니아 대학에서 이 개들을 데리고 단순한 실험을 했다. 그는 개들을 두 개의 그룹으로 나누어 각각 다른 우리에 넣었다. 우리의 바닥에는 선이 연결되어 그다지 해롭지는 않지만 유쾌하지 않은 느낌을 불러일으키는 전자 충격파를 내보냈다. 첫 번째 그룹의 개들은 주둥이로 판을 밀쳐 내 그 전기 충격을 중지시킬 수 있었다. 그러나 또 다른 그룹의 개들은 자신들에게 일어난 일에 대해 아무런 영향력도 행사하지 못한 채 전기 충격을 고스란히 받아야 했다.

개들이 환경에 적응했을 때 셀리그먼은 그 개들을 모두 울타리가 좀 더 낮은 새로운 우리에 집어넣었다. 이제 개들은 울타리를 뛰어넘어 그 불쾌한 충격에서 쉽사리 빠져나올 수 있었다. 전기 충격에 대항해 무언가를 할 수 있음을 배운 첫 번째 그룹의 개들은 재빨리 울타리를 뛰어넘었다. 그러나 두 번째 그룹의 개들은 그토록 명백한 탈출구가 마련되어 있음에도 운명에 자신을 내맡기고 있었다. 그들은 낑낑거리며 바닥에 엎드려 전기 충격을 차례차례 견뎌 냈다. 이전의 우리에서 겪은 절망이 너무나 깊이 새겨진 나머지 새로운 상황에도 그대로 적용된 것이 틀림없었다. 이것은 부조리하기 짝이 없는 일이다. 이들은 우울한 무기력 상태의 온갖 증상을 내보였다. 사료도 더 적게 먹고 다른 개들과의 짝짓기나 놀이에도 별 흥미를 나타내지 않았다.

삶을 살아가는 용기는 실제 상황보다 우리가 그 상황을 어떻게 평가하는가에 더 좌지우지된다. 고막이 찢어질 듯한 소음에 내맡겨진 사람들에 대한 실험에서도 우리는 동일한 사실을 확인할 수 있다. 실험에 참가한 첫 번째 그룹의 사람들은 단추를 눌러 소음을 중지시킬 수 있었다. 그러나 또 다른 그룹의 사람들은 거기에 대항해 아무런 행동도 취할 수 없었다. 이제 이들은 모두 한 공간으로 안내되었다. 이 공간 안에는 소음을 끌 수 있는 장치가 있었다. 이전에 굉음을 중지시킬 수 있었던 사람들은 재빨리 이 장치를 발견해 냈다. 그러나 방금 전에 무기력하게 굉음에 내맡겨졌던 사람들은 여기서도 속수무책이었다. 이들은 손 하나 까딱하지 않았다. 시간이 지난 후에도 조용히 구석에 웅크리고 앉아 있을 뿐이었다. 게임을 벌이게 되었을 때도 이들은 승리를 위한 그 어떤 노력도 취하지 않았다. 침울한 이 사람들은 조용히 앉아 단순한 수수께끼를 푸는 데에도 별다른 능력을 보여 주지 못했다. 이들은 모든 면에서 희망이 없다고 느끼고 그에 맞게 행동했던 것이다.

"결국 할 수 있는 일이란 아무것도 없어." 이것이 바로 낙담한 사람의 신조이다. 사람들은 그의 표정에서 무기력함을 읽어 낼 수 있다. 질질 끌리는 발걸음, 생기 없는 시선, 축 처진 어깨. 가까스로 생

❖ — 삶을 살아가는 용기는 실제 상황보다 우리가 그 상황을 어떻게 평가하는가에 더 좌지우지된다.

을 유지하고 있는 듯 마음뿐 아니라 근육까지도 다 무력감에 빠진 것 같다.

생에 대한 의욕 상실은 뇌에서도 관찰할 수 있다. 단층촬영을 통해 우리는 왼쪽 앞이마뇌의 활동 변화를 살필 수 있다. 이곳은 동기부여나 쾌락뿐 아니라 부정적인 감정의 통제에도 책임이 있다. 따라서 우울증이 발생할 경우 그것은 우리의 경험에 이중적으로 나쁜 영향을 끼친다. 즉 긍정적인 추진력이 사라질 뿐 아니라 슬픔이나 부끄러움 또는 미래에 대한 공포를 이겨 낼 힘도 상실하게 된다. 그러니까 우울증은 득세하기 시작한 어두운 감정에서 연유하는 것이다.

마음이 건강한 사람도 놀랍도록 쉽게 이러한 상심의 상태를 경험할 수 있다. 런던의 뇌 연구자인 크리스 프리스와 레이먼드 돌런은 그들의 실험에 참가한 사람들에게 단지 "인생은 살 만한 가치가 없다"라는 문구를 읽으라고 주고 더불어 세르게이 프로코피에프 Sergei Prokofiev의 교향곡 「몽골의 압제 하에 있는 러시아」를 틀어 주었다. 음반은 두 배로 천천히 돌아갔고 그만큼 더 우울하게 들렸다. 얼마 지나지 않아 실험 참가자들은 답답하고 무기력한 심정을 호소하며 스스로가 가치 없게 느껴진다고 탄식했다. 이때 그들의 뇌 안에서 감지되는 활동 역시 우울증으로 치료를 받는 사람들의 뇌 활동이 전형적으로 보여 주는 상태와 일치했다. 그러나 우울증을 앓는 사람들의 비참함은 마치 출구 없는 터널 같은 반면, 실험에 참가한 사람들의 감정은 실험 후 곧 다시 평정을 되찾았다. 이처럼 일상적으로 느끼는 답답한 심정은 감정의 양상에서 병적인 우울증과 별로 다르지 않다. 다른 점이 있다면 전자가 일시적이라는 것 뿐이다.

불행을 상상하는 능력

몇 줄의 문장은 감정을 바꿀 수 있다. 그러나 역으로 감정은 우리가 감각적으로 인지하는 것에 영향을 끼치기도 한다. 다음과 같은 심리학 실험을 살펴보자. 우울증에 빠진 사람과 그렇지 않은 사람들이 있다. 그들은 마구 뒤섞여 있는 문장들 속에서 어떤 메시지를 인식해야 한다. 상심에 빠진 사람들은 "미래는 매우 호의적으로 보인다"라는 밝은 메시지보다 "미래는 매우 어둡게 보인다"라는 전언을 더 잘 이해하고 전반적으로 부정적인 문장들을 더 잘 포착했다.

이것 또한 앞이마뇌의 구조와 관련이 있다. 우리의 기분에 그토록 많은 영향을 끼치는 뇌의 이 부분은 기억 창고로도 작용한다. 즉 곧 다시 쓰이게 될 정보들이 여기에 잠시 동안 저장된다. 감정의 상태는 우리가 방금 보고 읽거나 들은 것을 처리하는 방식에 그토록 큰 영향력을 행사한다. 또 앞이마뇌는 장기 기억과도 연결되어 있다. 우울해질 때 슬픈 기억들이 더 많이 떠오르는 것은 바로 이러한 연결 때문이다. 이것도 심리학 실험들을 통해 증명된 바 있다.

일단 세상을 어두운 안경을 통해 보기 시작하면 뇌는 이러한 부정적인 기분을 지속시키려고 한다. 그리하여 좀 더 어두운 생각, 부정적인 경험, 쓰디쓴 기억이 우선적으로 의식에 진입하게 된다. 이렇게 해서 우리는 모든 곳에서 비참함을 보고, 몸은 그에 상응한 반응을 나타낸다. "대뇌피질이 부정적인 생각을 하면서 다른 뇌 부분들로 하여금 이러한 생각이 신체적인 스트레스 요인과 마찬가지로 실재한다고 믿게끔 설득하는 데 성공하는 것, 우리는 우울증을 이렇게 상상할 수 있다"고 스트레스 연구가인 로버트 새폴스키는 쓰고 있다.

그것이 실재하든 상상된 것이든 간에, 우리는 그 어떤 반가운 소식보다도 위험을 알리는 소식에 훨씬 더 강력하게 반응한다. 이로써 아주 작은 위험의 징후에도 우리는 보호받고 안전해질 때까지 모든 기쁨과 희망을 망각한다. 상심의 상태에서는 이러한 살아남기 기능이 우리 자신에게 적대적으로 작용한다. 만성적인 우울증이 그토록 널리 퍼져 있는 것은 이러한 기능 프로그램이 너무도 쉽게 잘못된 길로 빠져들 수 있기 때문이다. 유감스럽게도 우리의 뇌는 위협적인 상황을 알아차리는 데뿐 아니라 상상하는 데 있어서도 뛰어난 능력을 발휘한다. 아주 세밀한 부분에 이르기까지 우리는 일어날 수 있는 모든 가능한 일을 상상하고, 아마도 결코 일어나지 않을 일 때문에도 걱정에 휩싸인다. 그리고 일단 그러한 생각에 빠지게 되는 것만으로도 우리의 기분은 처지게 된다. 궁극적으로 말해, 상심은 인간이 자신의 환상과 지성을 위해 지불해야 하는 대가이기도 하다.

따라서 우울증에 대응하는 극단적인 방식 중 하나는 대뇌피질의 힘을 일부 약화시키는 것이다. 미래에 대한 암울한 생각을 불러내는 뇌 부분들과 뇌의 나머지 부분 사이의 몇몇 연결 고리가 끊길 경우 기분은 즉각적으로 좋아진다. 대부분 짧은 마취 상태에서 진행되는 이른바 전기 충격 요법도 유사한 방식으로 작동된다. 그것은 위험하지 않은 전기의 흐름을 사용하는 것인데, 이 전기 흐름은 컴퓨터의 리셋 버튼과 비슷하게 작용한다. 전기 충격이 앞이마뇌의 단기 저장소에 입력된 기억들을 지워 버려 끊임없이 맴도는 불행한 생각의 고리들을 단절시키는 것이다. 전기 충격 요법 같은 것을 통해 우리는 고질적인 우울증도 사라지게 할 수 있다.

다행스럽게도 의사들은 될 수 있는 한 그토록 격한 조치는 삼간다. 그러나 그런 조치가 가장 심각한 형태의 우울증에 빠진 사람에게 도움이 된다는 사실은 우리가 일상적으로 겪는 암울한 느낌에 대해서도 중요한 교훈을 준다. 즉 그런 사실을 통해 우리는 사유와 환상의 세계가 얼마나 감정에 큰 영향을 끼치는지 알 수 있다. 매우 자주 우리를 불행하게 만드는 것은 바로 불행에 대한 우리의 표상 능력이다.

유쾌하지 않은 기분은 머릿속에서 생긴다. 유대인들의 다음과 같은 유머는 부정적인 심리 상태를 유지하기 위해 우리가 얼마나 부조리한 생각을 구축하는지를 확실하게 보여 준다. 구두쇠 모세가 예루살렘에 살고 있는 친구에게 전보를 쳤다. "일단 걱정부터 해 두도록. 자세한 것은 다음에."

우울증에 빠진 뇌

위협을 느낄 경우 우리는 평소보다 매사에 더 주의를 기울이게 되는데 그것은 자연의 이치이다. 이로써 우리는 조금이라도 위험이 감지되면 즉각적으로 반응할 수 있게 된다. 이러한 특별한 자극 상태는 코르티솔 같은 스트레스 호르몬을 통해 유발되어 혈관으로 전달되다가 두려워할 아무런 이유가 없게 되면 사라진다.

그러나 우울증의 상태에서 이러한 자극은 사라지지 않는다. 상심은 지속적인 스트레스이다. 이럴 경우 우리는 모든 부주의한 언급이나 사소한 일에도 그것이 마치 심각한 파국이나 되는 양 반응하게 된다. 또 이것은 다른 스트레스 호르몬들의 방출로 이어지고 그만큼 더 예민해진다. 이런 방식으로 악순환은 계속되고, 결국 심각한 우울증의 극단에 가서는 골방의 침대가 마지막 도피처가 되고 만다.

더 나쁜 것은 그러한 상심의 상태가 너무 오래 지속될 경우 뇌가 손상을 입는다는 사실이다. 즉 우울증은 호르몬의 불균형 때문만이 아니라 뉴런들이 서로 잘못 연결된 채 고착됨으로써 생긴다. 이러한 손상이 어느 정도까지 다시 회복될 수 있는지는 아직 밝혀지지 않고 있다.

그러한 우울증의 경우 뇌는 변화 가능성을 상실하고 어두운 심리 상태가 고착되어 버린다. 그렇게 되면 삶에 도전하거나 대처하는 능력이 마비될 뿐 아니라 우울증도 견고하게 자리를 잡는다. 감정의 능력도 사라지고, 지성이나 집중력도 점차 떨어지게 된다. 우울증을 앓는 사람들은 카드의 종류를 구분하는 것 같은 쉬운 일에서조차 건강한 사람에 비해 한결 저조한 능력을 보인다. 기분이 무겁게 가라앉는 초기 상태에서 일과 관련된 기억력은 타격을 입게 되고, 이때 방출되는 스트레스 호르몬은 사고력을 저하시킨다.

계속해서 훈련되지 않는 능력은 위축되게 마련이다. 뇌 속에 있는 연결 고리들도 적게 사용되면 곧 느슨해지기 시작하고, 이러한 현상은 우울증의 경우에도 나타난다. 절망이 점점 더 심각해지는 동안 뇌는 뉴런을 손상시킬 수도 있는 스트레스 호르몬의 지속적인 공격을 받게 된다. 그리고 이것은 결국 파괴를 불러오게 된다. 즉 이러한 상태가 계속되면 그 결과는 치명적인데, 뇌세포들이 오그라들게 되는 것이다. 이로써 뇌의 활동 능력은 점점 더 저하된다. 악순환의 소용돌이는 이런 방식으로 점점 깊어진다.

미시시피 대학의 심리치료사인 그라치나 라즈코프스카Grazyna Rajkowska가 발견했듯이, 수차례에 걸쳐 심각한 우울증에 시달린 사람들의 경우에는 앞이마뇌의 3분의 1 정도가 특정 뉴런의 공동화 현상을 보인다. 뇌의 다른 부분에서도 상당히 많은 뉴런이 손상된 것으로 나타나 뇌 전체가 눈에 띄는 수축 현상을 나타낸다. 우울증을 앓는 사람의 경우 기억이 저장되는 데 꼭 필요한 해마가 줄어들었음을 관찰할 수 있다.

일반적으로 뇌는 마치 덩굴 식물처럼 뉴런들에서 끊임없이 새로운 줄기가 뻗어 나와 다른 뉴런들과 연결됨으로써 무언가를 학습하고 기억하게 된다. 그러나 우울증에 빠진 뇌는 겨울의 식물들처럼 얼어붙어 있는 듯 보인다.

치료제의 도움 받기

우울증이 뉴런들의 과소한 성장 결과일 수 있다는 인식은 불행 연구의 방향이 선회했음을 의미한다. 이제까지 학자들은 우울한 감정의 원인을 단지 특정 호르몬의 낮은 수치에서 찾았다. 그때 준거가 된 것은 치유 결과였다. 아주 오래전부터 의사들은 우울증 환자에게 약을 처방해 왔다. 이 약들은 세로토닌이나 노르아드레날린noradrenalin처럼 화학적으로 도파민과 유사한 호르몬의 수치를 높여 주는 것들이다. 심각한 우울증에 걸렸더라도 이 약은 모든 환자들의 60퍼센트 이상에게 도움을 준다. 그리고 이 약을 적합한 심리 치료와 병행할 경우 치료 효과는 더 높게 나타난다. 따라서 세로토닌과 노르아드레날린의 부족이 어느 정도 우울증의 발생과 연관되어 있을 것이라는 결론이 가능하다.

그러나 이미 오래전부터 이것이 진실의 전부는 아님이 확인되었다. 건강한 사람의 경우 뇌에서 의도적으로 세로토닌의 양을 조금 줄인다고 해서 우울증에 빠지는 일은 없었다. 우울증은 세로토닌 결핍만으로 생기는 질병은 아닌 것이다.

부분적으로는 세로토닌의 양과 스트레스 체계가 서로 연결되어 있는 듯 보인다. 뇌에서 많은 양의 세로토닌이 방출되면 그만큼 스트레스 호르몬 방출은 줄어든다. 우울증을 막는 약들은 이 두 종류의 호르몬을 조정하여 지속적인 스트레스와 그로 인한 부정적인 감정을 완화시킬 수 있다. 미국의 미시간 대학에 있는 후안 로페즈Juan Lopez와 엘리자베스 영Elisabeth Young이 이러한 사실을 밝혀냈다. 그러나 전혀 스트레스를 받지 않는 사람의 경우 그러한 약은 아무런 영향을 끼치지 않는다. 통증도 없고 열도 없을 경우 아스피린을 먹어봐야 전혀 나아지지 않는 것처럼 말이다. 즉 그것은 불행에 맞서기 위한 약이지 행복을 위한 약은 아니다.

그렇다면 우울증 치료제의 효과는 왜 그렇게 천천히 나타나는 것일까? 약이 혈액 속에 흘러들면 뇌 속에 있는 호르몬의 양은 서너 시간만 지나도 변화하기 시작한다. 하지만 환자 스스로 기분이 좋아지는 것을 느끼려면 언제나 거의 2~4주를 기다려야 한다. 약이 효과를 나타내기 위해서는 시간이 요구되는 어떤 과정이 선행되어야 한다.

약은 뇌를 우선 겨울잠에서 깨워야 한다. 그런 다음 좀 더 많은 세로토닌과 노르아드레날린이 방출되면 뇌세포들이 자라기 시작할 것이다. 이 호르몬들은 스트레스 호르몬을 줄이거나 세포 자체에 영향을 끼치는 방식을 통해 뇌세포의 성장을 돕는다. 이제 뉴런들이 다시 돋아나기 시작하면 상심의 징후들도 사라지게 되고, 얼어붙었던 뇌도 다시 깨어나 삶을 시작한다.

더 잘 뛰어오르기 위해 몇 걸음 뒤로 물러서기

뇌가 너무 적게 움직이면 우리는 우울하다고 느낀다. 불행에 대한 평소의 반응이 전혀 도움이 되지 않은 것도 바로 이 때문이다. 즉 뒤로 물러서게 되면 뇌는 다시 활동할 수 있게 만들어 주는 모든 자극을 상실하고, 의욕 상실 및 감정과 지성의 마비는 점점 더 확산될 뿐이다. '아무것도 하지 않기', 이것은 우울증에 대한 처방이 될 수 없다.

심각한 우울증의 경우 뇌는 종종 약물 치료를 통해 무력감에서 벗어날 수 있다. 그리고 한층 더 빈번하게 나타나는 일상적 상심의 경우 다음과 같은 이중 전략이 매우 유효하다. 한편으로는 스스로의 태도를 통해 뇌를 부드럽게 다시 자극하고, 다른 한편으로는 생각과 감정을 잘 조절해서 불행한 기분이 자리 잡지 않도록 하는 것이다.

상심의 기분은 마음에 심각한 과부하가 걸렸을 때 나타나는 증상일 수 있다. 가까운 사람을 잃거나 운명에 타격을 입었을 때, 가정이나 직장에서 과도한 부담을 지게 될 때, 아니면 휴가가 시작되어 공간이 갑자기 바뀔 경우 그것은 유기체의 후퇴를 요구할 만큼 스트레스를 준다. 이러한 유기체의 후퇴는 무력감이나 슬픔 또는 피곤 등의 감정으로 나타난다. 이러한 유기체의 요구에 귀를 기울여 힘든 일을 피하는 것은 일정 시간 동안은 현명한 행동일 수 있다. 그러나 얼마나 오랫동안? 그것은 그러한 요구를 발생시킨 원인이 무엇인가에 달려 있다. 긴 여행 뒤의 피곤을 풀기 위해 몇 주 동안이나 쉰다면 그것은 분명 합당치 못하리라. 그러나 가족 중 누군가가 죽었을 경우라면 얼마든지 그럴 수 있다. 더 잘 뛰어오르기 위해 몇 걸음 뒤로 물러서는 것, 프랑스에서 전해 내려오는 지혜는 이것을 권한다.

우울한 기분은 독자적인 메커니즘으로 발전되기도 한다. 예전에 그런 기분을 가졌던 어떤 계기가 있었다면, 이미 오래전 이야기임에도 우울한 감정은 스스로 그것을 찾아 움직인다. 아무런 다른 유혹이 없어도 말이다. 그러나 수동적 태도로 인한 의욕 부진과 무력감에 또 다른 동력을 보태는 것은 매우 좋지 못한 일이다.

우울증에 빠진 뇌는 오랫동안 깁스를 한 다리와 비교될 수 있다. 강요된 휴식에 근육이 얼마나 굳어 버릴 수 있는지, 깁스를 풀고 난 후 첫걸음을 떼어 놓을 때 다리가 얼마나 후들거리고 힘겨운지, 발걸음을 떼고 싶은 욕구가 왜 생기지 않는지, 다리에 깁스를 한 경험이 있는 사람이라면 잘 알고 있다. 그렇다고 해서 다시 걷는 법을 배우는 일 자체를 피해갈 수는 없다. 이와 마찬가지로 우리는 얼마간 상심의 시간을 보낸 후 뇌가 다시 활동하도록 만들어야 한다.

몸을 움직이면 생기는 놀라운 변화

모든 활동은 비탄을 극복하도록 돕는다. 그리하여 우리는 다시 삶의 고삐를 손에 쥐게 된다. 무언가를 하게 되면 뇌 역시 움직이도록 요구되고, 그리하여 우울한 생각에 매달릴 기회가 줄어들게 된다.

양전자 방사 단층촬영을 통해 지성과 감정이 얼마나 서로 영향을 끼치는지를 상세히 볼 수 있다. 실험에 참가하는 사람들은 상이한 감정 상태에 놓인 채 지적 능력을 요구하는 과제를 풀어야 했다. 이 두 요구는 대뇌에 있는 두 개의 영역에서 처리되는데, 이 두 영역은 상당히 많은 부분이 서로 겹친다. 그러니까 우리가 주의력을 다른 목표에 기울이게 되면 비관적인 생각이나 감정을 위한 공간은 줄어드는 게 분명하다.

만약 우리의 활동이 성공 체험으로 이어진다면 그것은 감정을 긍정적으로 변화시키는 데 한결 더 좋은 일이다. 따라서 상심의 단계에 빠져 있을 때에는 목적을 설정하되 지나치게 과도한 일은 삼가는 것이 중요하다. 이때 우리의 뇌는 평소처럼 활발히 움직이지 못하는 만큼 능률도 떨어져 있기 때문이다.

상심의 상태에서는 좀 더 손쉬운 과제들을 해결하는 편이 좋다. 집안일이나 청소, 장보기 또는 우편물을 처리하거나 이메일을 쓰는 등 뇌를 부드럽게 자극하는 몸 풀기 동작이 좋다. 그러한 일들은 무리한 노력을 요구하지 않고, 스트레스도 주지 않으며, 확실한 성공을 약속한다. 처리해야 할 가벼운 일은 의욕 상실의 상태에서 의미 있게 활용될 수 있다. 결과를 보면서 우리는 비탄이 심지어 기쁜 열매를 맺게 되는 즐거운 체험을 하게 된다.

뇌심리학자인 리처드 데이비드슨의 견해에 따르면, 힘든 때에 성공 체험과 같은 일들이 그처럼 중요하다는 사실은 앞이마뇌의 기능과 관련된다. 우리가 비탄에 잠겨 있을 때, 부정적인 느낌을 조정하고 우리로 하여금 목표 달성에 몰두하게 만드는 왼쪽 앞이마뇌의 활동이 약해진다. 그러나 작은 목표를 정해 이에 몰두하게 되면 우리는 우리의 감정 형성에 그처럼 중요한 역할을 하는 이 왼쪽 앞이마뇌를 다시 움직이게 만들 수 있다. 그리하여 계획이 실현되면 앞이마뇌에 있는 뉴런들은 신호를 보내게 되고, 그로써 우리는 성공의 기쁨을 차분히 즐길 수 있게 된다.

우리는 이미 앞에서 신체 활동이 좋은 감정을 생산해 냄을 보았다. 그렇기 때문에 스포츠는 상심한 심리 상태를 몰아내는 아주 이상적인 수단이다. 스포츠를 즐길 때 우리는 자신의 능력에 맞게 목표를 설정할 수 있다. 규칙적인 운동에 익숙하지 않은 사람은 숲을 1.5킬로미터만 달려도 완주에 성공한 마라토너와 같은 위대한 승리감에 사로잡힌다. 절대적인 성과보다 더 중요한 것은 훈련 목표를 잘 설정해서 중도에 포기하는 일이 없도록 하는 것이다. 대부분의 사람들이 힘들고 땀이 나며 그래서 때때로 불쾌한 느낌을 주기도 하는 스포츠를 좋아하지 않는다. 그러나 바로 그렇기 때문에 스포츠는 우울한 기분을 없애는 데 효과를 발휘한다. 내적 갈등과 고통을 극복하고 맛보는 승리의 값어치는 확실하다. 편안함을 추구하는 내적 저항에 맞서 자신을 위해 무언가를 했다는 사실을 아는 것만으로도 우울증의 일정 부분은 내몰린다.

다른 한편 스포츠는 뇌에 직접 영향을 끼치기도 한다. 캘리포니아 솔크생물학연구소의 신경과학자 프레드 게이지Fred Gage가 확인했듯이, 운동은 뉴런들의 성장을 촉진할 뿐 아니라 새롭게 형성되도록 돕기까지 한다. 그는 쥐가 있는 우리에 쳇바퀴를 설치했는데, 이후 쥐들은 기억력 테스트에서 훨씬 나은 성과를 보여 주었다. 이전에는 좀처럼 무언가를 배우기 힘들어 하던 생쥐들조차 달리기를 통해 그들의 능력을 향상시켰다. 게이지는 이 수수께끼의 열쇠 중 하나를 기억을 담당하는 뇌 부분에서 발견했다. 달리기를 한 쥐의 경우 신경 성장 요소가 더 많아졌으며, 게으르게 빈둥거린 생쥐들보다 두 배 이상의 뉴런이 새로 형성되어 있었다.

스포츠는 영리함만을 가져다주지 않는다. 운동은 뉴런들이 새로 솟아나게 자극하여 우울증의 가장 위협적인 징후, 즉 뉴런의 소멸에 맞서 작용한다. 이렇듯 운동은 천연 항우울제와도 같다. 항우울제인 프로작과 운동을 비교하는 것은 다음과 같은 의미에서도 적절하다.

즉 몸의 긴장된 움직임은 세로토닌을 방출시키는데, 우울증 환자가 프로작을 복용했을 때 상승되는 것도 세로토닌이 아닌가. 게다가 운동은 단순히 우울한 감정을 줄일 뿐인 알약과는 달리 좋은 감정까지도 선사한다. 몸의 긴장된 움직임을 통해 환희의 감정을 강화시키는 엔도르핀이 방출되기 때문이다. 이것은 일주일에 세 번 30분 정도의 운동을 규칙적으로 지속한 것이 많은 우울증 환자에게 가장 효과적인 항우울제와 똑같은 효과를 낸 사실을 설명해 줄 수 있다.

로빈슨 크루소 치료법

뇌를 다시 자극하는 것이 비탄에 대항하는 하나의 조치라면, 부정적인 생각과 감정에 맞서 자신을 무장하는 일은 또 다른 조치이다. 이것의 작동 방식을 영국 문학이 배출한 영웅 로빈슨 크루소가 잘 보여 주고 있다.

로빈슨 크루소 역시 파도에 떠밀려 섬에 절망적으로 내던져진 채 동행자도, 구출될 희망도 없이 살아야 했을 때 우울증에 시달렸다. 그러나 로빈슨은 "그 어떤 상황도 절망만이 가능할 정도로 그렇게 절망적인 경우는 없다"라고 스스로 말했다. 그리하여 그는 난파한 배에서 얻은 연필로 다음과 같이 자신의 현 상태에 대한 대차대조표를 만들었다.

나쁜 것	좋은 것
나는 외로운 섬에 내동댕이쳐졌다. 언젠가 이곳을 빠져나갈 수 있으리라는 기약도 없이.	그러나 나는 아직 살아 있다. 다른 모든 동료들처럼 물에 빠져 죽지 않았다.
나는 지독한 불행을 겪도록 모든 인간 가운데서 선택되었다.	그러나 나는 배의 모든 선원 가운데서 선택되었다. 죽음에서 벗어날 수 있도록.
나는 몸을 덮을 만한 옷이 전혀 없다.	그러나 나는 옷이 있어도 거의 입을 일이 없을 정도로 더운 곳에 있다.

이렇게 대차대조표를 작성한 다음 그는 다음과 같이 결론짓는다. "이제부터 나는 내가 처해 있는 이 최악의 상태에서, 그 어떤 다른 삶보다 더 행복할 수 있다." 이러한 생각이 그의 삶을 구원해 주었다. 만일 로빈슨이 그가 처한 상황에서 벗어나지 못하고 낙담에 자신을 내맡겨 버렸다면, 그는 결국 외로움에 지쳐 비참하게 죽었을 것이다. 그렇다면 후에 그의 친구가 된 프라이데이를 만나지도 못했을 테고, 영국 배에 구출되지도 못했을 것이다.

로빈슨은 자신이 처한 상황을 미화하여 스스로를 기만한 것일까? 아니, 그렇지 않다. 왜냐하면 그가 세운 대차대조표의 양쪽 내용은 모두 사실이기 때문이다. 문제는 어느 쪽에 자신을 세우는가이다. 그리고 대부분의 경우 사물을 긍정적으로 보는 편이 더 유익하다.

반이나 비워져 있는 잔보다 반이나 채워져 있는 잔을 선택하는 것은 상심에 저항하는 가장 효과적인 방법 중 하나이다.

이러한 사실이 너무나 당연해 오히려 무기력하게 들릴 수도 있을 것이다. 미국의 국립정신건강연구소는 1,000만 달러를 투자해 이제까지 이루어진 모든 치료 연구 중 가장 크게 성공한 치료 연구에서 로빈슨의 방법을 실험했다. 물론 그 실험의 개척자인 로빈슨 크루소의 이름을 따 로빈슨 치료라고 이름을 붙여야 마땅했지만, 연구자들은 이 실험을 그렇게 부르지는 않았다. 그 대신 심리학자들은 '인지적 치료'라고 하는 자존심 강한 이름을 생각해 냈다. 연구는 6년이 걸렸고, 수백 명에 달하는 우울증 환자들이 이 연구에 참가했다. 이들의 우울증은 모두 일정 수준 이상으로 심각했다. 참가자 중 60퍼센트에 해당하는 사람들이 이 인지적 치료를 받은 후에 심각한 우울증에서 벗어났다. 이것은 약물 치료를 받고 우울증에서 벗어난 사람들의 수치와 같은 것이었다. 약물 치료와 인지적 치료를 병행했을 때 그 효과는 더 높았으며, 다시 우울증에 빠지는 위험도 적었다.

그에 반해 한결 더 복잡하고 수고스러운 정신 분석은 그리 효과적이지 못한 결과를 보여 주었다. 오랜 시간 비싼 돈을 지불하며 상담을 받은 사람들 중 3분의 1도 제대로 효과를 보지 못했다. 이럴 바엔 차라리 설탕으로 만든 알약을 삼키는 편이 나을지도 모른다. 연구자들은 전혀 약효가 없는 알약, 즉 외형이나 맛은 진짜 약과 똑같지만 효력은 없는 가짜 약을 받은 우울증 환자들에 대한 다양한 연구를 통해, 그런 경우에도 동일한 치료 효과가 나타남을 확인할 수

있었다. 때때로 건강한 인간의 지성은 가장 복잡한 사고 체계보다
더 우월하다.

인지적 치료에서 심리학자는 '생각 바꾸기'를 배울 수 있도록 도
와준다. 생각을 바꾸는 연습은 상심 상태로 인해 부정적인 사고가
이미 상당히 진행되어 있는 경우 아주 큰 효과를 가져올 수 있다. 그
리고 로빈슨 치료는 너무나 단순하면서도 효과적이어서 누구나 손
쉽게 활용할 수 있다.

어두운 판타지를 포착해 떨쳐 버리기

인간은 어떻게 미래를 바꾸는가? 낙담과 상심에 빠져 있을 경우
한 무리의 부정적인 생각이 폭풍처럼 우리 곁을 스쳐 지나간다. 우
리는 세운 모든 계획이 실패할 것을 예견하며, 그 이유는 우리의 능
력이 부족하기 때문이라고 확신한다. 그리고 이 모든 것은 가장 나
쁜 종류의 두려움을 확인시켜 주기에 충분하다.

나는 직장 동료들과 함께 점심 식사를 하러 가기 위해 복도에 모
여 대화를 나누고 있다. 그때 여성 동료 한 명이 눈길 한 번 주지 않
은 채 우리 곁을 지나간다. 인사도 없이. 그럴 때 우리 머릿속에서는
다음과 같은 독백이 전개된다. 무슨 일이지? 나한테 복수라도 하려
는 걸까? 하지만 무슨 이유로? 어쩌면 좋지 않은 일이 있어서 우리
의 즐거운 모습을 참을 수 없기 때문일지도 몰라. 보기만 해도 역겨

울 테니까. 다른 사람들도 우리의 웃고 떠드는 모습을 흉하게 생각하지 않을까? 오늘은 구내식당에 가지 않는 편이 나을까?

이러한 생각의 고리는 우리에게는 너무 익숙해서 미처 인식할 새도 없이 일어난다. 그러니까 우선은 우리가 그런 습관이 있다는 사실을 알아차리는 것이 중요하다. 거기에는 여러 가지 전략이 있다. 그중 특히 효과적인 것이 바로 로빈슨이 선택한 그 방법이다. 일단 자신의 모든 두려움과 자기 비난 그리고 운명과의 싸움을 다 적어 보면 처음에는 그것이 너무나 많다는 사실에 경악한다. 우리는 스스로 마련한 고통들을 적어 보는 것만으로도 그것들을 어느 정도 해결할 수 있다.

그렇게 해서 어두운 미래에 대한 모든 생각과 자신의 가치 없음에 대한 생각을 동시에 파악할 수 있다. 종이에 적은 내용은 한결 더 쉽게 이해할 수 있으며, 그리하여 그것이 우리 머릿속에서 이리저리 뒹굴던 생각이라는 것이 그만큼 더 쉽게 드러난다. 그때부터 어두운 판타지를 포착하는 바로 그 순간 떨쳐 버리는 것, 이것이 바로 전략이다. 자신의 주의력을 즉각 다른 데로 돌려 어두운 생각에 빠져들지 않도록 하자. 물론 이러한 전략이 늘 가능한 것은 아니다. 많은 두려움이 끊임없이 의식 속에 파고든다. 이런 경우, 로빈슨 크루소가 그러했듯이 우울한 가정들에 맞서는 내용들을 적는 것은 도움이 된다. 예를 들어 우리에게 눈길을 주지 않고 그냥 스쳐 지나간 그 여성 동료는 단순히 다른 생각에 골몰하고 있었을지도 모른다.

그렇다고 해서 이제부터는 언제나 필기도구를 가지고 다니며 자신의 우울한 생각을 적어 봐야겠다고 다짐할 필요는 없다. 종이에 적는 것은 아이들이 처음 자전거를 배울 때 사용하는 보조 바퀴처럼 다만 시작 단계에서 취해지는 조처일 뿐이다. 어두운 생각과 느낌에 대한 통제는 곧 습관이 된다. 뉴런이 이 새 프로그램에 적응하게 되면 부정적인 느낌이 등장하자마자 0.2~0.3초 만에 그것들을 장악하는 왼쪽 앞이마뇌의 능력이 강화된다. 그리고 앞이마뇌의 이 능력이 확장되는 만큼 쓰디쓴 감정도 사라질 것이다.

2

삶을 불행으로 이끄는 다섯 가지 착각

뇌는 기분 좋은 감정을 조정하는 중앙 본부이다. 그러나 유감스럽게도 이 신체 기관은 몇 가지 속임수를 가동시켜 우리가 마땅히 누려야 할 행복을 방해한다. 우리는 이러한 속임수를 감수한다. 그것이 우리에게 어떤 도움이 되어서가 아니라 그것이 속임수라는 걸 알지 못하기 때문이다.

우리는 어떤 낯선 상황에 놓였을 때 그것이 우리의 기분에 어떤 영향을 끼칠지 거의 상상할 수 없다. 근본적으로 뇌는 어떤 사태의 전개 과정을 지나치게 과장해서 평가하는 경향이 있다. 다음과 같은 극단적인 예를 상상해 보자. 만일 당신이 복권에 당첨되었다면, 또는 사고를 당해 평생 휠체어에 의지해야 하는 몸이 되었다면, 당신의 심리 상태는 어떤 상황에서 더 나을 것이라고 생각하는가?

추측컨대 당신은 백만장자의 삶을 택할 것이다. 아마도 거의 모든 사람이 그렇게 결정할 것이다. 심지어 어떤 사람들은 평생 휠체어를 타고 다니느니 차라리 죽는 게 낫다고 말하기도 한다. 그러나 미국의 학자들이 증명해 보였듯이, 실제로 그러한 불행을 겪은 사람들이 이후 몇 년 간 겪는 감정은 이와 같은 즉흥적인 답변들과는 거리가 멀다.

미국의 학자들은 특별한 선입견이 없는 사람들에게 이런 질문을 던졌을 뿐 아니라 실제로 복권에 당첨된 사람들과 사고를 당한 사람들에게도 생에 대한 만족도를 질문했다. 그사이 이 연구는 사회학 연구의 고전이 되었다. 이 연구는 사람들이 좋은 일에 있어서나 나쁜 일에 있어서나 얼마나 뛰어난 적응 능력을 발휘하는지를 잘 보여준다. 백만장자의 행운은 행복한 삶을 오랫동안 보장해 주지 못했고, 척추 마비가 삶의 만족도에 끼치는 영향도 사람들이 생각한 것보다 훨씬 적었다.

처음 몇 주 동안은 뭔가 변화가 있어 보였다. 백만장자가 된 사람들은 구름 위를 거니는 듯 행복해 했고, 사고를 당한 사람들은 잃어버린 자유 때문에 괴로워했다. 그러나 몇 주가 지나자 모든 것이 예전과 같아졌다. 신생 부자들은 소형차 대신 값비싼 포르쉐를 타고 다니는 데 익숙해지자 더 이상 행복을 느끼지 못했다. 이들은 이제 기분에 따라 더 비싼 페라리를 원했다. 휠체어에 묶이게 된 사람들도 이제 타인의 도움에 의지해야 하는 삶의 방식과 타협을 하게 되었다. 그들 중 대부분은 어느 정도 상심의 시간이 지나가자 다시 이전의 활기를 온전히 되찾았으며, 생에 대해 그들이 느끼는 만족도

건강한 사람들에 비해 그다지 떨어지지 않았다. 불의의 사고를 겪었든 복권 당첨자가 되었든 중요한 건 삶에 대한 태도였다. 이미 그 이전부터 자신의 삶에 만족하던 사람들은 이후에도 역시 만족했으며, 반면에 불평불만꾼은 여전히 불평불만꾼으로 남아 있었다.

주변 환경이 위에 든 예보다는 조금 덜 격렬하게 바뀌는 경우 이러한 사실은 더욱더 명확해진다. 예컨대 우리는 좀 더 부자가 되고, 그로써 더 행복해지리라는 기대 속에 재테크를 하며, 새로운 일이 더 많은 기쁨을 선사하리라는 믿음으로 직장을 옮긴다. 그리고 그곳으로 가면 좀 더 편안하리라는 희망을 품고 이사를 한다. 그러나 우리가 확인할 수 있는 것은 삶이 이전과 마찬가지로 서서히 흘러가고 있다는 사실이다. 변화가 중요하지 않다는 말이 아니다. 다만 우리는 그러한 변화가 우리의 만족도에 끼칠 영향을 종종 너무 과대평가한다. 삶에서 일어나는 긍정적인 또는 부정적인 변화에 우리는 매우 빨리 적응한다. 따라서 외적 상황이 우리의 행복감에 끼치는 영향은 생각보다 훨씬 적다. (예외도 있다. 관절염 같은 특정 만성질환의 통증은 시간이 지나도 가라앉지 않는다. 그리고 결코 소음에 적응하지 못하는 사람들도 많다. 소음에 민감한 사람들은 시간이 지나면 집 앞 8차선 도로의 소음이 더 이상 크게 들리지 않을 것이라는 부동산 중개인의 말을 절대 믿어서는 안 된다.)

삶을 평가할 때 우리는 만족을 행복으로 착각하는 실수를 대단히 빈번하게 저지른다. 그렇다면 그 둘의 차이는 무엇인가? 행복은 우리가 무엇인가를 경험하는 바로 그 순간 체험된다. 그러니까 행복이란 단지 현재에만 존재하는 것이다. 그에 반해 만족이란 그러한

300

행복의 느낌에 대해 우리가 머릿속에 간직하고 있는 무엇이다. 그러니까 만족은 되돌아보는 시선 속에 존재한다. 행복이 만족과 맺는 관계는 한 편의 영화가 그 영화에 대한 비평과 맺는 관계와 유사하다. 비평은 무수한 장면들에 대해 단 몇 마디의 말로 평가를 내리는 것이기 때문이다.

누군가가 우리에게 새로 이사한 집에서 행복하냐고 묻는다면, 그가 들을 수 있는 대답이란 우리가 이 집에서 얼마나 만족한 상태에 있는가에 대한 정보일 것이다. 왜냐하면 이사 온 이후의 그 모든 행복한 순간을 일일이 다 기억할 수는 없기 때문이다. 일반적으로 행복의 순간을 자주 체험하는 사람들은 행복하지 않은 상태에서도 충분히 만족할 수 있다. 반대로 행복을 느끼면서도 만족하지 않는 사람들도 있다. 이것은 그다지 비극적으로 들리지 않을 수도 있다. 그러나 행복과 만족, 이 두 개념을 뒤섞어 사용함으로써 우리는 잘못된 결정을 내릴 수 있으며, 그럼으로써 즐거운 감정의 많은 부분을 놓칠 수 있다.

착각 하나: 나만큼 나를 잘 알아?

우리는 가족이나 친구들과 지내는 것보다 일을 하는 데 더 많은 시간을 쓴다. 자신에게 맞는 일 그리고 그에 합당한 환경에 사람들이 커다란 가치를 부여하는 것은 전혀 놀랄 일이 아니다.

예를 들어 당신이 교사라면 당신은 분명 '나쁜 학교'보다는 '좋은 학교'에서 가르치고 싶을 것이다. 좋은 학교에서 일하는 편이 더 많은 즐거움을 주고, 따라서 당신에게 더 큰 만족을 선사하리라고 생각하기 때문이다. 미국의 경우라면 당신의 그러한 결정은 꽤 당연하다. 미국에서의 나쁜 학교란 다음과 같은 것을 의미하기 때문이다. 즉 배낭 속에 들어 있을지도 모르는 무기를 수색하기 위해 출입구에 설치되어 있는 금속 탐지기, 지나치게 적은 책들과 그에 비해 난동은 확실하게 보장되어 있는 교실, 거리에서의 약물 거래, 그리고 교사를 덮치는 갱들. 그에 반해 좋은 학교의 의자에는 변호사와 의사, 사업가의 자녀들이 앉아 있다. 가정에서 그들은 이미 충분히 동기 부여된 상태에서 미래에 맛볼 직업적 성취의 싹을 키운다. 부모들은 고액의 학비를 지불했으며, 교실에는 최신 컴퓨터들이 인터넷에 연결되어 있다. 만일 어려운 문제가 생긴다면 특별 교육을 담당할 교사들과 상담을 맡아 줄 심리학자들이 대기하고 있으니 걱정 없다. 빈민가 학교의 상태와 비교해 볼 때 이곳에서의 일은 선생들에게 쉽게 여겨지며 성공도 보장되어 있다.

그러나 당사자들은 다르게 판단한다. 노동 환경이 만족감에 어떤 방식으로 작용하는가를 알아 보기 위해 사회심리학자인 노버트 슈워츠Norbert Schwarz는 휴스턴과 텍사스에서 각각 좋은 학교와 나쁜 학교에서 가르치는 교사 200명에게 질문을 던졌다. 매일 저녁 참가자들은 그날 하루에 대해 질문지에 답변을 했다. 즉 일은 만족스러웠는지, 행복하게 느꼈는지, 도대체 그들의 삶 자체에 얼마만큼 만족하는지에 대해 말이다. 결과는 놀라웠다. 사회적으로 논란거리가 많은 지역의 학교에서 근무하는 교사들은 부유한 지역에서 근무하는 교사들과 평균적으로 볼 때 똑같은 답변을 했다. 날마다 일어나는 사고와 누군가에게 공격을 당할지도 모른다는 공포가 정말 그들에게 그렇게 아무런 문제가 되지 않을 수 있었을까?

슈워츠는 좀 더 자세히 알길 원했다. 그래서 그는 교사들에게 매시간 저절로 신호를 보내는 포켓용 컴퓨터를 착용케 했다. 컴퓨터가 삑 소리를 내면 교사들은 그 순간 자신이 얼마나 행복을 느끼는지 컴퓨터 화면에 표시해야 했다. 또 수업 중에 이 삑 소리가 거슬리는 교사들은 수업이 끝난 후 실험 기록을 작성할 수 있도록 했다. 그런데 그 결과로 나온 통계는 이전과는 다른 새로운 모습을 보여 주었다. 좋은 학교에서 가르치는 교사들의 기분은 오전에 최고조에 다다랐다. 그러다가 오후에 집으로 돌아가게 되면 그들의 기분은 평소의 덤덤한 상태로 돌아갔다. 그러나 슬럼가에서 가르치는 교사들의 경우는 그와 정반대였다. 학교에서 수업을 해야 하는 동안 그들의 기분은 억눌려 있었다. 그러다가 오후가 되면 그들의 기분은 다시 활짝 개었다.

이렇듯 사람들은 자기 자신의 삶에 대해 무지하다. 빈민가 학교에서 일하는 교사들은 열악한 주변 환경이 자신들을 얼마나 짓누르는지 의식하지 못했으며, 좋은 학교에서 일하는 교사들은 학교에서의 일이 자신들에게 얼마나 많은 즐거움을 주는지 알지 못했다. 두 그룹 모두 잘못된 시각으로 잘못된 길을 가고 있었던 것이다. 첫 번

❖ — 때때로 우리는 우리 자신의 삶에 대해 그 누구보다 아는 것이 없다.

째 그룹은 좀 더 나은 자리를 찾거나 또는 더 나은 조건을 위해 노력할 생각을 하지 못했으며, 두 번째 그룹은 자신들이 얼마나 좋은 상태에 있는지 알지 못한 채 마땅히 만족해야 할 만큼 충분히 만족하지 못하고 있었다.

　무엇이 문제였던 것일까? 그것은 바로 교사들에게 영향력을 행사한 그들의 기억력 때문이었다. 그들은 실제로 일어나는 감각적 느낌의 변화에 주의를 기울이기보다는 익숙한 것과의 비교에 기반을 둔 자신들의 판단을 더 믿었다. 하루가 끝나갈 시점에서 얼마나 행복하냐는 질문을 받았을 때 나쁜 학교에서 근무하는 교사들은 그날 하루도 그 다른 모든 날과 마찬가지였다고 확신했다. 그러니까 그들 자신의 척도에 따르면 아무런 문제가 없는 하루였다. 그렇게 해서 자신들이 실제로 일할 때 얼마나 힘겨운 심리 상태에 놓이는지 모르고 지냈던 것이다. 마찬가지의 과정을 우리는 부유한 지역에서 일하는 교사들에게서도 관찰할 수 있다. 드러난 표식이 반대일 뿐 좀 더 많은 혜택을 누리고 있었던 이들도 자신의 심리 상태에 대해 마찬가지로 무지했다.

그러니까 두 그룹의 교사들은 행복과 만족을 혼동하고 있었던 것이다. 두 그룹 모두 견딜 만한 만족의 상태를 경험하고 있었지만, 한쪽 그룹은 행복했고 다른 쪽 그룹은 불행했다. 그들은 근본적으로 자신들을 행복하게 만드는 것이 무엇인지 착각하고 있었다. 때때로 우리는 우리 자신의 삶에 대해 그 누구보다 아는 것이 없다.

이러한 착각은 해로운 것인가? 물론이다. 자신이 처해 있는 상황에 대해 전혀 불평할 게 없는 사람도 그 때문에 고통을 겪을 수 있다. 지속적인 불행이 아무런 흔적도 남기지 않은 채 우리를 스쳐 지나갈 수는 없다. 그래서 매우 빈번히 나타나는 것이 바로 육체의 증상이다. 공포나 낙담 같은 느낌은 사람들이 그것을 미처 의식하지 못한다 하더라도 스트레스를 의미한다. 그리고 너무나 많은 연구들이 밝혀냈듯이, 스트레스는 병을 낳는다. 특히 스트레스는 면역 체계를 약화시키고 심장마비에 희생될 위험률을 높인다.

착각 둘: 즐거운 파티는 끝까지 즐긴다?

지난 밤 파티에서 당신은 정말 끝내주게 즐겼다. 그러나 당신이 파티 장소를 떠나려고 외투를 건네받았을 때 오래전부터 알고 지내던 어떤 사람이 인사도 없이 당신 곁을 휙 스쳐 지나간다. 그처럼 짧지만 뭔가 께름칙한 조우는 즐거운 파티에 대한 기억 전부를 어둡게 만들 수 있다. 기억력이란 그처럼 자기 멋대로 현실과 관계를 맺는 다. 그래서 단 몇 초의 순간이 몇 시간보다 더 중요해지는 경우가 적 지 않다.

뇌는 현실을 자신의 색깔로 물들인다. 그리고 때때로 현실을 정 반대의 것으로 바꾸어 놓기도 한다. 이미 앞에서 살펴보았듯이, 외부 세계에서 오는 모든 자극에는 머릿속에서 발생한 수백만 개의 신호 가 응답한다. 따라서 뇌는 현실을 조정할 수 있는 가능성을 충분히 갖고 있으며, 실제로 그러한 가능성을 광범위하게 사용한다.

자기 자신의 감정을 왜곡시켜 기억하는 일이야말로 뇌가 저지른 완전범죄이다. 문제가 되는 지금 이 순간 우리가 느낀 것이 과연 무 엇이었는지 나중에 객관적으로 평가할 수 있는 척도는 없다. 감각적 느낌이 육체의 반응을 통해 읽어 낼 수 있는 것인 반면, 감정은 순수 하게 사적이다. 감정은 뇌 속에서만 존재한다. 그렇기 때문에 뇌가 흔적을 없애 버리면 우리에게 남겨지는 것은 기껏해야 간접적인 지 시 정도일 뿐이다.

미국 프린스턴 대학의 대니얼 카너먼Daniel Kahneman은 그러한 착 각의 본질을 추적해 어떤 방식으로 작동되는지 밝혀낼 수 있는 방법 을 발견했다. 그는 신체 내부 기관의 촬영을 위해 괴로움을 감수해 야 하는 환자들에게 내시경 촬영 순간 그들이 느끼는 통증을 매분 세밀하게 구분해서 평가해 줄 것을 부탁했다. 통증은 1에서 10까지 의 범주로 구분되었다. 나중에 이 숫자를 모두 합산하면 그 환자가 치료 도중에 느낀 고통에 대한 척도를 얻을 수 있을 것이었다.

한 그룹의 경우 의학적으로 요청되는 방식 그대로 치료가 진행되었다. 따라서 내시경 촬영이 진행되는 동안 고통은 계속해서 상승하여 결과적으로 고통이 최고조에 달했을 때 치료는 끝났다. 그러나 다른 그룹의 경우 의사들은 치료 과정을 몇 분 더 늘렸다. 이러한 지연 때문에 통증은 갑작스럽게 끝나지 않고 서서히 조금씩 가라앉았다. 이렇게 해서 두 번째 그룹의 환자들은 전체적으로 볼 때 괴로운 상태를 더 오래 견뎌야 했고, 카너먼의 리스트에 기록된 통증의 강도도 더 높았다.

그러나 치료가 끝난 후 모든 참가자에게 물어보았을 때, 치료 과정의 괴로움을 덜 느낀 사람들은 바로 이 두 번째 그룹의 환자들이었다. 연장된 치료 때문에 그들은 객관적으로 볼 때 더 많은 고통을 겪었고, 리스트에 기록된 고통의 수치를 보면 주관적으로도 더 힘든 고통을 겪은 게 분명했지만, 이러한 모든 사실은 더 이상 중요하지 않은 모양이었다. 환자들은 그들에게 더 많은 고통의 순간을 안겨 준 그 치료 방식에 더 만족했다. 더 오랜 시간 진찰을 받은 환자들은 심지어 한 번 더 그러한 내시경 촬영을 받을 수 있다고 했다. (이렇게 해서 연장된 내시경 촬영은 진단을 위해 필요한 것이 아님에도 정당성을 확보할 수 있었다.)

이 경우에도 실험 참가자들을 기만한 것은 그들의 기억력이었다. 어떤 감정을 기억하는 데 있어 중요한 것은 그것이 '얼마나 오래 지속되었는가'가 아니었다. 다른 실험을 통해서 카너먼은 이것을 확인할 수 있었다. 뇌가 입력하는 것은 단지 감각적 느낌의 절정과 그 느낌이 줄어들기 직전의 마지막 몇 분일뿐이다. 가장 기분 나쁜 순간은 서로 다른 진단 과정을 겪은 두 그룹의 환자들 모두 똑같았다. 그러나 마지막 몇 분간은 더 오래 지속된 내시경 촬영의 경우 좀 더 견딜 만했으며, 그렇기 때문에 환자들은 이 두 번째 방식을 선호했다. 결국 남게 되는 것은 마지막 인상이므로, 우리의 뇌는 행복한 결말을 원한다.

이러한 작동 방식을 우리는 일상생활에서 유용하게 활용할 수 있다. 분위기가 꽤나 들뜬 파티에서 가장 즐거운 순간에 집에 가겠다고 일어선다면, 당신은 현명한 사람이다. 머릿속에 남는 것은 마지막 인상이기 때문이다. 또 짧은 순간 강렬한 행복을 맛보는 사람은 다른 사람들의 부러움을 받아 마땅하다. 기억은 바로 그러한 절정의 순간들을 거듭 떠올리기 때문이다.

착각 셋: 세상은 핑크빛이 아니야!

비관적인 기대는 우리의 삶을 기억보다 더 심하게 일그러뜨린다. 영원히 2등의 자리에 머물러야 했던 사람들은 이에 대해 노래라도 부를 수 있으리라. 올림픽 경기에서의 은메달은 영예로운 일이기는 하지만 동메달을 딴 것만큼 행복한 일은 아니다. 두 번째로 가장 뛰어난 그들이 저 높은 1등의 자리를 거의 손에 넣었다고 믿는 순간, 단 몇 초, 아니, 10분의 몇 초도 안 되는 순간에 목표를 달성하지 못하고 화를 내고 있을 때, 동메달을 딴 선수들은 빛나는 기쁨에 잠겨 있다. 1992년 바르셀로나에서 열린 하계 올림픽 경기에서 사회심리학자인 빅토리아 메드체크Victoria Medcec가 확인했듯이 말이다. 3등을 한 사람들은 메달을 획득했다는 사실 자체만으로도, 그리하여 스포츠 연감에 기록될 수 있게 되었다는 사실만으로도 기뻐할 수 있다. 그러나 은메달 수상자들은 1등이라는 자신의 희망을 거의 실현시킬 뻔하다가 놓쳐 버린 것이다. "어느 것도 좋거나 나쁘지 않다. 다만 너의 생각이 그렇게 만들 뿐이다." 셰익스피어는 햄릿에게 이렇게 말하게 한다.

현실이 기분 좋은 방식으로 그들을 놀라게 할 수만 있다면, 비관론자들은 삶에 좀 더 만족감을 가질 수 있을까? 종종 그럴 것이라고 주장되어 왔다. 사회심리학자인 앨런 파두치Allen Parducci는 심지어 편안하고 기분 좋은 느낌은 그다지 높게 세우지 않은 희망의 결과라는 확신에서 행복에 관한 이론을 끌어내고 있다. 간헐적으로 경험하는 행복의 순간은 기대치를 높이기 때문에 인간을 불행하게 만든다. 파두치는 이렇게 주장한다. "최고의 것이 가끔씩만 나타난다면 우리는 그것을 아예 경험하지 않는 편이 낫다." 나쁜 경험이 많은 것, 이것이 바로 행복한 사람들의 비밀이다. 나쁜 경험을 많이 했기 때문에 그들은 언제나 최악을 생각한다. 그러다가 최악의 상황이 등장하지 않으면 삶이 그들에게 매번 그렇게 가혹하기만 한 것은 아님을 확인하고 기뻐한다.

그러나 파두치의 주장은 틀렸다. 그는 실험실에서 행해진 행복

게임에 기반하여 이러한 이론을 펼쳤는데, 의도적으로 조정된 행복 게임의 예는 일상생활에 적용할 수 없다. 삶은 더 복잡다단하다. 비관론자는 넘쳐날 정도의 걱정거리와 공포를 품고 산다. 이것은 그 자체만으로도 행복의 능력을 감소시킨다. 게다가 그는 긍정적인 경험을 아예 처음부터 막는다. 최상을 희망하는가, 아니면 최악을 두려워하는가 하는 것은 종종 우리가 사태에 다가서는 태도를 결정짓는다. 용기 없음은 결코 훌륭한 엔진 기관이 아니다.

하늘이 무너져도 다가올 시험에 통과하지 못할 것이라고 믿는 학생은 차라리 공부를 하지 않는 편이 낫다. 낙천주의는 우리의 삶에 박차를 가하기 위해 꼭 필요한 동력이다. 많은 연구들이 보여 주듯이, 낙천주의는 여러 힘을 자유롭게 가동시킨다. 이 연구들에서 낙천적인 사람들은 언제나 기분이 더 좋을 뿐 아니라 더 많은 업적을 올리는 사람들이었다. 그러니까 긍정적인 기대를 품고 사는 편이 더 현명하다. 우리가 할 수 있는 범위 안에서 사실주의적 희망을 품는 일은 바로 이 희망이 실현되는 데 기여한다. 그러나 미래를 지나치게 핑크빛으로만 본다면 기다리는 것은 실망뿐이다.

착각 넷: 나보다 네가 더 행복해 보여

항상 나 자신보다는 일이 잘 풀리는 이웃이나 동료를 향하는 시선들, 이것을 모르는 사람이 있을까? 질투는 전적으로 상대적이다.

외부에서 관찰할 경우 우리가 질투하는 바로 그 사람들이 역으로 감탄의 눈으로 우리와 우리의 행복을 곁눈질한다. 이것은 미국의 사회 심리학자인 에드 다이너Ed Diener가 통계학적으로 증명해 보인 효과이다. 둘 중 하나는 틀린 게 분명하다. 아니면 둘 다?

만족을 측정하는 데는 어떤 객관적인 규범도 존재하지 않는다. 희망과 두려움은 우리가 현실을 판단하는 척도이다. 지금 공주나 왕자처럼 느껴야 하는 것인지 아니면 불쌍한 악마처럼 느껴야 하는 것인지를 결정하기 위해 우리는 종종 다른 사람들과 자신을 비교해야 한다. "그저 행복하기만을 원한다면 그것은 그렇게 어려운 일이 아니다. 그러나 다른 사람들보다 더 행복하길 원한다면 그것은 언제나 어려운 문제가 된다. 우리는 다른 사람들을 있는 그대로보다 더 행복한 상태로 상상하기 때문이다." 철학자 몽테뉴는 이렇게 쓰고 있다.

자신을 누군가와 비교하는 사람은 지는 사람이다. 곁눈질은 자신을 다른 사람들에게 종속시킬 뿐 아니라 잘못된 결정을 내리도록 유도한다. 그때 우리가 얼마나 교묘하게, 얼마나 의식하지 못한 채 우리 자신을 속이고 있는지를 슈워츠의 연구가 보여 주고 있다. 그는 만족이라는 문제를 파트너와의 관계 속에서 찾아보고자 했다. 사실 개개인이 느끼는 만족은 나와 비교할 때 다른 사람들이 그들 자신의 사랑에서 얼마나 만족감을 (혹은 불만족을) 느끼는가 하는 것과는 상관이 없다.

그러나 실상은 그렇지 않았다. 슈워츠는 여성과 동거를 하고 있는 남자 대학생들에게 그들의 성생활에 관해 이야기해 달라고 부탁했다. 그들의 정신을 산만하게 만들기 위해 전략적으로 채택된 온갖 종류의 질문들 사이사이로 심리학자는 이 젊은 남자들이 얼마나 자주 자위를 하는지 물었다. 이들은 질문지에 익명으로 대답을 해야 했는데, 그 질문지는 두 가지 방식으로 답변을 유도하고 있었다. 첫 번째 그룹은 '일주일에 한 번도 하지 않는다'부터 '하루에 여러 번'에 이르는 다양한 보기 중에 골라 표시를 하면 되었다. 대부분의 학생들은 '일주일에 한 번'이나 '일주일에 두 번'에 주로 표시를 했는데, 이것은 일반적인 남자들의 경우와 일치하는 것이었다.

그런데 두 번째 그룹이 받은 질문지에는 '전혀'에서부터 '일주일에 여러 번'에 이르는 보기들이 표시되어 있었다. 따라서 솔직하게 대답한 사람은 결국 이 가능성들 중 가장 상단에 위치한 '일주일에 여러 번'이라는 항목에 자신이 멈추어 있음을 직면할 수밖에 없었다. 그러니까 다양한 보기들 중에서 가장 극단적인 경우를 암시하는 항목에서 말이다. 이 사실에서 실험 참가자들은 자신이 평균치보다 훨씬 더 웃도는 빈도수로 자위를 한다는 판단을 내리게 되었다. 이러한 사실은 동거하는 여성과의 섹스 빈도가, 마찬가지로 교묘하게 조작된 질문지의 구조에 따라 낮은 수치를 나타내는 것처럼 보이자 더욱 불안한 요인으로 작용하게 되었다. 파트너와의 관계에서 내가 좀 나태하단 말인가?

이어서 슈워츠가 '파트너와의 관계에 만족하느냐'는 질문을 던지자 이들이 보인 반응은 실제로 그와 같은 의혹이 그들의 머리를 떠나지 않았다는 사실을 증명한다. 즉 조작된 보기 때문에 머릿속에 불안과 의혹이 자리 잡게 된 두 번째 그룹의 참가자들은 평균 이상으로 자신들의 현재 사랑에 대해 불만을 토로했다. 그리고 외도를 고려해 볼 수 있겠느냐는 슈워츠의 질문에 이들은 첫 번째 그룹의 학생들보다 한결 더 수월하게 '그렇다'고 대답했다. 이렇듯 우리의 삶을 규정하는 것은 우연적이고, 대부분의 경우 무의식적으로 이루어지는 판단들이다.

우리 모두는 이러한 상황을 날마다 겪는다. 단지 평소에는 우리를 불만에 빠뜨리고 그리하여 잘못된 결정을 내리도록 유도하는 상황들이 위의 실험이 보여 주는 것처럼 그렇게 교활하게 짜여 있지 않을 뿐이다. 수많은 잡지 모델들은 우리로 하여금 이상적인 얼굴과 몸매 그리고 티 하나 없이 완벽한 피부를 정상적인 것으로 여기게 만들며, 다른 엄마들의 이야기를 듣다 보면 우리의 아이들은 학교생활에 실패한 버릇없는 망나니로 보인다. 또 온통 성공한 사람과 창업한 사람들의 이야기로 가득 찬 경제 잡지를 넘기다 보면 우리 자신이 걷고 있는 삶의 길은 남루한 패배자의 길이다. 실험이 끝난 후 슈워츠는 자신의 실험에 참가한 사람들에게 착각을 유도한 질문지가 조작된 것임을 설명해 주었다. 일상에서 우리는 늘 누군가와 자신을 비교하곤 하는 습관이 얼마나 우리를 심각한 오류에 빠지게 하는지에 대해 스스로 명심하고 있어야만 한다.

착각 다섯: 질투는 나의 힘

"난쟁이는 언제 기뻐하는가? 자기보다 더 큰 혹을 달고 있는 다른 난쟁이를 보았을 때." 동유럽에 살고 있는 유대인들의 속담이다. 남이 잘못되는 것을 보았을 때 느끼는 기쁨, 이런 기쁨은 만족을 줄 수 있다. 바로 그런 순간 우리는 저들의 불행과 마주 선 우리의 행복이 도드라짐을 확인한다. 일정 부분 통제하에 진행된 심리학적 실험들은 다음과 같은 슬픈 진실을 우리에게 확인시켜 준다. 즉 휠체어에 타고 있는 사람을 보는 것만으로도 대부분의 사람들은 기분이 좋아지며, 그리하여 자신의 삶에 대한 만족의 정도를 묻는 질문지에 더 높은 수치를 기입한다.

그러나 그러한 만족은 오래가지 않는다. 나보다 불행한 사람들을 찾아내는 것은 쉬운 일이지만 그와 동시에 우리는 늘 질투의 대상을 발견한다. 가장 성공한 사람조차 그러한 질투의 법칙에서 자유롭지 못하다. "나폴레옹은 카이사르를 질투했고, 카이사르는 알렉산드로스 대왕을 질투했다. 그리고 알렉산드로스 대왕은 아마도 헤라클레스를 질투했을 것이다. 한 번도 존재하지 않았던 그를 말이다." 철학자 버트런드 러셀Bertrand Russel의 말이다.

진화심리학자들은 다윈의 생존 투쟁을 근거로 삼아 질투는 근절될 수 없다고 설명한다. 즉 자연 속에서는 모든 것이 서로 경쟁하므로 단순히 좋은 상태에 있고 더 많이 소유한 사람만이 살아남을 수 있다. 그렇기 때문에 불만족은 우리에게 깊이 각인되어 있는 프로그램이라는 것이다.

사실이 정말 그러한지 아닌지에 대해서는 입증할 수도 반증할 수도 없다. 질투는 어떤 특정한 기능을 가지기 때문에 선천적으로 인간에게 각인되어 있다는 주장은 터무니없다. 그러나 인간은 (자신에게 해가 될지라도) 상대방이 겪는 해가 자신이 겪는 것보다 조금이라도 더 적으면 질투를 한다는 것은 맞는 말이다. 예를 들어 영국의 어느 비행기 터빈 공장의 노동조합은 임금 투쟁에서 경쟁 그룹이 받는 것보다 더 받을 수만 있다면 기꺼이 자신들의 임금 인상 요구안 중 일부를 포기할 용의가 있음을 보여 주었다. 이처럼 어이없는 모순이 발생하자 현장에서 그 사건을 관찰하던 사회심리학자들조차 경악을 금치 못했다. 자신들이 지금 관철시키고자 하는 안건이 자기 동료들에게 불리하다는 사실을 투쟁 중인 조합원들도 물론 의식하고 있었다. 그러나 그것은 정의의 문제라고 그들은 주장했다.

질투하는 사람에게 명백한 손실이 아니라 단지 기분 나쁜 감정만 안겨 줄지라도 질투는 그 어떤 논리로도 설명될 수 없다. 다른 사람의 행복에 대해 우리가 느끼는 불편한 감정은 대부분의 경우 왜곡된 감각적 인지에 기반하고 있다. 우리는 남들이 소유하고 있는 것에만 시선을 돌린다. 그들이 감당해야 하는 임무는 고려하지 않은 채 말이다. 그리고 우리는 그들 삶의 빛나는 순간만 보고 화를 낸다. 그것을 위해 그들이 치렀던 대가는 인식하지 못한 채 말이다. 이미 2,000년 전 스토아학파의 철학자인 에픽테토스는 이러한 사고방식을 설명하기 위해 아주 뛰어난 악담 하나를 발견해 냈다. "당신이 아닌 다른 사람이 선택되었다. (······) 당신은 연회에 초대받지 못했다고? 당신 역시 그에게 연회의 대가를 치르지 않았던가. 그가 연회를 베풀면서 받고자 했던 칭송이나 주의력 등의 대가 말이다. 연회에 초대받는 것이 당신에게 도움이 된다고 믿는다면 문제의 그 대가들을 치를 일이다. 값은 치르지 않으면서 초대는 받고자 한다면 당신은 뻔뻔스럽고 어리석은 사람이다."

에픽테토스처럼 그렇게 혹독하게 판단할 필요는 없다. 어쩌면 우리 모두에게는 실제로 타고난 질투의 성향이 있는지도 모른다. 그리고 에픽테토스가 소개하는 이 이야기의 경우 질투의 감정을 완전히 떨쳐 버리기란 쉽지 않을 것이다. 그러나 약간의 논리적 사유를 통해 우리는 불만족의 상태를 좀 더 의미 있는 길로 이끌 수 있다. 즉 자신의 소망이 무엇인지를 좀 더 잘 깨닫는 길로 말이다.

해결책: 어렴풋한 행복을 확실하게 만들기

우리에게 좋은 것이 무엇인가에 대해 우리 모두는 환상을 갖는다. 따라서 우리는 그러한 오류에서 벗어나 무엇이 행복을 주고 무엇이 불행을 가져다주는지 알 필요가 있다. 이때 중요한 것은 올바른 관점과 시점이다.

자신의 삶을 다른 사람의 위치에서 바라보는 일은 별로 도움이 되지 않는다. 대부분의 사람들이 공포와 기쁨 그리고 슬픔과 분노

316

를 느끼는 방식은 비슷하다. 그러나 무엇이 이러한 감정들을 분출시키는가에 있어서는 사람마다 차이가 있다. 감정이 선천적인 것인 데 반해, 대부분의 호감과 비호감은 후천적으로 습득된다. 문화와 교육 그리고 개인적인 삶의 역사에 따라 누군가는 오페라를 좋아하고, 또 다른 누군가는 록 음악을 좋아한다. 거기에 덧붙여 유전자의 배치가 보여 주는 작은 차이들도 우리의 관심사에 일정 부분 영향력을 행사한다. 공간지각 능력이 떨어지는 사람은 탁구나 배구에서 별 즐거움을 느끼지 못할 것이다.

따라서 자신의 삶에서 주위 사람을 모델로 삼는 사람은 행복도 만족도 느낄 수 없다. 자기 자신의 삶을 살라는 요청은 시시하게 들릴 수도 있다. 또 우리의 경험에 완전히 어긋나는 것이기도 하다. 부모들은 아이가 태어난 첫날부터 자신들의 바람대로 키우고자 한다. 학교에서 모든 학생들은 하나의 통일된 방법론에 따라 학습을 해야 한다. 학생들의 재능이 각각 얼마나 상이한지에 대해서는 이미 오래전부터 잘 알려져 있는데도 말이다.

우리가 무엇에 반응을 보이는지 알게 된다면 많은 불행을 피할 수 있다. 그렇다면 우리는 뇌의 이러한 대응 방식을 어떻게 배울 수 있는가? 우리가 겪은 경험에 대해 곰곰이 생각해 보는 것은 별 도움이 되지 않는다. 뇌에 입력된 사실과 그 입력 방식이 기억을 조정하기 때문이다. 따라서 감각적 인지가 일어나고 있는 그 순간을 더 치밀하게 관찰하는 것이 중요하다.

감각적 인지가 발생하는 그 순간의 그 느낌은 아직 비교나 생각 또는 기억에 의해 왜곡되지 않은 상태이다. 바로 그 순간의 느낌은 자연의 법칙에 따른 선호와 배척의 신호로 작동할 수 있다. 감각적 인지를 의식하기 위해서는 순간이면 충분하다. 시시콜콜 그러한 느낌을 연구할 필요도 없을뿐더러 부정적인 느낌의 경우에는 우리에게 손상을 입히기까지 한다. 예를 들어 어떤 뻔뻔스러운 운전자에 대한 분노가 마음속에 피어오르면 우리는 스스로 '존중받지 못한다'고 느끼게 된다. 이러한 사실을 아는 사람이라면 절대 분노를 폭발시키지 않고 오히려 냉정한 태도를 유지하며 다른 일로 주의를 돌릴 것이다.

불행한 감정과는 반대로 좋은 감정은 마지막 한 방울까지 다 맛볼 수 있다. 하지만 우리는 슬픔이나 화에게는 기꺼이 자신을 내맡기면서 기분 좋은 감각적 느낌, 예컨대 친밀한 사람과 마주 보고 앉기 등을 소홀히 하는 오류를 범한다. 모든 것이 원하는 대로 진행될 경우 우리는 그것을 즐길 여유도 없이 서둘러 다른 생각을 하기 시작한다. 눈앞에 놓여 있는 과제나 다른 근심이 우리의 주의력을 사로잡는다. 이렇게 해서 우리는 많은 것을 잃어버린다. 우리가 행복을 단지 어렴풋하게만 느낀다면, 그것은 유쾌한 감정을 박탈당하는 일일 뿐 아니라 무엇이 우리에게 좋은 것인지에 대한 지식마저 상실하는 일이다.

행복을 각인하기

지금 행복한 것으로는 충분하지 않다. 우리는 우리의 행복을 알아차릴 수 있어야 한다. 이것은 이탈리아의 심리치료사 조반니 파바 Giovanni Fava의 신조이기도 하다. 그는 '행복한 느낌을 위한 치유'라는 과정을 고안해 냈는데, 이를 통해 사람들은 좀 더 많은 좋은 감정들을 개발하고 더 잘 느낄 수 있다.

그는 이 아이디어를 증상이 호전되어 가는 우울증 환자와 작업하는 동안에 생각해 냈다. 파바는 자신의 행복을 인정하지 않는 나쁜 버릇이 특히 우울증 환자들에게 널리 퍼져 있으며, 그것이 치료를 방해한다는 사실을 알게 되었다. 이들 대부분은 자신의 삶에 매우 불만족스러워했으나, 실제는 본인들이 생각하는 것만큼 불행하지 않았다. 파바는 이들의 습관을 반대 방향으로 조절하기 위해 아주 단순한 방식을 생각해 냈다. 즉 환자들로 하여금 행복 일기를 쓰게끔 했던 것이다. 행복한 순간에 대한 일기를 쓰는 사람은 마치 자동차의 전조등처럼 자신에게 좋은 느낌을 준 모든 상황에 주의를 기울이게 된다. 그리고 기쁨의 순간이 마치 흰 종이 위의 검은 활자처럼 명백히 각인되기 때문에 뇌는 나중에 그것을 지워 버리지 못한다.

여전히 매우 슬픈 감정에 빠진 자신의 환자들은 빈번히 이 시도에 저항하곤 했다고 파바는 보고하고 있다. 그들은 아무것도 기록하지 않은 텅 빈 일기장을 들고 의사와 마주 앉아야 한다는 두려움에 사로잡혔다. 그럼에도 이 심리치료사는 그들에게 실천해 보라고 요구했다. 결국 이들은 매번 빼곡히 채워진 일기장을 들고 나타났다. 극심한 낙담과 불만족의 상태에서조차도 행복한 순간은 있었던 것이다.

밝은 순간을 느낄 경우 파바의 환자들은 그들의 작은 공책에 그 상황과 자신들의 느낌 모두를 가능한 한 상세히 묘사하고, 0에서 100까지 세분화되어 있는 행복 수치 중 하나를 선택해서 함께 적어야 했다. 그들은 자신의 삶이 생각보다 한결 더 즐겁다는 사실을 깨닫게 되었고, 자신에게 좋은 것이 무엇인지를 배우게 되었다.

두 번째 단계에서는 감각적으로 느낀 행복을 잘못 판단하게 만드는 요인이 언제 어디서 스며드는가를 확인하는 것이 그 주요 과제였다. 예를 들어 한 환자는 조카가 그를 기쁘게 맞이한 아름다운 순간을 묘사했는데, 그 따스한 감정 뒤에는 곧바로 다음과 같은 생각이 뒤따랐다. "그들이 기뻐한 것은 내가 선물을 가져갔기 때문이다." 이처럼 끈질긴 뇌의 고집을 의식적으로 알아차리는 사람은 그만큼 쉽게 잘못된 인식에 대항할 수 있다. 10주 동안 파바의 방법을 실험한 환자들은 깊은 상심에서 해방되었다. 그들은 이전보다 덜 불안해하고 자신의 삶에 좀 더 만족할 수 있었다.

무엇보다도 그들은 삶을 바라보는 방식을 좋은 방향으로 전환시키기 위해서는 대단한 변화가 필요한 것이 아님을 인식하게 되었다. 만족은 일종의 모자이크처럼 많은 행복한 순간들로 이루어진다. 바로 이 순간의 행복을 의식하는 것이야말로 불행을 떨치는 확실한 수단이다. 자기 자신에게 좋은 감정을 선사하는 것이 무엇인지에 대해 우리는 스스로 알아내야 한다. 인생은 모든 사람이 동일한 지점에서 출발해 동일한 목표를 향해 달리는 100미터 달리기는 아니기 때문이다.

3

"비밀은 바로 삶 그 자체"

완전한 행복을 나타내는 '블리스bliss'는 매우 아름다운 단어이다. 이 단어의 음색만 듣고도 우리는 최고의 환희라는 뜻을 짐작할 수 있다. 다음과 같은 문장들을 쓰면서 로자 룩셈부르크Rosa Luxemburg는 온 세상이 행복으로 빛나는 그런 순간을 경험했으리라.

"내가 어디서 이 편지를 쓰고 있는지 아십니까? 작은 책상 하나를 밖으로 내왔죠. 그리곤 녹색 덤불들 사이에 은밀하게 앉아 있답니다. 오른쪽으로는 향기로운 노란색 관상용 까치밥나무들이 (……) 서 있고, 왼쪽으로는 쥐똥나무 덤불이 있지요. (……) 그리고 눈앞에는 커다랗고 진지한 은백양나무들이 서 있습니다. 그 하얀 잎들이 천천히 지친 듯 바람결에 바스락거리고 있어요. (……) 얼마나 아름다운지, 얼마나 행복한지, 벌써 성聖요한 축제의 분위기가 감도는군요. 저 넘치도록 충만한, 풍부하게 농익은 여름과 생의 느낌 말이에요."

이 편지는 1917년 로자 룩셈부르크가 감옥에 있을 때 소피 리프크네히트Sophie Liebknecht에게 보낸 것이다. 수감된 지 3년째였고, 전쟁이 끝날 때까지 감옥에 있어야 한다는 사실을 잘 알고 있었다. 그러나 감옥에서의 지루함이나 그녀를 둘러싼 음모들 그리고 미래에 대한 불확실함도 그녀의 마음을 지배할 수는 없었다. 그녀 내면에는 더 강한 무엇인가가 있었다. "나는 이 겨울의 어둠과 권태로움 그리고 부자유의 검은 시트들로 층층이 몸을 감고 조용히 혼자 누워 있습니다. 그때 나의 마음은 어떤 알 수 없는 낯선 내적 기쁨으로 쿵쿵거립니다. 마치 빛나는 태양 아래에서 꽃들이 피어나는 잔디밭을 걷고 있듯이 말입니다. (……) 내가 언제나 아무런 특별한 이유도 없이 기쁨의 환희 안에서 사는 것, 이것은 얼마나 기이한지요." 그녀는 같은 해에 쓴 다른 편지에서 스스로 이렇게 놀라워하고 있다.

그녀는 자신의 행복이 어디서 오는지 어느 정도는 정확히 추측하고 있었다. 좀 더 큰일을 위해 감옥에 갇혀 있다는 확신, 즉 자신이 겪는 고통은 의미 있는 것이라는 생각이 갖가지 불안을 떨치는 그녀의 능력을 더욱 강화시켜 주었다. 그러나 기쁨에 대한 룩셈부르크의 놀랍도록 뛰어난 능력은 무엇보다도 그녀의 강렬한 지각 덕분이다. 새들의 노랫소리나 나뭇잎이 바스락거리는 소리, 그에 대한 경탄이 바로 자신이 누리는 행복의 근원임을 그녀는 스스로 인식하고 다음과 같이 묘사하고 있다. "비밀은 바로 삶 그 자체인 것 같습니다."

오늘날 우리는 룩셈부르크의 이러한 추측이 과학적 근거가 있는 것임을 알고 있다. 감각적 인지와 기분은 밀접하게 연결되어 있다.

상심의 상태에 빠져 있을 때는 외부 세계에 대한 관심도 사라진다. 우울한 사람은 자신의 내면에만 시선을 돌리며, 오로지 자신의 문제와만 씨름한다. 그리고 자신이 겪는 비참함의 원인이 무엇인지 캐내고자 생각에 생각을 거듭한다. 그러나 외부 세계에 시선을 돌릴 수 있다면 근심과 불안은 대부분 사라진다. 다른 사람과 다른 문제들에 몰두하게 되면 어두운 감정의 폐쇄 고리는 깨어진다. 그렇게 일단 숨통이 트이게 되면 행복한 뇌는 자기 자신을 잊어버리기 시작한다. 우리는 하고 있는 일, 우리를 둘러싸고 벌어지는 일에 완전히 빠져들게 된다. 그러면 그때 우리는 외부에서 아무런 계기가 주어지지 않아도 모든 기쁨 가운데 가장 순수하고 아름다운 환희, 즉 '살아 있음에 대한 행복'을 느낄 수 있다.

끊임없는 자극을 원해!

뇌는 공허함을 견딜 수 없어 하는 것 같다. 상상해 보라. 당신은 방에 있고 아무것도 할 일이 없다. 그런데 어디선가 라디오 소리가 들린다. 당신이 원하든 원하지 않든 간에 당신은 이제 라디오에서 흘러나오는 음악에 귀를 기울이게 된다. 주의력이 언제나 의지를 따르는 것은 아니기 때문이다. 자극이 주어지기만 하면 뇌는 곧바로 그 자극을 향해 돌진한다. (우리가 시내를 어슬렁거리면서 실제로 관심을 기울이는 것보다 훨씬 더 많은 광고 문구를 읽게 되는 이유도 바로 이 때문이다.) 뭔가 다른 할 일을 찾아냈을 때에야 비로소 당신은 그 라디오 소리를 무시할 수 있다. 예를 들어 전화로 진지한 대화를 나눈다면 뇌는 뒤에서 들려오는 시시한 음악 소리를 차단시킬 것이다. 이제 뉴런들은 더 중요한 일을 위해 동원된다.

근심 역시 뇌가 특별히 할 일이 없을 때 뇌 안에 넓게 자리를 잡는다. 누구나 잠들기 전 알 수 없는 미래를 걱정하며 몸을 뒤척인 경험이 있을 것이다. 그럴 때에는 양을 세는 방법이 실제로 효과가 있다. 뉴런들이 작업을 하게 되면 다른 걱정거리들이 들어설 자리가 없어지기 때문이다. 따라서 색감이 풍부한 장면들을 떠올리면 훨씬 더 효과가 있다. 그만큼 더 흥미로울 테니까 말이다.

무료할 때 아름다운 기억보다 오히려 유쾌하지 않은 환상에 더 몰두하게 되는 것은 뇌에 각인된 진화 프로그래밍에 기인한다. 공포를 불러일으키는 생각과 즐거운 생각이 동시에 밀려들 경우, 어두운 생각은 언제나 주의력 싸움에서 즐거운 생각을 누르고 승리한다.

낮에도 우리는 주의력이 산만한 순간에 골똘히 생각에 잠기게 되면 공포와 자기 회의가 덮치는 경험을 하기도 한다. 『신약성서』의 「마태복음」은 지각과 감정과의 관계를 게네사렛 호수 위에서 일어난 다음과 같은 놀라운 장면을 통해 묘사한다. 배 위에 있던 베드로는 바다 위를 걷는 예수를 보고 그에게 다가가고자 한다. 그리고 실제로 성공한다. 그러나 예수에게서 시선을 돌린 베드로를 마침 강한 바람이 강타하고, 그 순간 베드로는 두려움에 휩싸여 물에 빠지게 된다.

런던 대학의 신경심리학자인 닐리 래비Nilli Lavie는 어떤 일에 집중해 있을 때는 훼방을 놓는 자극들이 대뇌의 주요 중심 영역에 도달하지 못하므로 의식하지 않는다는 것을 증명했다. 래비의 실험에 참가한 사람들은 화면 위로 쏟아져 나오는 복잡한 점들은 가능한 한 상관하지 말고 단어들에 몰두할 것을 부탁받았다. 실험 참가자들은 완전히 자신들의 과제에 몰두했고, 춤추듯 나풀거리는 점들에 할당될 기억 용량이 거의 남지 않게 되었을 때 과제를 완수할 수 있었다.

실험 참가자들이 지각해야 했던 과제(단어들)가 방해 요인들(검은 점들)과 전적으로 구분되었기 때문에, 래비는 이들이 실제로 주의를 산만하게 하는 요소들에 대해 면역 능력이 있음을 증명할 수 있었다. 정지해 있는 이미지들과 움직이는 이미지들에 대한 반응은 대뇌의 각기 다른 영역에서 일어난다. 단층촬영을 통해 래비는 실험 참가자들의 뇌에서 단어들을 다루는 중심 영역들만이 활동하고 있음을 밝혀냈다. 그 대신 움직이는 이미지들을 위한 영역들은 단층촬영에서 전혀 깜빡이지 않았다.

행복을 위해 현재에 집중하기

우리가 완전히 집중해 딴 생각을 하지 않는 상태는 일상에서 매우 예외적인 일이다. 대개는 그 반대의 경우가 흔하다. 자기도 모르게 자꾸 다른 생각에 빠져 주변의 현실을 인지하지 못하는 현상이 벌어지는 것이다. 하버드대학의 심리학 교수 대니얼 길버트Daniel Gilbert는 이렇게 마음이 한곳에 머무르지 못하고 분주하게 움직이는 '심리적 방황Mind Wandering' 상태에 관심을 가졌다. 그는 자신의 연구 결과에 대해 다음과 같이 말한다. "나는 거리를 오가는 사람들을 보면서 이들 중 절반이 딴 생각에 빠져 있다는 사실을 알고는 놀랐다."

대니얼 길버트는 집중과 좋은 감정의 연관 관계에 대해 가장 깊이 있게 연구한 학자이다. 그의 연구팀은 아이폰 앱 '당신의 행복 지수를 추적해 보세요Track Your Happiness'를 만들어 이 앱의 이용자를 대상으로 설문 조사를 실시했다. 83개국에서 5,000명의 이용자가 설문 조사에 응했는데, 현재 하고 있는 활동, 감정 상태, 생각하고 있는 일 등에 관해 보고하는 것이었다. 25만 명 이상이 응답한 데이터는 인터넷을 통해 길버트 연구팀의 컴퓨터로 자동 전송되었다.

연구팀은 응답자의 거의 절반 이상이 집중하지 못하고 딴 생각에 빠진다는 결론에 도달했다. 놀랍게도 그들의 주의력은 현재 하고 있는 일에 거의 쏠리지 못하고 겉돌고 있었다. 일을 할 때나 아이들과 놀 때 그리고 운동을 할 때나 친구들과 함께 있을 때도 마치 백일몽을 꾸는 것 같았다. 하지만 단 한 가지 일, 즉 섹스에서만큼은 거의 모두가 집중력을 발휘했다. 이러한 현상은 우리가 머릿속에서 환상적인 여행을 그려 보든, 근심 걱정으로 고통스러워하든, 우리 주변에서 기쁜 일이나 슬픈 일이 생기든 거의 동일하게 발생한다. 우리는 현실과 동떨어진 세계에서 살고 있는 것이다.

이것은 좋지 못한 결과를 가져온다. 딴 생각을 할 때 좋은 생각을 떠올리든 걱정거리로 채우든 이러한 심리적 방황은 우리의 기분을 억누른다. 물론 미래에 관한 생각으로 불안해하거나 과거의 실수 때문에 후회를 할 때 우리는 가장 불행해진다. 하지만 더 나은 꿈의 세계로 빠져 들면서 현실을 회피하려는 순간에도 우리는 현실을 있는 그대로 인지할 때보다 더 나쁜 감정을 가지게 된다. 사람은 현실에 집중할 수 있을 때 가장 행복한 법이다.

낭만적인 뇌

집중해서 보고, 살피고, 느낄 때 우리는 다른 모든 것들을 잊을 수 있다. 심지어 우리 자신까지도. 때때로 그러한 집중력은 바다 위의 물거품을 관찰할 때처럼 저절로 생기기도 한다. 마치 최면에 걸렸을 때처럼 말이다. 사랑을 나눌 때도 우리는 그러한 집중력을 경험한다.

자신의 지각을 의지에 따라 한곳에 집중하는 일은 어렵다. 이럴 때 도움이 되는 것이 바로 발견에 대한 즐거움, 즉 세상을 익숙한 방식과는 다르게 인식하는 즐거움이다. 당신은 창문이나 지붕 또는 나뭇가지에 부딪히는 빗방울의 소리가 얼마나 다양한지 느껴 본 적이 있는가? 당신의 손톱에 부서지는 햇살이 무지갯빛의 미세한 입자들로 빛나는 것을 본 적이 있는가?

그때 근심과 불안은 우리의 주된 관심사가 아니다. 그러나 이것만으로는 그러한 순간 우리가 느끼게 되는 저 들뜬 감정을 다 설명할 수 없다. 그렇다면 듣고 보는 데서 오는 기쁨의 근원은 무엇인가? 그것은 바로 발견의 기쁨이다. 새로운 자극들이 기대 체계를 자극하기 때문이다. 신호가 오면 주의를 기울여 기분 좋은 긴장감을 느끼도록 도파민이 도와준다. 새를 집중해서 바라보는 고양이의 경우에서 보듯이, 동물들의 뇌에도 이런 프로그램이 작동하고 있다.

인간에게는 여기에 고유한 능력, 즉 상징과 관계 맺는 능력이 첨가된다. 우리는 책상 위에 놓인 꽃을 보고 즐거워한다. 그 꽃이 우리의 몸에 어떤 실제적인 이득도 되지 않는데 말이다. 이때 느끼는 감정은 우리로 하여금 소설책의 활자를 보고 크게 웃게 만드는 자극과 같은 바로 그 자극들 덕분에 발생한다. 사실 우리가 보는 것은 흰 종이 위에 찍힌 검은 활자들에 지나지 않는다. 그러나 뇌는 거기에 어떤 의미를 부여하고, 이로써 우리 내면의 눈앞에는 어떤 이미지와 장면 그리고 감정이 펼쳐지며, 그 안에서 우리는 다른 세계로 빠져든다. 이러한 표상 능력은 주변 세계의 모든 기호를 풀이하게 되어 있는 우리의 타고난 경향에 기인한다. 이렇게 볼 때 낭만적 감정은 진화에서 떨어져 나온 부산물이다.

석양을 바라볼 때 대부분의 사람들은 눈앞에서 서서히 지고 있는 붉은 원의 이미지보다 한결 더 많은 것을 본다. 하루가 끝난 후 맞이하게 될 잠과 꿈을 자연스레 생각하게 되고, 어쩌면 첫사랑을 기억할 수도 있으며, 노을 속에서 해변을 뛰어다니던 자신의 아이들을 떠올리기도 한다. 또 세월의 흐름에 대해 생각하거나 심지어 자신의 죽음에 대해 생각하는 사람도 적지 않다.

"아가씨, 정신 차리시구려
저것은 늘 보던 것
저기 앞에서 졌다가
뒤에서 다시 되돌아오는"

하인리히 하이네Heinrich Heine는 낭만적 감정에 대한 시인들의 유별난 집착을 이렇게 조롱했지만, 인간의 뇌가 대부분의 장면들에 자동적으로 감정을 싣는다는 사실을 간과했다. 19세기 낭만주의 시인들과 메마른 시대의 사람들을 구별 짓는 것은 이들이 자연의 아름다움에 감동을 받았다는 사실 그 자체가 아니라 그러한 감동을 시나 미술, 음악의 형식에 담았다는 사실이다.

혁명가였던 룩셈부르크의 편지에서도 우리는 이러한 차원의 무엇인가를 발견한다. 센티멘털한 감정과는 무관하던 그녀가 꽃피는 덤불을 보며 그 향기에 취하고 바람결에 바스락거리는 은백양 잎사귀에 귀를 기울이게 되면서, 그녀는 봄을 기억하고 다가올 여름에 대한 기쁨을 벌써 느낄 수 있었다. 아니, 그녀의 연상은 더 길게 이어졌을지도 모른다. 사계절의 결과를, 그 열매와 변화를 그리고 어쩌면 더 나은 세계에 대한 그녀 자신의 열망을 생각할 수도 있었으리라. 그리하여 그녀는 살아 있다는 사실 자체를 즐겼다. 일상에서 겪는 경험들은 이처럼 잠깐이라도 몰두하게 되면 날개를 단 듯 기분을

❖ ─ 표상 능력은 주변 세계의 모든 기호를 풀이하게 되어 있는 우리의 타고난 경향에 기인한다. 이렇게 볼 때 낭만적 감정은 진화에서 떨어져 나온 부산물이다.

고양시킬 수 있다. 이때 우리는 이러한 인간의 기쁨을 위해 뇌가 수행하는 어마어마한 업적을 쉽게 잊어버린다. 가장 지능이 높은 원숭이들조차 꽃이나 지는 해를 보고 기뻐하는 일은 없는데도 말이다.

"몰입flow"

어떤 일에 몰두할 때 그것은 주의력과 강도 높은 지각을 낳고 그만큼 좋은 감정과도 연결된다. 집중할 수만 있다면 그 일의 종류가 무엇인지는 중요하지 않다. 눈 쌓인 숲속을 달리거나 책을 읽거나 대화를 나누거나 진지하게 수행하는 작업이라면 그 어떤 것도 상관 없다. 중요한 것은 뇌가 최대한 이상적으로 작업할 수 있는 과제를 발견하는 일이다.

일 자체가 좋아 일에 빠져드는 것, 이보다 더 기분 좋은 일은 없다. 시간의 흐름도 느껴지지 않을 정도이다. 열정적인 글쓰기로 155권에 달하는 책을 저술한 독일의 베스트셀러 작가 하인츠 콘잘 리크Heinz Konsalik는 이러한 상태를 다음과 같이 묘사한다.

"나는 내 소설의 등장인물들과 줄거리 속으로 빠져들어 갑니다. 시계가 가리키는 시간도 음식도 휴식도 없지요. 여덟 시간 혹은 열 시간 동안 타자기를 두드리고 나면 완전히 지칩니다. 그러면 이제까 지 내가 머물던 세계에서 우리의 세계로 다시 돌아오기 위해 20여 분의 시간이 필요하게 됩니다."

심리학자인 미하이 칙센트미하이Mihaly Csikszentmihalyi는 그러한 체 험들을 기록하는 일에 전 생애를 바쳤다. 거기에 그는 "몰입flow"이 라는 이름을 붙였다. 그는 체육인과 외과의사, 지휘자를 비롯해 고도 의 집중을 요하는 직업에 종사하는 다양한 사람들과 인터뷰를 했다. 또 그는 아주 평범한 직업에 종사하는 수백 명의 회사원이나 노동자 들과도 이야기를 나누었다. 그렇게 해서 그가 도달한 결론은 주의력 이 고조된 순간에 겪는 경험은 모든 사람들이 서로 유사하며, 행위 의 종류와는 상당 부분 무관하다는 사실이었다. 기억이 체험을 왜곡 시킨다는 사실을 잘 알고 있던 그는 인터뷰한 사람들이 나중에 들려

주는 정보에 만족하지 않고 그들의 감정을 규칙적으로 설문지에 기록하게 했다. 이로써 그는 사람들이 여가 시간을 사실과 다르게 평가하고 있음을 확인했다. 대체로 그의 질문에 응한 사람들은 저녁 시간이나 주말에 쉴 때보다 집중적으로 일할 때 더 좋은 기분 상태에 있었다.

미하이 칙센트미하이의 모든 주장이 새 연구 결과와 일치하는 것은 아니다. 이를 테면 그는 사람들이 일을 할 때 대체로 여가 시간보다 더 좋은 기분 상태를 유지한다고 주장했지만 오늘날의 연구는 그와 정반대의 결과를 보여 준다. 즉 대부분의 사람들에게 직업적인 일은 즐거움을 가장 적게 주는 일에 속한다. 이는 이미 언급한 대니얼 길버트의 아이폰 앱 연구와 4부에서 자세히 설명할 설문 조사에서 드러났다. 칙센트미하이의 오류는 인터뷰한 사람들의 수가 적었고 조사 방법이 미숙함으로 인해 생겨났지만 그렇다고 그가 발견한 사실의 중요성이 폄하되어서는 안 된다. 즉 긴장하고 집중한 상태는 우리에게 좋은 감정을 줄 수 있다.

시쉬포스는 행복했을까?

시쉬포스가 신들의 형벌을 받아 무거운 바위를 산 위로 밀어 올려야 했던 일은 그 자체가 힘들었기 때문에 이 그리스 신화의 영웅에게 고통을 의미했던 것은 아니다. 잠깐 동안의 성공 또한―힘겹게 정상까지 밀어 올리면 바위는 다시 아래로 굴러떨어졌다-아마도 견딜 수 있었을 것이다. 집안을 청소하는 일처럼 효과가 오래 지속되지 않는 일은 얼마든지 있다. 시쉬포스가 힘들다고 느낀 건 자신이 하는 일이 그토록 단조롭다고 느꼈기 때문이다.

칙센트미하이가 다양한 사람들과의 인터뷰를 통해 알아냈듯이, 사람들은 일이 자신의 뇌를 적정 수준으로 가동시킬 때만이 몰입할 수 있다. 이 경우 힘이 들어도 피곤함이나 나쁜 감정이 아닌 기분 좋은 흥분이나 심지어 환희를 불러일으키기도 한다.

이와 반대로 과제가 너무 어렵거나 너무 쉬울 때는 좋은 감정이 생기지 않는다. 해야 할 일이 우리의 능력을 넘어설 때 만족감이 생기지 않는 것은 자명하다. 성공을 체험하지 못한 사람은 좌절하여 자기 의심에 빠지거나 무력감에 시달린다. 하지만 쉽게 처리할 수 있는 일은 그에 못지않은 불편한 감정을 안겨 준다. 지루함은 우리가 가장 견디기 힘든 감정 중의 하나이다. 뇌는 공허함을 좋아하지 않는다. 뉴런들이 긴장되지 않으면 불쾌한 생각과 불안 그리고 낙담이 밀려온다. 우리는 이러한 상태에서 벗어나거나 적어도 뇌를 자극하기 위해 온갖 시도를 한다. (바로 이 때문에 많은 사람들이 자동차 문을 닫자마자 라디오를 켜는 것인지도 모른다.)

신경심리학자 닐리 래비의 연구에 따르면 너무 쉬운 과제는 머릿속에서 너무 어려운 과제와 사실상 비슷한 작용을 한다. 뇌는 충분할 정도로 몰두하지 않으면 중요한 자극과 중요하지 않은 자극을 제대로 구분하지 못한다. 실제로 래비의 연구에서 실험 참가자들은 방해 요인이었던 점들에 대해서도 지각해야 했던 단어들에 대해서와 똑같이 반응했다. 마찬가지로 뉴런들이 과도하게 몰두하면 주의력이 산만해진다. 래비가 실험 참가자들에게 나열된 숫자와 정치가들의 이름을 동시에 기억하도록 요구하고 화면 배경에 유명 팝 가수들의 사진까지 등장시키자 그들은 더 이상 과제를 수행할 수 없었다. 나열된 숫자가 복잡해질수록 단층촬영에서는 뇌가 원래의 과제 대신 점점 더 방해 요소들에 반응하기 시작했다.

그 이유는 기억 작업에 과부하가 걸렸기 때문이다. 앞이마뇌의 뉴런들은 보통 의식을 위한 필터와 같은 역할을 하며 중요하지 않은 자극을 걸러 낸다. 하지만 기억 작업은 너무 많은 정보가 몰려들면 제 역할을 하지 못한다. 그렇게 되면 의식은 밀려드는 자극을 감당할 수 없다. 따라서 뇌가 할 일이 없거나 너무 많아질 때 주의력은 산만해지고 마는 것이다.

과부하와 마찬가지로 저부하도 정신적인 균형에 막대한 해를 끼칠 수 있다. 최근의 심리학 연구에 따르면 일의 부담이 적은 사람들은 우울증과 불안 장애에 걸릴 확률이 높다. 예를 들어 재능이 뛰어난 아이들로 하여금 평범한 학습 속도에 적응하도록 강요하면, 이 아이들은 흔히 견딜 수 없는 지루함으로 인해 정신적인 고통을 느끼며 심지어 자살까지 상상하게 된다. 이 아이들은 진정한 도전에 직면하게 될 때에야 비로소 상태가 나아진다. 따라서 해결책은 이들을 월반시키거나 이들에게 더 어려운 과제를 부여하는 것이다. 이러한 아이들의 경우나 성인들에게는 자신들의 능력에 맞는 과제를 부여

받는 것이 무엇보다 중요하다.

작은 승리를 누리기

어떤 일에 몰두할 때 우리가 느끼는 좋은 감정은 어디서 오는 것일까? 이 질문에 대해 연구자들은 아직 많은 시도들을 하지 않았다. 그러나 이러한 체험에서 도파민이 중요한 역할을 할 수 있을 것이다. 이미 앞 장에서 설명했듯이, 도파민이야말로 주의력을 조절하고 즐거움에 가득 찬 흥분을 불러일으키는 호르몬이기 때문이다.

도파민은 앞이마뇌의 뉴런 중 작업 기억을 담당하는 뉴런들에 직접적으로 영향을 끼친다. 많은 학자들에 따르면, 도파민의 주요 임무 중 하나는 뇌가 중요한 정보들을 방해 요소들로부터 구분하도록 도와주는 것이다. 만일 우리가 무엇인가에 집중한다면 도파민의 방출은 증가한다. 동시에 정신을 위한 일종의 윤활유인 도파민의 영향 아래 우리는 좀 더 빠르게 반응하고 생각하며, 좀 더 쉽게 연상하고 창조적으로 산다. 도파민의 도움으로 뇌가 좀 더 효과적으로 정보들을 처리하기 때문이다. 이것은 높아진 집중력이 지속적으로 높은 성과를 가능케 하는 동시에 좋은 감정을 불러일으킬 수 있다는, 일견 모순되어 보이는 현상에 대한 해명이 될 수 있다.

도파민의 작용은 심지어 왜 사람들이 위험하고 거친 급류에서의 래프팅이나 축구처럼 힘들면서 생활에 직접적인 도움이 안 되는 일들을 계속하는가에 대한 대답이 될 수도 있다. 이런 행위에 미치는 사람들은 특별한 집중의 순간에 방출되는 천연 마약인 도파민에 중독되어 있을 것이다.

여기에 함께 작용하는 것이 성공에 대한 기대이다. 목적지를 눈앞에 두고서 조금만 노력하면 그곳에 도달할 수 있으리라고 기대할 때 우리는 추동된다. 목적지를 향해 일정 부분 앞으로 나아갔을 때 고생한 보람이라는 작은 승리감을 맛본다. 그런 다음에는 다시 그다음 단계의 목표가 설정되고 그에 따라 의지가 발동된다. 이런 방식을 통해 우리는 무엇인가를 달성하고 난 후에 맛보게 되는 허탈감을 방지할 수 있다. 어떤 과제의 난이도가 딱 적당하면 욕망과 보상 사이의 쾌락 시소는 지속적으로 오르락내리락 움직일 것이다. 이 두 개의 감정은 도파민 그리고 오피오이드의 방출과 관련되어 있다. 그에 반해 행위가 너무 단순할 경우에는 도발과 흥분이 부족하고, 너무 힘들 경우에는 보상이 따르지 않는다.

'몰입'의 기분 좋은 상태가 지속적으로 균형을 이룰 수 있도록 우리는 종종 주의력을 강제해야 한다. 생각이 샛길로 빠질 때 최대한 빨리 본래의 과제로 되돌아가려는 노력은 마치 오르막길을 힘겹게 오르기만 하면 페달을 밟지 않아도 저절로 굴러가는 자전거처럼 집중이 자동적으로 이루어지는 상태에 도달하는 것을 돕는다. 이 지점부터는 별다른 고생 없이 일에 몰두할 수 있으며 너무 손쉽게 도달하는 목표보다는 어느 정도 힘겨운 과제에 자신을 밀어붙일 때 목표 달성의 기쁨을 더 크게 맛볼 수 있다.

그러나 너무 높은 목표 설정은 기쁨을 맛보기에 적합하지 않다. 아래에서는 보이지도 않는 최종 목적지, 즉 정상만을 생각한다면 그 어떤 암벽 등반가도 씩씩하게 첫발을 내딛지 못할 것이다. 그렇기 때문에 무의식적으로 모든 등반가는 계속해서 성과를 맛볼 수 있도록 등반 코스를 나누어 짠다. 5미터를 오른 후 확실하지 않은 곳을 딛고 높이 올라가게 되었을 때, 다시 15미터를 오른 후 돌출 암벽을 극복하게 되었을 때, 마지막으로 45미터 후 로프 코스를 다 마치고 서 있을 곳을 발견하게 되었을 때 그는 기뻐한다. 이런 방식으로 수백 미터의 암벽 타기가 이루어져 궁극적으로 정상에 도달하게 된다.

이러한 '부분 승리'들은 최종 성과보다 더 많은 관심을 불러일으킨다. 또 부분 승리는 더 많은 좋은 감정을 선사할 뿐 아니라 최종 목표의 도달보다 더 많은 작은 승리들을 손 안에 쥐게 한다. 기온이 급강하하면 정상을 향한 등반가의 꿈은 물거품이 될 수 있으며, 수년간 실험실에서 일해 온 많은 학자들은 경쟁자가 불과 몇 주 먼저 동일한 결과를 발표하면 명성을 놓치게 된다. 그래서 '과정이 곧 목적지'라는 말이 자주 언급되는 것이다. 그러나 우리의 타고난 기대 체계가 매우 강력하기 때문에 보상에 대한 추구에서 벗어나는 일은 쉽지 않다. 그럼에도 우리는 언제 어떤 형태로 보상을 구하고 찾을 것인지를 선택할 수 있다.

신을 위한 자리

고대 그리스 사람들은 고양된 기쁨의 감정을 신의 선물로 이해했으며, 이것은 동양의 많은 오래된 문화들에서도 마찬가지였다. 그렇기 때문에 거의 모든 종교의 신비주의자들은 그러한 경험에 도달하겠다며 특정 기술을 사용하여 실험을 하곤 했다. 그들이 발견한 방법들은 우리가 집중해서 무엇을 볼 때나 행할 때 체험하게 되는 기쁨과 유사한 메커니즘에 기반하고 있다. 예를 들어 명상은 수련하는 사람들이 자신을 잊고 황홀경의 감정에 도달하기 위해 사용하는 감각적 인지의 조절이다.

선불교의 스님이 자신의 호흡을 고르건, 요가 수련자가 명상을 위해 만트라를 낭송하건, 기독교 신자가 기도에 몰입하건, 모든 명상가는 지각 활동을 단 하나의 단순한 초점에 모은다. 이런 지속적인 작업을 통해 그들의 뇌는 일상의 근심에서 벗어날 수 있게 된다. 이것은 정신을 안정시키고, 몸을 이완시킨다.

하버드 대학의 신경학자들인 로버트 벤슨Robert Benson과 허버트 월리스Herbert Wallace는 명상이 측정 가능한 효과가 있다는 사실을 처음으로 밝혀냈다. 이후 많은 연구에 의해 이 사실은 재차 확인되었다. 생각이 평온해지면 근육이 느슨해지고 뇌파는 알파파 같은 좀 더 조용한 상태로 변하게 된다. 그러면 궁극적으로 맥박과 혈압이 떨어지고 동시에 혈액 속의 스트레스 호르몬의 양이 적어지며, 이로써 규칙적인 명상이 면역 체계를 강화시키는 연결 고리가 생긴다.

전 유기체는 좀 더 균형 잡힌 상태로 전환되고, 뇌는 이러한 상태를 불안에서 해방되고 긴장이 풀린 행복한 상태로 해석하는 것이다.

모든 사람이 명상이나 참선을 잘하는 것은 아니다. 그렇지만 이것을 실천하는 많은 사람들은 그들의 생각이 평정에 이르자마자 고요한 기쁨을 느낀다고 말한다. 이것 자체가 이미 대단한 기쁨일 수 있다. 그러나 숙련된 명상가들은 단순한 긴장 이완 효과 이상의 것, 즉 초월적인 황홀의 순간에 대해 이야기한다. 점점 더 깊숙이 침잠해 들어가는 사람은 자아를 잊게 되고, 시간과 공간에 대한 감각을 잊어버리며, 심지어 전 우주와의 융합을 체험하기도 한다. 필라델피아 펜실베이니아 대학의 의사 마이클 베임Michael Baime은 스트레스를 연구하는 사람으로서 30년 넘게 명상을 실천해 왔다. 그는 우주와 융합하는 순간을 이렇게 묘사한다. "그것은 내 안에 중심을 두고 있으면서 무한한 공간으로 퍼져나갔다가 되돌아오는 에너지 같은 느낌이었다. 정신은 긴장을 풀고 나는 강한 사랑과 (……) 투명함 그리고 기쁨을 느꼈다. 세상 모든 존재와 연결되어 있음을 느꼈으며, 이러한 느낌은 너무나 강렬해서 세상에 그 어떤 분리도 존재하지 않는 것 같았다."

행복한 사회

1

행복은 제 발로 찾아오지 않는다

돈과 여유가 많을수록 우리는 파라다이스를 꿈꾸게 된다. 독일인들에게 가장 매혹적인 개념이 무엇이냐고 물으면 '행복'과 '사랑' 그리고 '우정'이 최상위권을 차지한다. '섹스'나 '독립' 또는 '성공'보다 앞선다.

이 중에서도 행복에 대한 동경은 거의 종교적인 차원을 띤다. 열 사람 중 일곱은 삶의 의미가 행복해지는 것, 가능한 한 많은 기쁨을 누리는 데에 있다는 생각에 찬성한다. 그러나 1974년의 조사에서는 응답한 사람 중 절반 정도만이 자신의 삶에 '전반적으로 만족한다'고 대답했으며, 30퍼센트의 사람들만이 '나는 행복하다'고 답했다.

우리는 행복을 구하였지만 찾지 못했다. 그동안 경제적인 수입은 엄청나게 증가했지만, 삶에 만족하는 사람들의 수치는 50여 년 전에 비해 결코 증가하지 않았다. 당시의 삶과 비교해 본다면 현재 우리가 누리는 삶은 우리에게 한결 더 많은 것을 제공한다. 당시에는 사치에 해당하는 것이 지금은 누구나 다 누리는 일이 되었다. 길가에 늘어선 편의점에서도 샴페인을 살 수 있고, 양복 한 벌 값이면 비행기를 타고 해외여행을 갈 수도 있다. 여가 시간을 누리는 게 이제는 많은 사람들에게 일상이 되었으며, 할 수 있는 일도 무궁무진하다. 도자기를 굽거나 중국어나 요가를 배우고 싶은 사람은 지역 문화센터가 제공하는 다양한 강좌들 중 하나에 등록을 하면 된다. 창공을 나는 것이 꿈이던 사람은 이제 패러글라이딩 학원에 등록하면 된다. 안락한 삶은 유럽의 부유한 나라들에선 극히 일반적인 일이 되었다. 그러나 이 모든 성취가 심리적 만족에 크게 기여한 것처럼 보이지 않는다. 브레히트는 이미 「서푼짜리 오페라」에서 다음과 같이 묘사한 바 있다.

그래 행복을 향해 달려 보자
그러나 너무 빨리는 말고!
모든 사람이 행복을 향해 달리지만
행복은 그 뒤에서 따라오고 있네.

몸은 행복을 감지하는 촉수

삶에 대한 만족도에서 독일 사람들은 평균 정도의 수준을 유지한다. 그것은 이른바 선진국들이 보여 주는 전반적인 만족도의 중간 정도에 해당된다. 그러니까 일본과 대체적으로 비슷하며, 스페인보다 앞서고 이탈리아보다는 뒤진다. 가장 행복하다고 하는 나라들은 스위스와 네덜란드 그리고 스칸디나비아 나라들이다. 행복추구권을 독립 선언의 핵심 내용으로 삼은 미국 시민들은 최고의 만족도를 보여 주는 나라들과 독일의 중간 정도에 놓여 있다.

여러 나라들을 비교하는 연구든, 지난 수십 년간의 경향을 제시하는 연구든 간에, 이러한 연구들이 공통적으로 도달한 결론은 다음과 같다. 즉 선진국들에서 삶의 수준은 결코 삶에 대한 심리적 만족도와 비례하지 않는다. 경제적 안정과 심리적 만족은 연관성이 크지 않다. 계몽주의 철학자들이 주장했듯이, 정부의 과제를 시민들의 행복한 삶에 둔다면 지난 수십 년간 서구의 정치가들은 실패한 셈이다. 영국의 철학자 프랜시스 허치슨Francis Hutcheson은 '최대 다수의 최대 행복'이야말로 정치가의 목표여야 한다고, 1726년 자신의 책 『선과 악에 대한 연구』에서 강조했다. 이와 같은 그의 생각은 미국 헌법의 기조를 이루었을 뿐 아니라, 이후 유럽 민주주의의 기본 방향이 되었다.

그러나 현실은 이러한 요청에서 멀리 떨어져 있다. 오늘날 각 나라의 정부들은 무엇보다 경제 발전에 주력하고 있다. 경제 수치를 향상시켜 국민 삶의 수준을 높이겠다는 것이다. 최대 다수의 시민들이 행복을 누릴 수 있으려면 경제적 안정이 심리적 만족으로 연결될 수 있어야 한다. 그렇지만 선진국들에서 이러한 자연스런 연결은 나타나지 않고 있다. 인간과 기계가 수행하는 노동이 그에 상응하는 행복을 생산하는 것이 정상이라면, 우리의 경제 체계는 그 엄청난 가치 창출에도 불구하고 극히 비생산적인 운영을 하고 있는 셈이다. 그러나 달러 한 장 한 장이 정말 중요한 소득을 의미하는, 경제 성장이 다소 느린 나라들의 경우는 사정이 다르다. 너무나 빈곤한 나라인 몰도바에서 시작해 선진국을 향해 달리는 국가 중 높은 경제력을 보여 주는 나라들의 경우 삶에 대한 만족도는 상승 곡선을 보인다.

이유는 명백하다. 가장 필요한 것이 부족한 곳에서는 행복이 귀한 법이다. 자신의 농토에서 수확한 곡물로 간신히 가족을 먹여 살릴 수 있을 뿐인 네팔의 농부는 언제나 스트레스를 받는다. 내년에는 추수한 곡물로 충분히 먹고 살 수 있을까? 오두막의 지붕은 우기를 잘 견뎌 낼 것인가? 아이가 계속해서 기침을 해 대는데 혹시 무슨 심각한 병에 걸린 건 아닐까? 이 농부의 경우 아주 조금이라도 수입이 늘어난다면 그것은 가족 전체에게 진정 도움이 될 것이다. 그러면 아이를 데리고 의사를 찾아갈 수도 있고, 아이들에게 더 나은 교육을 시킬 수도 있지 않겠는가.

그러나 경제력은 가장 가난한 나라들에서조차 행복을 결정짓는 여러 요소들 중 하나일 뿐이다. 많은 나라가 물질적 재산의 양에 구애받지 않고 삶에 대한 커다란 만족감을 창출해 내는 데 성공하고 있다. 후텁지근한 인도 남부의 작은 주 케랄라가 바로 그런 지역 중 하나이다. 이곳에는 3,000만 명에 달하는 인구가 좁은 땅에 모여 살고 있다. 땅은 좁아도 모든 곳에서 코코야자 나무와 바나나 나무 그리고

양념에 쓸 수 있는 식물들이 경작된다. 이곳 사람들은 주로 농업이나 어업으로 생계를 유지한다. 케랄라주에서는 농산물을 늘 풍성하게 수확하지만, 그것의 가치는 한 달에 60달러도 채 되지 않는다.

그러나 다른 주들의 대다수 사람들이 문맹인 데 반해, 이곳에서는 남녀 가릴 것 없이 모두 읽고 쓸 줄 안다. 그리고 대부분의 사람들은 읽고 쓰는 것 이상의 교육을 받는다. 케랄라는 수천 년 동안 전투술과 아유르베다 의술, 그리고 댄스 극장의 전통을 유지해 왔다. 이 지방 고유어로 수준 높은 영화가 제작되기도 한다. 그리고 제3세계의 많은 나라들에서 소작농들이 허기도 채우지 못할 정도의 형편없는 소작료를 받으며 뼈 빠지게 지주의 농토를 경작하는 데 반해, 케랄라 주민들은 자신의 농토를 소유하고 자립적인 삶을 꾸려 나간다.

케랄라는 평균 수명에서도 세계 최고 수준을 자랑한다. 이곳의 기대 수명은 일흔네 살인데, 이것은 그처럼 빈곤한 나라의 정황을 살펴 볼 때 대단히 놀라운 일이 아닐 수 없다. 케랄라보다 6배나 더 잘사는 브라질의 경우 평균 수명은 예순여섯이다. 케랄라 시민들과는 거의 비교할 수 없을 만큼 더 많은 부를 누리는 미국 흑인들의 경우에도 평균 수명은 케랄라의 시민들이 누리는 수명만큼 길지 않다.

수명은 인간의 행복에 대해 무엇을 말해 주는가? 케랄라에 사는 사람들이 비교 가능한 다른 나라에 사는 사람들보다 더 오래 살 수 있는 것은 물론 케랄라에 마련되어 있는 좋은 의료 시설과 위생 관념 덕분이다. 케랄라주는 다른 개발도상국들처럼 제철 산업이나 공항 건설에 투자하지 않고 학교와 병원에 투자를 했다. 그뿐 아니라 케랄라에서는 인도의 그 어느 곳보다 더 잘살 수 있다는 인식도 이곳 시민들의 건강에 기여했다. 자신의 농토와 확실한 수입 그리고 잘 운영되는 마을 공동체에서의 삶은 이곳 사람들로 하여금 쓰러져 가는 집 앞에 철거반이 대기하고 있는 빈민 지역보다 한결 여유 있게 미래를 바라보게 해 주었으며, 스트레스에 시달리는 고통을 한결 줄여 주었던 것이다.

화나 스트레스가 없는 상태는 건강한 몸을 보장하고, 건강은 기분을 좋게 만들어 준다. 신체와 정신 간의 그러한 상호작용은 사람들이 의사의 도움을 더 많이 받게 될수록, 교육을 더 많이 받게 될수록 그만큼 더 중요해진다. 개발이 안 된 지역에서는 감염 때문에 사람들이 죽는 일이 허다하다. 의료 및 위생 상태가 나아지기만 하면 결핵이나 콜레라 또는 장염에 걸려 죽는 사람들의 숫자는 거의 찾아볼 수 없을 정도로 줄어든다. 그러나 이제 사람들은 나이가 들어 다른 질병의 희생자가 된다. 수명이 연장될수록 스트레스로 인해 생기는 병에 시달린다. 예를 들어 선진국에서 가장 빈번하게 나타나는 사망의 원인인 심장마비나 뇌졸중 등 말이다.

기분 좋은 상태와 그에 따른 스트레스의 부재 그리고 긴 수명 사이에는 많은 연구서들이 증명하듯이 직접적인 관계가 있다. 한 사람이 영위하는 삶의 형태는 유전적 특질이나 환경 또는 의료 시술보다 더 직접적으로 그의 수명을 결정한다. 몸은 행복을 감지하는 촉수이기 때문이다.

돈과 행복의 역설

사회 구성원들이 얼마만큼 인생에 만족하는가, 얼마나 오래 사는가 하는 것은 그 사회를 지배하는 정의로움과 병행한다. 두 가지 질문 모두에서 가난한 케랄라는 개발도상국들 중 가장 뛰어난 대답을 주는 지역이다. 브라질처럼 가진 자와 못 가진 자 사이의 간극이 커지면 그만큼 국민들의 평균 수명은 짧아진다. 브라질에서 빈곤층에 속하는 사람의 수입이 케랄라의 중산층에 속하는 사람의 수입보다 많은데도 그렇다.

이렇듯 장수의 조건은 절대적 부가 아니라 부의 바람직한 분배에 있다. 이러한 사실은 선진국에서도 나타난다. 스웨덴이나 일본의 소득 격차는 다른 나라에 비해 적은 편이다. 그에 비례해서 이 두 나라의 국민은 서로 다른 복지 체계와 의료 체계에도 불구하고 똑같이 긴 수명을 누린다. 부의 분배가 공정하지 못한 나라의 경우 그만큼 수명도 줄어든다. 독일의 경우 경제적 부와 수명 모두에서 선진국의 평균치에 머물고 있다.

전 세계적으로 볼 때, 수입이 비교적 고른 나라의 국민이 삶에 가장 큰 만족감을 느낀다는 사실은 결코 우연이 아니다. 스칸디나비아 반도의 나라들과 네덜란드 그리고 스위스의 경우 부자와 빈자의 격차는 독일이나 이탈리아의 경우보다 낮다.

미국의 여러 주들을 비교해 보면 이러한 사실을 더욱 인상 깊게 느낄 수 있다. 미국은 전체적으로 뛰어난 의료 시설을 갖춘 나라이지만 평균 수명에 있어서는 주마다 격차를 보인다. 북서쪽에 있는 다코타주는 기대 수명이 일흔일곱 살인데 반해, 남쪽에 있는 루이지애나주는 일흔세 살이다. 절대적 부도, 빈곤층의 비율도, 그리고 흡연도 이러한 차이를 설명하는 충분한 요소가 되지 못한다. 암이나 유전자로 인한 질병에 따른 사망률 역시 별다르게 나타나지 않는다. 이 두 주에 사는 사람들의 수명이 다른 것은 바로 빈부의 격차 때문이다. 루이지애나의 빈부 격차는 다코타보다 거의 2배나 높다. 좀 더 심한 불평등을 보여 주는 나라나 지역에 사는 사람들이 좀 더 일찍 사망한다는 사실은, 따라서 무엇보다도 그러한 사회에서 사는 사람들이 겪는 격한 대립 상황이 스트레스를 불러온다는 것을 보여 준다.

돈과 행복은 매우 역설적인 관계에 놓여 있다. 일정한 한계를 넘어서고 나면 경제적 부는 더 이상 삶에 대한 만족도에 영향을 끼치지 않는다. 그러나 한 사회 내에서 부의 분배가 어떻게 이루어지는가 하는 것은 여전히 중요한 요소로 남아 있다.

전 세계적으로 볼 때 많은 나라들에서 빈부의 격차는 더욱 심화되어 왔다. 빈부의 격차, 즉 승자와 패자 사이의 간극이 가장 심하게 나타난 곳은 특히 극심한 변화를 겪은 동유럽 나라들이다. 러시아의 경우가 가장 지독하다. 러시아의 사망률은 1989년 이래로 3분의 1이 증가했고, 남성들의 기대 수명은 예순 살에도 미치지 못한다. 동유럽의 다른 나라들보다 더 일찍 자본주의 체제를 도입한 헝가리의 경우, 사망률은 1970년에서 1990년 사이에 20퍼센트 정도 증가했다. 헝가리의 경제 상황이 특별히 이 기간에 더 나빠진 것은 아니다. 총 국가 수입은 오히려 3배나 증가했다. 그러나 부의 해택을 입은 사람은 소수에 지나지 않고, 대부분의 사람들은 1970년과 똑같은 경제적 상태에 머물러 있었다.

신자유주의 세계관에 따르면, 부자가 더 많은 부를 획득하는 것은 누구에게도 해를 끼치지 않는다. 부를 덜 소유한 사람들의 수입이 줄지만 않는다면 말이다. 통장 잔고만을 유일한 척도로 삼는다면 이 논거는 유효하다. 그러나 심리적 만족도와 건강 상태에 따른 결과를 고려한다면 이 논거는 맞지 않다. 한 사회 내에서 빈부 격차가 심해지면, 가진 자와 못 가진 자 모두 결국 패자가 되고 말 것이다.

삶의 만족도를 높이는 사회적 연대 의식

미국의 펜실베이니아주 동쪽에 있는 작은 도시 로제토의 시민들은 이러한 발전 과정을 다른 사람들보다 먼저 경험한 것으로 보인다. 20세기 초반까지만 해도 이곳 사람들은 신의 보호를 받는 듯 보였다. 거기에서는 산업 국가들에서 가장 빈번한 사망 원인으로 등장하는 심장-혈압 관련 질병에 걸린 사람을 거의 찾아볼 수 없었다. 또 예순다섯 살이 넘은 남자들의 사망률도 미국의 다른 주에서 나타나는 평균 수치의 반 정도밖에 되지 않았다. 이 도시의 주민들 거의 모두가 이탈리아 이민자들이긴 하지만, 그렇다고 해서 모든 게 건강식

품 광고에 자주 등장하곤 하는 지중해식 식습관 덕택은 아니었다. 오히려 로제토 사람들은 매우 건강하지 못한 일상을 영위하고 있었다. 사람들은 담배를 피웠고, 혹독하게 일했으며, 당시 미국에서는 아직 올리브유가 판매되지 않았기 때문에 돼지기름을 사용해 기름진 이탈리아 전통 음식을 요리했다. 유전자적 특질도 로제토 사람들의 건강을 설명해 주지는 못했다.

로제토 시민들을 미국의 다른 지역 사람들과 확실하게 구별해 준 것은 바로 끈끈한 유대 관계였다. 이곳은 동일한 시기에 이탈리아의 아풀리안에서 미국으로 이민 온 사람들이 흩어지지 않고 서로 똘똘 뭉쳐 살던 곳이다. 그들은 미국의 펜실베이니아에 살면서도 이탈리아의 작은 도시 아풀리안의 모든 의식儀式을 간직하고 있었다. 그들은 날마다 해가 지면 함께 산책하고 클럽에서의 놀이를 즐겼다. 그리고 크고 작은 교회의 행사와 축제 행렬에 참석했다. 시기심은 공동체를 분열시킨다는 걸 알고 있었기에 로제토에서는 부를 자랑하는 것이 조롱의 대상이었다. 많은 가족들이 부를 누리고 있었지만 의복이나 자동차 또는 집을 통해 부자와 가난한 자를 구별하는 일은 불가능했다. 보통 3세대가 한 지붕 아래 함께 살았다. 범죄도 찾아볼 수 없었다.

그러나 이 모든 것이 변하고 말았다. 로제토의 시민들이 물질적으로 풍요로워지는 만큼 공동체 역시 해체되어 갔다. 1970년 이후 젊은이들은 대학 공부를 위해 로제토를 떠났다. 그리고 이들이 다시 고향으로 돌아왔을 때는 부모들과는 다른 사고방식을 가진 채였다.

캐딜락을 타고 다니는 사람들의 숫자도 늘었다. 커다란 집들, 수영장, 정원에는 울타리가 쳐지기 시작했다. 이제 사람들은 사면의 벽에 둘러싸여 자신이 쌓은 부를 즐기게 되었다. 로제토가 미국의 다른 보통 소도시를 닮아 갈수록 이곳에서 발생하는 질병과 사망률도 미국의 평균에 근접해 갔다. 주민들 사이를 엮어 주던 강한 유대가 사라지면서 그러한 유대 덕분에 가능했던 보호 작용 역시 사라진 것이다.

공동체가 온전히 유지되는 동안 로제토의 시민들은 다른 미국 시민들보다 스트레스를 덜 받은 것이 확실하다. 그 이유는 다음의 두 가지로 볼 수 있다. 첫째, 로제토에서는 그 누구도 이웃과 경쟁하려고 안간힘을 쓸 필요가 없었다. 다른 사람들보다 더 가난하고 덜 성공한다고 해서 사회에서의 지위가 낮아질까 불안해 할 필요가 없었다. 사람들이 불행을 느끼는 것은 무엇인가를 소유하지 못해서가 아니라 상대적으로 다른 사람들보다 적게 소유하고 그로 인해 자신이 가치 없다는 생각을 하기 때문이다. 로제토 사람들은 다른 사람들이 자신보다 앞서 나가며 성공과 부를 쌓는 모습을 보며 절망감과 무기력감을 느끼지 않아도 되었다. 둘째, 로제토에서는 모든 가족과 이웃이 서로 조건 없이 믿고 의지할 수 있었다. 공동체의 후원이 너무나 확고해서 모두가 일상을 평온하게 유지시켜 주는 확실함 속에서 살았기 때문에, 그 어떤 삶의 혼돈이 몰아치더라도 그것으로 인해 크게 흔들리거나 상처받는 일은 없었다. 로제토 시민들은 절망을 몰랐던 것이다.

이러한 내적 평정은 종종 스트레스 때문에 발생하곤 하는 심장-혈압 관련 질병들에서 로제토 사람들을 지켜 주었다. 심리적 원인에 구애받지 않는 암 같은 질병의 발병률은 미국의 다른 지역에서 보여 주는 평균치와 비슷했다.

연대감은 힘겨운 상황을 한결 견딜 만하게 해 준다. 이미 19세기 노동운동 당시부터 사람들은 동지들에게 이러한 원칙을 확인시키고 자 하였다. 그러나 잘 운영되는 공동체가 사람들의 정신적, 신체적인 상태에 영향을 끼쳐 실제로 건강에까지 그 효과를 미친다는 생각은 새로운 인식이다. 우리는 이미 우정의 가치를 논하면서 이 연결망을 언급한 바 있다. 사회적으로 뿌리를 잘 내린 사람은 더 잘 살고 더 오래 산다. 심리적 만족과 기대 수명 그리고 사회 집단 속에서의 연대 간에 나타나는 이 연결망은 로제토 시민들에 대한 초기 사회학 연구 가 발표된 이래 많은 연구들이 설득력 있게 확인시켜 주었다.

사회 구성원들 사이의 연대가 잘 유지되려면 사람들의 삶의 방식과 관심사가 크게 다르지 않아야 한다. 사람들 사이의 삶의 방식이 크게 대립되는 양상을 보이기 시작하면, 그만큼 사회적 연결망은 해체되고 밀고 당기는 힘겨루기가 시작된다. 부자와 가난한 사람들은 이제 다른 세계에 살게 되고, 서로 상대방의 영역을 회피하게 된다.

사회적 연대와 삶에 대한 만족도 사이의 긍정적인 예를 제공해 주는 나라가 바로 네덜란드이다. 네덜란드 국민들은 이미 수백 년 동안 북해가 나라를 덮칠지도 모른다는 위협에 직면해 살고 있다.

이러한 상황은 평등한 사회를 낳았고, 그래서 이곳에서는 여왕조차 폭풍우가 몰아 칠 때면 자전거를 타고 다니면서 고무장화를 신고 댐에 올라선 모습을 보여 준다.

공동체에 몰두하기

연대감이 가져다주는 심리적 효과에 대해 쏟아져 나오는 연구 결과물들은 한참 유행했던 신자유주의 이데올로기와는 모순되는 입장을 보여 준다. 이른바 '나-주식회사'라는 슬로건인데, 이 슬로건에 따르면 모든 사람은 자기 자신이 시장에서 관철되어야 하는 회사인 것처럼 자신의 삶을 운영해야 한다. 많은 처세서들은 '나-주식회사'를 운영하기 위한 다양한 기술들을 강조한다. 예를 들어 어떤 책은 각자의 '브랜드'를 개발해 자기 자신을 유일무이한 상표로 만들어야 한다고 주장한다. 이를 위해서는 '새로운 엔지니어링', 즉 끊임없는 자기 개발이 요구되며 최고의 자리를 지키는 사람들과 가장 성공한 사람들을 모델로 삼아 지속적인 '벤치마킹'을 해야 한다는 것이다. 그러니까 '나-주식회사'는 로제토 공동체와 정확히 반대되는 모델이다. 뉴욕의 기업가이며 억만장자인 론 펄먼Ron Perleman은 이렇게 말한다. "행복은 실제적으로 흐르는 돈의 양이다."

그러나 그 모든 "장래성 있는 경영"에도 불구하고 이러한 전략에는 미래가 없다. 왜냐하면 이러한 전략은 이에 따라 살고자 하는 사람들에게 너무나 비인간적인 엄청난 부담을 지우기 때문이다.

개인적인 생활에 갇혀 사는 대부분의 사람들은 스스로 행복에 대한 희망을 포기한 것이나 마찬가지다. 그로 인해 다른 사람들의 후원을 덜 받게 되기 때문만이 아니라 함께 일상의 삶을 꾸리는 이웃과 지역을 덜 풍요롭게 만들기 때문이다. 개인적인 삶을 벗어나 공동체적 일에 몰두하는 사람은 언제나 굉장한 만족을 얻곤 한다. 이것은 영국의 사회심리학자인 마이클 아가일의 여가 시간에 대한 연구가 보여 주는 결과이다. 그의 연구에서 질문을 받은 대부분의 사람들은 그 어떤 기쁨도 자신들이 자유의지로 선택한 사회 활동이 가져다주는 기쁨에 견줄 만한 것은 없다고 말한다. 여가 시간의 활용에 따른 만족도를 기록한 표에서 우리는 사회 활동보다 높은 위치를 차지하는 유일한 행위는 춤밖에 없음을 확인할 수 있었다. 질문에 응한 사람들은 사회 활동이 가져다주는 가장 큰 기쁨의 요인으로 같은 생각을 가진 사람들을 만날 수 있고, 자신의 일이 가져온 결과를 볼 수 있으며, 다양한 삶의 경험을 얻을 수 있는 것 등을 들었다. 이처럼 연극에 관심 있는 사람들과 함께 일하든, 자연보호단체에서 일하든 사회 활동에 헌신한다는 것은 단순히 도덕적인 이유에서뿐 아니라 순수하게 자신의 이익을 위해서도 추천할 만한 일이다.

합창단에서 다른 사람들과 함께 노래를 부르는 소박한 행위는 단지 기분을 고양시키는 것 이상의 효과를 낸다. 하버드 대학의 정치학 교수인 로버트 퍼트넘Robert Putnam은 이탈리아의 예를 통해 좋은 정부란 어떤 정부인가를 연구하면서 이러한 사실을 확인했다. 북

❖ — 연대감이 힘겨운 상황을 한결 견딜 만하게 해 준다. 사회적으로 뿌리를 잘 내린 사람은 더 잘 살고 더 오래 산다.

부 이탈리아의 에밀리아-로마냐 같은 지방 정부가 모범적으로 정책 운영을 하는 데 비해, 이탈리아의 다른 지방에서는 부패와 열악한 경제 상태 그리고 혼돈이 지배적인데, 퍼트넘은 한쪽에서의 성공과 다른 한쪽에서의 실패에 대한 해명을 마을과 도시의 사회적 연결망에서 발견했다. 사람들이 공동의 목표를 위해 기꺼이 함께 행동하는 곳에서는 대부분 정부도 훌륭했다. 여기서 시민들을 묶어 주는 끈은 대부분 비정치적인 것들, 예컨대 축구 클럽이나 합창대, 복권 추첨 등이었다.

퍼트넘은 자율적인 사회 참여를 통해 사람들의 관심이 서로 연결되면서 함께 성장한다고 주장한다. 사회적 삶이 활발하게 진행되는 공동체에서는 남몰래 무슨 일을 꾸미는 게 쉽지 않다. 따라서 정치가들은 정직하게 행동한다. 자신들이 권력을 남용할 경우 주민들이 가만히 있지 않을 것임을 잘 알기 때문이다.

사람들 사이의 연결망이 잘 짜여 있지 않은 사회에서는 끼리끼리 짜고 벌이는 음모가 번창하게 마련이다. 이런 곳에서는 개인이 특정 집단의 변덕스런 의지 앞에서 무력감을 느끼기 때문이다. 그리고 손해를 보지 않기 위해 누구나 자기 식대로 가능한 한 속임수를 쓴다. 그럴수록 권력을 가진 사람들은 더 많이 횡령할 수 있다는 믿음을 확인하게 된다. 부정부패와 몇몇 권력가들의 권력 남용은 사람들이 그것에 대항할 만한 반대 세력을 형성하지 못했기 때문에 어쩔 수 없이 그것을 참낼 수밖에 없는 곳에서만 번성한다.

시민의식은 신뢰를 전제로 한다. 그러나 그 반대의 사실도 유효하다. 즉 좀 더 많은 사람들이 서로를 위해 노력할 준비가 되어 있으면 신뢰는 권력남용을 막을 수 있다. 나무랄 데 없는 최고의 실력자들과 실제로 힘을 발휘할 수 있는 법과 제도들은 물론 중요하다. 그러나 넓게 퍼져 있는 공적 삶이 없다면 그것들이 거둘 수 있는 효과는 아주 미미할 것이다. 시민의식은 민주주의가 설 수 있는 기초이다.

시민의식이 높은 지역에서는 수익의 격차가 비교적 적은 반면, 유대 관계가 느슨한 지역에서는 격차가 조금 더 벌어진다. 퍼트넘은 동일한 상황을 그가 살고 있는 미국에서도 확인할 수 있었다. 부의 분배가 정당하게 잘 이루어지는 주들은 시민단체 또는 클럽 등으로 구성된 사회적 연결망이 좀 더 잘 작동되고 있었다. 그런 주에서는 선거 참여율만 높은 게 아니라, 시민들 역시 좀 더 많은 신뢰를 쌓고 있었다. 그리고 이것은 오래 살 수 있는 발판을 제공하였다. 정의로움과 시민의식 그리고 수명은 이렇듯 서로 긴밀하게 연결되어 있다. 사회 구성체가 온전히 잘 유지되는 곳에서 사는 사람들은 좀 더 행복하다.

무기력의 결과

대량 실업 역시 사회 구성체를 뒤흔든다. 스위스의 경제학자 브루노 프라이Bruno Frey는 여러 지역에 사는 사람들에게 삶에 대한 만족을 묻는 설문을 실시한 결과, 실업이 모든 사회 구성원의 심리적 만족도에 부정적인 영향을 끼친다는 결론을 얻었다. 다시 말해서 일자리를 가지고 있는 사람에게조차 영향을 끼친다는 것이다. 이것은 한편으로는 자신도 언젠가 일자리를 잃을지 모른다는 심각한 공포에서 기인하고, 또 다른 한편으로는 사회적 연대의 상실에서 기인한다. 이렇게 해서 처지가 더 괜찮은 사람들도 사회적 피폐함의 결과를 느끼게 되는 것이다.

오스트리아의 도시 마리엔탈의 경우는 실업자들이 강요된 무위無爲로 인해 어떠한 고통을 겪는지를 여실히 드러내는 사례이다. 빈의 남쪽에 있는 마리엔탈은 그곳의 대규모 직물공장이 경영난에 빠지기 전까지는 한창 번창하던 도시였다. 수많은 노동자들을 고용하던 이 직물공장이 문을 닫게 되자, 노동자들은 모두 실업자가 되고 말았다. 이것은 1929년 경제 공황 때 발생한 일이어서 그들은 잃어버린 일자리를 대신할 만한 그 어떤 다른 일자리도 찾을 수 없었다.

그러나 일자리를 잃어버린 사람들은 먹고 살 걱정은 없었다. 실업 대책 덕분에 경제적으로 비교적 안정된 상태였기 때문이다. 그렇지만 아무 일도 하지 않는 무위의 상태는 이전에 그토록 자긍심 넘치던 노동자들을 피폐하게 만들었다. 오스트리아의 사회학자인 마리 야호다Marie Jahoda와 파울 라차르스펠트Paul Lazarsfeld는 이 과정을 주도면밀하게 추적해서 기록으로 남겼다.

마리엔탈은 죽음을 앞둔 투쟁을 하는 듯 보였다. 마리엔탈 사람들은 스스로 애를 써서 기운을 차리고 뭔가를 새로 시작하려는 전망을 보여 주는 대신 체념과 무력감에 빠져들었다. 그들은 환경에 굴복함으로써 온갖 형태의 절망감을 맛보았다. 1년이 지나자 실업이 닥치기까지 풍요로웠던 마리엔탈의 사회적 삶은 완전히 사라져 버렸다. 이전에 노동자들이 만들고 가꾸어 왔던 공원은 사람의 손길이 닿지 않아 황폐해졌다. 일을 하지 않아도 되는 지금, 그들은 공원을 가꿀 수 있는 충분한 시간을 갖게 되었는데도 말이다. 일자리를 잃은 노동자들은 잔뜩 움츠러들어 겨우 집안일이나 해낼 수 있을 뿐이었다. "이제는 집 밖으로 나가고 싶은 마음이 전혀 없다"고 그들 중 한 사람은 푸념했다.

360

삶의 의욕을 상실한 이들은 이제 마음껏 쓸 수 있게 된 여유로운 시간에도 불구하고 책을 읽을 생각조차 하지 않았다. 무료로 책을 빌려 볼 수 있는 시립 도서관의 도서 대출은 이전의 2분의 1로 줄었다. 신문을 정기 구독하는 사람의 숫자는 더 급격하게 줄었다. 이전에 사회주의 당에서 간부로 적극적인 활동을 벌인 한 사람은 이렇게 말한다. "전에는 노동자 신문을 거의 외다시피 샅샅이 읽곤 했지요. 그러나 이제는 슬쩍 훑어보곤 쓰레기통에 던져 버리게 됩니다. 이전보다 더 많은 시간이 있어도 말이죠."

마리엔탈 사람들은 시간 감각을 상실했다. 그들은 야호다와 라차르스펠트의 부탁에 따라 일기를 썼는데, 기록된 내용은 겨우 다음과 같은 것들이었다. "16~17시 우유 사러 나갔다 옴. 17~18시 공원에서 집으로 돌아 옴." 이전 같으면 5분이면 걸어갔다 올 수 있는 100~200미터의 거리도 이제는 한 시간이 걸린 것이다! 이 어이없는 사실을 해명하기 위해 두 사회학자는 대로가 보이는 창문에 자리를 잡고 이들의 걷는 속도를 재 보았다. 이들이 걷는 거리는 한 시간에 3킬로미터가 채 되지 못했다. 일자리를 잃은 이들은 목표를 향해 부지런히 걷는 일반 보행자 속도의 반도 안 되는 느린 걸음으로 걷고 있었다. 그리고 이러한 무위의 나날이 길어질수록 이들은 수동적으로 변했고 에너지를 상실했다.

마리엔탈의 실업 상황이 펼쳐진 1930년은 지금과는 다르다. 그리고 마리엔탈은 유럽이 아니다. 오늘날 실업자들은 당시 마리엔탈의 실업자들보다 경제적으로 한결 더 안전한 장치를 보장받고 있다.

그리고 1930년대 초반에 벌어진 경제 위기와 비교해 볼 때 현재의 경제 상태는 매우 안정된 모습을 보여 준다. 그러나 아무 일도 하지 않는 무위의 상태가 가져오는 황폐한 결과는 그때나 지금이나 변함이 없다.

실업자들의 상당수는 모든 노력을 기울여도 다시 새로운 일자리를 찾을 수 있으리라는 희망을 품기 힘든 상황에 처해 있다. 더군다나 그들의 나이가 이미 50을 넘긴 상태라면 상황은 더욱 심각하다. 많은 사회심리학 연구서가 보여 주고 있듯이 삶에 대한 이들의 만족도는 아직 일을 하는 동년배 사람들보다 훨씬 떨어진다. 할 일이 없게 된 상태는 심리적으로 볼 때 배우자가 죽었을 때보다 더욱 심각한 영향을 끼친다고 결론 내리는 사회심리학자도 적지 않다. 일자리를 잃은 사람은 심리적인 질병이나 스트레스와 연관된 질병에 걸릴 확률이 대단히 높다. 그리고 그 결과 기대 수명도 짧아진다.

"어느 누구도 나태할 권리는 없다"는 식의 속담이 종종 미디어에 인용되곤 하지만, 아침에 실컷 잠자기 등 실업자가 누릴 수 있는 자유는 진정한 자유가 아니다. 그들이 선택한 자유가 아니기 때문이다. 자신이 아무런 쓸모가 없다고 느끼는 사람들은 굴욕감을 느낀다.

마리엔탈의 시민들이 보여 준 것처럼, 그들은 우울증에 빠져 자신을 완전히 폐인으로 만들어 버리는 위험에 직면해 있다. 실업은 무기력한 상태가 사람을 얼마나 황폐하게 만드는지를 보여 주는 가장 충격적인 예들 중 하나이다.

내 인생의 결정권을 나에게

사회 속에서 누리는 행복의 열쇠는 자신의 삶에 대한 자기 결정 권이다. "외부의 힘에 자신을 종속시켜야 한다는 것은 엄청난 폐해를 가져올 수 있다"고 미국 록펠러 대학의 브루스 맥쿠엔Bruce McEwen은 말한다. 이때 무엇보다 문제가 되는 것은 자신의 삶에 대해 그 어떤 통제력도 지니지 못하는 일이다. 이럴 경우 지속적인 스트레스가 발생하고, 더 나아가 삶에 대한 심리적 만족감을 떨어트리며 건강까지 해치게 된다.

우리는 무기력한 상태가 불러오는 이러한 스트레스를 비교적 사소한 상황에서도 경험하게 된다. 예를 들어 공항에서 비행기가 연착된다는 안내 방송을 몇 시간에 걸쳐 반복적으로 들어야 할 경우를 생각해 보자. 목적지에 몇 시간 먼저 도착하든 늦게 도착하든 인생에서 누리는 행복에는 큰 지장이 없다는 사실을 우리는 너무나 잘 알고 있다. 그리고 비행기가 언제 출발하는지에 대한 결정은 완전히 우리의 권한 밖에 있기 때문에 출발이 지연되는 것에 대해 흥분해 봤자 아무런 소용이 없다는 사실도 잘 알고 있다. 그러나 바로 이러한 무력감이 문제인 것이다.

자신의 운명을 통제할 수 없다는 데서 오는 스트레스는 너무나 오래된 진화의 유전적 결과이다. 아프리카 세렝게티 원시림에 사는 개코원숭이들을 관찰한 스트레스 연구가 로버트 새폴스키는 다음과 같은 연구 결과를 전한다. 이들 원숭이 사회에서 낮은 지위를 차지하는 수컷들은 우두머리에게 복종해야 한다는 사실에 엄청난 스트레스를 겪는다. 세렝게티 원시림의 먹이 상태는 이곳에 있는 모든 동물이 충분히 먹을 수 있을 만큼 양호한데도 지위가 낮은 수컷들의 건강 상태는 우두머리들에 비해 현저히 나쁘다. 지위가 낮을수록 혈관에 더 많은 스트레스 호르몬이 흐르고, 그만큼 더 자주 병이 들고, 그만큼 더 일찍 죽는다.

사람의 경우에는 대단히 미세하게 그리고 거의 일상적 상태에서 작동하는 복종의 형태들조차 그것이 지속될 경우 심리적 만족도와 건강에 나쁜 영향을 끼친다. 이러한 사실을 증명해 주는 많은 예들이 있다.

● 구동독 시민들은 구서독에 비해 선거를 할 수 있는 기회가 적었다. 그리고 국민의 뜻과는 무관하게 움직이는 국가에 대한 공포가 널리 퍼져 있었다. 구동독 시민들의 무력감은 사람들의 몸짓에서도 나타났다. 1986년 심리학자인 가브리엘레 외팅겐Gabriele Oettingen은 당시 서베를린과 동베를린의 노동자들이 드나드는 술집에서 그들을 비교 관찰했다. 당시 서베를린의 술집에 드나들던 사람들 중 4분의 3 이상이 때때로 웃음을 지었던 데 반해, 동베를린의 술집을 드나들던 사람들이 웃는 경우는 4분의 1도 채 되시 않았다. 웃음보다 더 확실한 차이는 몸짓에서 나타났는데, 외팅겐에 따르면 이러한 몸짓은 자기 신뢰나 패배감 등과 관련이 깊다. 서베를린 술집의 경우 앉거나 서 있을 때 등을 꼿꼿이 펴고 있는 사람이 50퍼센트 정도였다. 그러나 동베를린의 경우 이런 자세를 보여 주는 사람은 20명에 한 명꼴도 되지 않았다.

● 일반적으로 회사원들은 직장에서 서열이 낮을수록 자신이 할 일에 대한 통제권을 갖지 못한다. 그리고 이것은 건강을 상하게 한다. 영국 정부의 위탁을 받아 이루어진 한 연구에서는 1만 명이 넘는 공무원들을 대상으로 건강과 서열 사이의 관계를 추적했다. 이 연구는 새폴스키가 세렝게티의 원숭이들을 관찰한 것과 같은 결과를 보여 준다. 관청의 총책임자와 주요 부서의 책임자 사이에도 이미 분명한 차이가 나타났다. 그리고 지위가 가장 낮은 공무원들은 총책임자들보다 3배 이상 자주 병에 걸린다. 그들이 죽음을 맞이할 확률 역시 3배 이상 높게 나타나는데, 정말이지 믿기 힘든 사실이 아닐 수 없다. 그들이 벌어들이는 수입을 놓고 볼 때 이 차이는 더욱 이해하기 힘들다. 왜냐하면 총책임자와 그들의 수입 차이는 그다지 크지 않으며, 모든 공무원은 동일한 국가 의료 기관의 관리를 받기 때문이다. 영양 섭취나 스포츠, 흡연 등 일반적으로 건강에 영향을 미치는 요인들을 살펴볼 때 총책임자와 지위가 낮은 공무원들 사이에 나타나는 그러한 격차는 특별한 설명을 요하는 것이다.

즉 여기서 문제가 되는 주요 요인은 바로 서열 체계가 가져오는 일의 결정권이다. 서열의 어느 위치에 있느냐에 따라 일에 미치는 영향력이 달라지기 때문이다. 공무원들은 지위가 낮을수록 권력이 없음을 드러내는 다음과 같은 문장들을 자주 사용하곤 했다. "내 일에 대한 결정은 다른 사람이 내립니다." "언제 쉴지에 대해 나 스스로 결정할 수는 없지요."

● 상대적으로 조금만 더 자기 결정권이 늘어나도 사람들은 매우 행복해지고 심지어 수명도 늘어난다. 이러한 사실은 미국의 양로원에서 행해진 연구에서 드러났다. 사람들은 이곳에 머무는 노인들에게 일상의 사소한 일을 직접 결정

하고 관리하도록 했다. 그 결과 노인들은 무엇을 먹을지 메뉴를 정할 수 있게 되었고, 버스를 대절해 정해진 커피숍에 가는 대신 다양하게 제시된 여러 나들이 코스 중 하나를 고를 수 있게 되었다. 그리고 이제까지 간병인들이 도맡아 온 화초 가꾸기도 노인들이 직접 책임지게 되었다. 이처럼 사소한 변화들은 기적을 가져왔다. 노인들은 다른 일상적인 일에서도 스스로 책임감을 느끼기 시작했으며, 좀 더 자주 의논하고 약속을 하게 되었다. 그 결과 병에 걸리는 일이 드물어졌으며, 인터뷰를 할 때에도 삶에 대해 한결 만족스러운 태도를 보였다. 무엇보다 중요한 것은 매년 측정되는 사망률이 반으로 줄었다는 사실이다.

행복한 나라의 시민은 정치적이다

유럽에서는 스위스 사람들이 가장 행복하다. 이것은 아름다운 주변 환경 때문도 아니고 언어 때문도 아니다.

스위스의 경제학자인 알로이스 슈투처Alois Stutzer와 브루노 프라이의 연구가 밝혀냈듯이, 보덴 호수와 제네바 호수 사이에 있는 이 스위스의 국민이 느끼는 삶에 대한 만족감은 무엇보다도 이들이 공동의 삶을 영위해 나가는 녹특한 방식에 달려 있다.

스위스에서는 다양한 정치 체제가 공존한다. 왜냐하면 주요 정책들이 수도인 베른에서 단독으로 결정되는 것이 아니라 26개의 지방 정부에서 결정되기 때문이다. 그리고 스위스의 지방 정부들은 직접 민주주의를 표방한다. 다시 말해 시민들은 국민투표와 국민 청원 제도를 통해 헌법을 변경하거나 법령을 제정하거나 없앨 수 있다. 그리고 이렇게 함으로써 국정을 통제할 수 있다.

각 지방 정부가 시민들에게 부여하는 정치 참여권의 내용과 형식은 매우 상이하다. 바젤의 경우, 정부는 일정한 금액 이상의 국고를 사용할 때는 원칙적으로 시민의 의견을 물어야 한다. 그리고 시민들은 정치적 이슈로 삼고 싶은 사안이 있을 때 정해진 명수 이상의 동의를 얻으면 의결이 가능하다. 이는 시민들이 정치에 참여하는 데 강한 동기 부여가 된다. 그러나 제네바의 경우, 시민들이 정치적 이슈를 관철시키려면 높은 장벽을 넘어야 한다. 그곳의 정치 체계는 독일 같은 나라의 의회 민주주의와 비슷하다.

슈투처와 프라이는 6,100명의 스위스 사람들에게 삶의 만족도를 물었다. 그리고 이 수치를 각 지방 정부에서 시민들이 행사할 수 있는 정치적 영향력과 비교했다. 정치적으로 더 많은 힘을 행사하는 시민일수록 삶에 대한 만족감도 높게 나타났다. 통계적으로 볼 때 제네바에서 바젤로 이사하는 것이 (제네바에서) 가장 낮은 수입 단계에서 가장 높은 수입 단계로 직위가 상승하는 것보다 더 큰 삶의 만족도를 가져다줄 정도였다. 이로써 정치적인 영향력 행사가 은행 계좌 잔고보다 훨씬 더 강력하게 삶의 만족도를 향상시킨다는 사실이 분명해졌다. 민주주의는 사람을 행복하게 만든다.

시민들이 스스로 통제력을 행사함으로써 학교나 병원, 수영장 등의 기능이 더 원활해지기 때문일까? 아니면 자신이 살고 있는 공동체나 지역의 운명을 직접 관장한다는 사실 자체가 그러한 만족감을 가져다주는 것일까? 이 질문에 대해 슈투처와 프라이는 두 번째의 답이 맞다고 말한다. 좀 더 효율적인 관리 체계를 통해 삶의 질은 향상되었지만 시민들의 정치 참여권이 없는 지방 정부들의 경우, 직접민주주의는 삶의 만족도를 조금밖에 향상시키지 않았다. 그러니까 행복한 나라는 정치가 관람석에서 바라보는 스포츠 이상인 나라이다.

심리적 안정감을 높여 주는 마법의 삼각형

시민 의식과 사회적 균형 그리고 자신의 삶에 대한 통제. 이 세 가지가 바로 한 사회에서 구성원들의 심리적 만족감을 이루는 마법의 삼각형이다. 한 사회 내에서 이 세 가지 요소가 더 많이 충족될수록 그 사회 구성원의 삶에 대한 만족도는 올라간다. 그리고 이 세 가지 요소는 분리되어 작동하지 않는다. 이들은 서로 보완하며 서로를 규정짓는다.

이 장에서 소개한 예들이 바로 그것을 증명하고 있다. 마리엔탈의 경우 시민 의식이 사라진 것은 사람들이 자신의 삶에 대한 통제력을 상실했기 때문이다. 노동자들이 조성한 공원은 바로 그 노동자들이 노동자 사회에서 배제되었다고 느끼며 절망했기 때문에 황폐하게 내버려졌다. 반대로 로제토의 경우 사회 구성원들 사이의 연대는 구성원 모두를 불행으로부터 보호해 줄 정도로 강했다. 그리고 이러한 연대의 바탕은 바로 사회적 균형이었다. 로제토 사람들에게는 수입의 격차조차 문제가 되지 않았다. 그러나 이곳에서도 더 이상 균형이 아닌 대립들이 무성하게 되자 공동체 의식 또한 사라져 갔다.

스위스는 어떠했는가? 몇몇 지방 정부의 경우, 자신들이 살고 있는 정부의 운명을 직접 통제할 수 있는 시민들의 권리는 이들이 함께 연대하고 지역을 위해 적극적으로 참여할 수 있도록 고무했다. 그리하여 스위스 사람들은 다른 모든 유럽 사람들보다 자신의 삶에 더 만족했다.

시민 의식, 사회적 균형, 자신의 삶에 대한 통제는 심리적 안정감을 높여 준다. 공동의 삶을 살면서 부닥치게 되는 스트레스를 이 세 요소가 감소시켜 주기 때문이다. 그리고 이 세 요소는 자신의 재능과 가능성에 따라 자신의 삶을 스스로 만들어 갈 수 있는 자유를 선사한다.

행복한 사회는 삶과 관련된 크고 작은 문제들을 스스로 해결하고 결정할 수 있는 권리를 각각의 개인에게 부여한다. 또 행복한 사회는 구성원들이 개별적으로 계획을 세우고 희망을 실현할 수 있도록 도와준다. 인도의 지방 정부 케랄라를 상세하게 관찰한 인도의 경제학자이며 노벨 경제학상 수상자인 아마르티아 센Amartya Sen에 따르면, 모든 사회적 발전의 의미는 개인이 누릴 수 있는 선택의 가능성을 확장시키는 데 있다. 그는 부를 향상시키는 것과 같은 다른 목표들은 그다음 문제라고 말한다.

자유를 누리는 사람은 책임 또한 져야 한다. 널리 퍼져 있는 선입견과는 달리 이러한 의무는 부담이라기보다는 즐거움이다. 스위스의 지방 정부들을 비교한 앞의 연구는 이러한 사실을 잘 보여 주고 있다. 이처럼 모든 개인은 행복한 사회의 장점들에서 이익을 취할 뿐 아니라 행복한 사회가 잘 기능할 수 있도록 손수 실천하는 임무도 기꺼이 감당한다. 그 어떤 정부도 행복을 추구하라고 시민들을 강제로 떼밀 수는 없다.

마법의 삼각형의 각 꼭지를 움직일 때 드는 힘은 각각 다르다. 예를 들어 사회적 균형을 이루는 데 있어 시민 개개인이 직접적인 영향력을 행사하기란 쉽지 않다. 사회는 이 목표를 완성하기 위해서 점진적인 노력을 기울여야 한다. 이것은 대부분의 경우 상당히 많은 수의 시민들이 높은 교육을 받을 수 있도록 돕는 한편 문화를 조심씩 변화시켜야 가능하다. 시민들은 오히려 자신의 삶에 대한 통제에서부터 변화를 추구할 수 있다. 이를 위해서는 종종 국가나 기업 조직의 개혁이 요청된다. 그리고 이러한 개혁은 대개 긴 시간이 걸리게 마련이다.

그러나 간단한 조처를 취함으로써 비교적 쉽게 자유의 수준을 높일 수도 있다. 예를 들어 유아원의 운영 시간을 조절하거나 학교의 수업 시간을 유동적으로 만들어 부모들이 좀 더 자유롭게 직장생활을 하도록 하는 일 등이 그것이다. 시민 의식은 모든 사람이 그러한 변화를 도모할 수 있는 길이다. 시민 의식이란 적극적 참여를 의미하며, 자신의 관심에 따른 이러한 참여는 이미 그것 자체로서 개인들에게 자기 결정권을 준다. 학부모 회의에서 아이들의 수업 내용과 형식을 함께 결정하거나 일하는 장소를 어떻게 꾸밀지 함께 논의하는 것, 또는 축구 동호회에서 경기 성적을 높이기 위해 회의를 통해 코칭스태프를 구성하는 일 등은 참여하는 개개인의 자긍심을 높여 주며 좋은 영향을 끼친다. 이처럼 시민 의식은 적극적으로 참여하는 사람들이 자신이 행한 일의 결과를 볼 수 있고, 또 참여 자체로 행복을 느낌으로써 삶의 만족도를 높여 준다.

아무것도 하지 않는 무위와 무기력의 느낌은 행복을 가로막는 최대의 적이다. 행동은 좋은 감정에 이르는 열쇠다. 이것은 개인의 행복뿐 아니라 한 사회의 행복에도 해당된다. 행복한 삶은 운명이 가져다주는 선물이 아니다. 우리는 행복한 삶을 위해 무언가를 행해야만 한다. 이 책의 여러 장에서 강조한 것처럼 말이다.

2

'더 많이'가 아니라 '더 적게'가
바로 행복이다

나는 지금까지 약 50년 동안 평화와 승리를 구가하며 제국을 통치해 왔다. 백성들은 나를 사랑하고 적들은 나를 두려워하며 동맹국은 나를 존경한다. 부, 명예, 권력, 쾌락은 언제든지 원하는 만큼 누릴 수 있어서 지극히 행복하니, 지상에는 내가 누리지 못할 그 어떤 축복도 없다. 이런 환경에서 온전히 내 몫이라 할 수 있는 진정으로 행복했던 날을 꼽아 보았더니 겨우 14일이었다. 오, 그대들이여! 현세의 것에 그 어떤 확신도 갖지 말지어다!

– **압달라만 3세**

당신의 삶에서 가장 행복했던 순간은 언제인가? 열정적으로 키스한 순간? 다시는 못 볼 것 같았던 친구를 우연히 만난 순간? 결혼식을 올린 날, 아니면 아이가 태어난 날? 이렇게 눈앞에 펼쳐지는 장면들을 떠올려 보면 아마도 당신은 다른 사람들과 밀접한 관계를 나눌 때 행복을 느낄 것이다.

당신이 완전히 홀로 있는 장면, 즉 위와 같은 순간보다 기쁨이 작긴 하지만 더 강렬한 장면들도 떠오를 수 있다. 이를 테면 작가들은 책상에 앉아 수없이 많은 시도 끝에 적절한 문장을 떠올릴 때 이러한 순간을 경험한다. 때때로 우리는 자연에서 탄성을 지르기도 한다. 숲을 산책하며 맑은 공기를 마시고 온갖 나무와 풀을 경탄하며 나뭇잎 사이로 햇빛이 비치는 것을 보게 되면 당신은 마치 주변 환경과 하나가 된 느낌을 받는다. 이러한 순간에 우리는 비록 홀로 있지만 외로움을 느끼지는 않는다. 이 경우에도 행복은 상대방의 존재에서 우러나온다. 예술가의 작품은 그가 자신의 작품을 다른 사람들에게 소개할 때 비로소 의미를 얻는다. 자연을 접할 때에도 우리는 스스로를 더 큰 전체, 즉 인류와 삶 자체의 부분으로 느낀다.

하지만 우리는 굳이 이렇게 흔치 않은 순간들을 떠올리지 않아도 사적인 행복이 얼마나 모순 덩어리인지를 안다. 일상의 경험에서도 그러한 모순은 분명히 드러나기 때문이다. 아주 평범한 날의 가장 컨디션이 좋은 순간에 우리는 거의 항상 다른 사람들과 함께 있거나 그들을 생각한다. 노벨상을 수상한 사회심리학자인 미국 프린스턴 대학의 대니얼 카너먼은 동료 연구자들과 함께 텍사스주에 사는 직장인 여성 900명 이상을 상대로 행복감의 변화 추이를 실험했다. 연구자들은 실험 참가자들에게 하루 일과와 퇴근 후에 느끼는 기쁨이나 짜증, 우울의 정도에 대해 질문을 던졌다. '섹스'가 가장 기쁜 일의 항목에서 선두를 차지했다. 피험자들은 섹스에 하루 평균 21분을 보냈다. 그다음 순위는 '퇴근 후 지인들과 어울리기', '저녁 식사', '휴식', '점심 식사' 그리고 '스포츠'가 차지했다. 별로 놀라운 결과는 아니다. 이 여섯 가지 활동 중에서 네 가지는 대개 다른 사람들과 함께하는 것이고, 나머지 두 가지(스포츠와 휴식)도 다른 사람들과 함께하는 경우가 흔하다. 이 항목 중에서 출퇴근이 꼴찌를 차지했고 그 앞자리를 차지한 것은 일 그 자체였다.

우리는 어떤 사람과 함께 있을 때 가장 기뻐하는가? 카너먼은 이 문제 역시 조사했다. 친구, 친척, 배우자 또는 삶의 동반자 그리고 아이들의 순서였다. 이는 아마도 우리가 가장 친밀한 사람들과 함께할 때 갈등을 잘 이겨 낼 수 있기 때문일 것이다. 이와 반대로 실험 참가자들은 혼자서는 좋은 기분을 느낄 수 없었다. 이들은 심지어 혼자 있기보다는 차라리 직장 상사와 함께 있는 편을 선호했다.

행복한 사람들은 끼리끼리 모인다

행복은 사랑과 유사하다. 좋은 감정은 우리 마음속에서 생겨나는 것이지만 다른 사람들과 상호작용을 해야 생긴다. 우리의 행복은 주변 사람들의 행복에 따라 크게 좌우된다. 우리의 감정이 다른 사람들의 감정과 얼마나 연관되어 있는지는 5,000명 이상의 미국인들을 대상으로 한 연구가 증명한 바 있다. 전염병 학자들은 1948년부터 보스턴 인근의 소도시 프레이밍햄의 주민과 그 사이 미국 전역으로 흩어져 살고 있는 이들 자녀들의 건강 상태와 생활환경을 규칙적으로 조사했다. 연구자들은 이들이 살아온 내력을 모두 파악하고 누가 어떤 병을 앓고 있는지, 개개인이 어떤 기분을 느끼고 있는지를 소상히 기록했다. 누가 언제 누구와 이웃이 되어 친하게 되었는지 그리고 어떤 친척 관계에 있는지에 관한 기록은 개인의 삶이 주변 사람들에 의해 얼마나 좌우되는지에 대한 정보를 제공했다.

이러한 데이터를 통해 연구자 니콜라스 크리스타키스와 제임스 파울러는 행복의 발자취를 추적할 수 있었다. 실험 참가자들이 4년마다 한 번씩 답하는 설문지를 바탕으로 크리스타키스와 파울러는 실험 참가자들의 감정이 20년 동안 어떻게 변화해왔는지를 분석하고 이들의 데이터와 가족, 이웃 그리고 친구들의 데이터를 비교했다. 그 결과 두 연구자는 행복한 사람들은 불행한 사람들보다는 자신들과 비슷하게 행복을 느끼는 사람들과 더 자주 교제한다는 사실을 밝혀냈다.

행복한 사람들은 끼리끼리 모인다. 명랑한 심성을 지닌 이들은 자신과 동일한 심성을 지닌 사람들과 교제하기를 선호한다. 물론 반대되는 경우도 있다. 크리스타키스와 파울러는 데이터를 바탕으로 한 사람의 기분이 좋아질 때 어떤 일이 생기는지를 추론했다. 그런 사람은 주변 사람들의 기분까지도 끌어올렸다. 따라서 우정이 싹트기 시작하면 양측이 모두 행복해지는 것이다.

친구들 모두 기분이 좋아지는 것은 이들이 동시에 기쁜 일을 체험하기 때문은 아니다. 외부의 영향이 그 이유라면-데이터에서 알수 있듯이-당사자들의 관계는 큰 역할을 하지 못한다. 결국 모든 공감이 동일한 보답을 받는 것은 아니다. 즉 페터는 파울을 친구로 여기지만, 그 역은 성립하지 않는 경우도 있다. 크리스타키스와 파울러에 따르면 그럴 경우에는 파울이 페터에 반응하는 것보다 페터가 파울의 기분에 더 크게 반응한다. 두 사람이 똑같이 서로에게 큰 호감을 보이는 경우에 감정적인 종속성은 제일 강할 것이다.

물론 두 사람이 같은 지역에 사는 것은 중요하다. 예를 들어 서로 친구라고 여기는 두 사람이 1킬로미터 이내에 사는 경우를 생각해 보자. 크리스타키스와 파울러의 연구 결과에 따르면, 이 두 사람 중에서 한 사람이 더 행복해지면 다른 사람도 행복감을 느낄 확률은 60퍼센트 이상 높아진다.

이와 반대로 두 친구가 수 킬로미터 떨어져 있다면 두 사람의 행복도 거의 영향을 받지 않는다. 오히려 이웃이 확실한 영향을 미친다. 두 친구 중에서 한 사람이 행복감을 더 느끼기 시작하면 주변 사람들을 행복하게 여길 확률은 30퍼센트 이상 상승한다.

직접 본 적이 없는 친구의 친구나 심지어 이들의 친구도 한 사람의 기분을 간접적으로 좋게 만든다. 이 모든 것은 전염병이 번지는 양상을 상기시킨다. 바이러스의 전파 경로와 마찬가지로 행복이 감염되는 길도 전방위적이다. 이 현상은 중국의 한 마을에서도 똑같이 나타났다.

그런데 왜 우리는 행복 바이러스의 전달자가 우리 곁에 있어야만 전염되는 것인가? 왜 우리는 그의 행복을 전화나 인터넷을 통해 받아들일 수 없는가? 분명 육체적인 신호가 중요한 역할을 하기 때문일 것이다. 이 신호는 우리가 서로 자주 만날 것을 요구한다. 우리는 미소에 화답하며, 1장에서 살펴보았듯이 이 과정에서 스스로 행복해진다. 또 우리는 활달한 걸음걸이나 즐겁고 밝은 목소리 그리고 낙관적인 말을 따라 하기도 한다. 무의식적으로 다른 사람의 습관을 따라 하기도 한다. 이웃이 숲을 산책하고 기분이 좋아진다면 똑같이 해 봐야겠다는 마음이 커진다.

하지만 우리는 항상, 누구든, 어떤 행동이든 따라 하지는 않는다. 행복의 경우 바이러스와는 다르게 어느 정도 친밀한 사이에서만 전염되기 때문이다. 아마도 이 때문에 크리스타키스와 파울러는 대부분의 사람들이 친지들보다 직장 동료들과 훨씬 더 많은 시간을 보내는 데도 직장 동료들 사이의 감정적인 전염을 배제한 것으로 보인다. 게다가 미국의 많은 회사에서는 치열한 경쟁이 사람들 사이에 거리감과 불신을 초래한다. 지속적으로 유대감을 느끼게 하는 것은 마음이 끌리는 사람들뿐이다.

이러한 연구 결과는 '각자가 자신의 행복을 빚어내는 대장장이'라는 속담의 타당성을 부정한다. 자신의 삶을 제대로 즐길 줄 아는 사람은 다른 사람의 행복도 감안하는 법이다. 우리가 주변 사람들에게 전파하는 좋은 감정은 강화되어 다시 우리에게 되돌아온다.

나의 행복을 위해 타인에게 봉사하기

다른 사람을 행복하게 하는 것은 가치 있는 일이다. '국민 총행복'에 대한 철저한 연구도 이러한 결론에 도달했다. 여기서 말하는 국민은 독일인이고 연구 이름은 '사회경제 패널 조사'이다. 현장 조사자들은 1984년부터 매년 '독일의 삶'이라는 슬로건 하에 수천 호의 가정을 방문해 성인과 아동을 대상으로 생활환경과 만족도에 관해 질문했다. 조사자들이 방문한 집은 국민 전체의 여론을 추론할 수 있는 표본 추출로 선정되었다.

만족도가 가장 높은 사람은 누구였을까? 먼저 눈에 띄는 점은 대부분의 사람들에게서 발견되듯이 행복감은 세월에 따라 달라진다는 것이다. '독일의 삶'은 행복이 태어나면서부터 주어지는 것은 아니라는 통찰을 확실하게 입증한다. 우리는 행복을 찾아야 하고 또 찾을 수 있다. 조사 데이터에 따르면 삶에서 올바른 목표를 설정하는 일이 무엇보다 중요하다. 자신의 삶에 가장 만족도가 높은 사람은 그 무엇보다도 함께 살아가는 사람들의 행복에 우선순위를 두는 사람들이었다. 그렇다고 성인聖人이 될 필요는 없다. 행복한 독일인들은 설문 조사에서 이를테면 자기 자신의 삶이나 급여, 승진이 중요하지 않다고 대답한 것이 아니기 때문이다. 그렇지만 이들은 이기적인 소망과 가족이나 친구의 안녕 사이에서 단호하게 자신의 행복이 아니라 타인의 행복을 선택했다. 마찬가지로 이들은 유대감을 느끼는 공동체가 자신의 도움을 필요로 하거나 자신의 정치적인 신념을 위해 헌신이 요청되면 기꺼이 뛰어든다고 답했다.

행복이 사실상 홀로 있는 방에서가 아니라 사람들 사이에서 생기는 것이라면, 그러한 우선순위는 합리적이다. 이는 행복이 전염된다는 사실을 발견한 크리스타키스와 파울러가 뒷받침한다. 우리와 가장 가까운 사람들의 기분이 좋아지면 궁극적으로 우리 자신도 좋은 감정을 가지게 된다. 아마도 대부분의 사람들에게 주변 사람들의 긍정적인 감정은 자기 자신의 감정을 안정화시키는 데 필수적이다. 폭풍이 몰아치면 홀로 서 있는 전나무는 쓰러지지만, 숲에서 다른 나무들과 함께 있는 전나무는 쓰러지지 않는다.

물론 다른 사람들을 위해 헌신하는 것이 우리에게 행복을 가져다주는 또 다른 이유가 있다. 즉 주변 사람들을 위해 무언가를 하려는 결심이 이미 우리에게 좋은 감정을 안겨 주기 때문이다. 상대방을 전혀 모르고 심지어 그로부터 인정을 얻지 않아도 그런 좋은 감정을 느낄 수 있다. 익명으로 기부하거나 길을 찾지 못하는 여행객에게 길을 가르쳐 줄 때 기쁨을 느끼는 이유는 —뇌과학의 최신 연구 결과에 따르면— 이미 앞 장에서 소개한 바 있는 보상 체계 덕분이다. 다른 사람들을 돕는 것은 초콜릿이나 섹스와 동일한 방식으로 우리에게 쾌감을 준다.

이는 놀라운 연구 결과이다. 결국 좋은 감정이란 진화의 과정을 거치면서 타자가 아닌 바로 유기체 자신에게 유익한 것이 무엇인지 신호를 주기 위해 생긴 것이다. 겉으로 보기에는 모순 같지만 인간의 운명이 얼마나 서로 밀접하게 얽혀 있는지를 고려한다면 의문점은 해결된다. 인간은 처음부터 공동체에 의존한다. 이 때문에 타인의 이익과 자신의 이익 사이의 대립은 흔히 피상적인 대립에 불과하다. 이 점에 관해서는 『이타주의자가 지배한다』에서 설명한 바 있다. 장기적인 관점에서 자신의 이익을 지키고자 하는 자는 주변 사람들과 함께해야 하며, 대립해서는 안 된다. 우리의 본능은 음식 섭취와 번식에 대해 좋은 감정을 갖는 것처럼, 헌신과 유대에 대해서도 마찬가지로 좋은 감정을 갖게 한다.

최근 신경심리학자들은 여러 상황에서 인간적인 협력이 우리에게 행복감을 주는 과정을 관찰했다. 사람들이 경쟁할 때보다 협력할 때 보상 체계는 더 강하게 활성화된다. 실험 참가자들도 게임에서 공동으로 번 돈에 대해서는 같은 돈을 혼자서 벌었을 때보다 더 기뻐했다. 이는 뇌 반응에서도 나타난다. 이러한 결과는 인간의 심리가 진화 과정을 겪으면서 다른 사람들과 공동의 일을 할 필요성에 얼마나 적응해왔는지를 보여 준다. 충분한 당분과 단백질 그리고 지방이 있어야 살아갈 수 있듯이, 협력도 생존을 위해서는 필수적이다.

진화 과정에서는 유기체의 특정한 행동이 모든 개별적인 경우에 최상의 결과를 낳을지 여부가 중요하지 않다. 단지 전체적으로 규칙이 지켜지면 되는 것이다. 초콜릿은 모두의 입맛에 맞지는 않겠지만 대체적으로 많은 사람들의 사랑을 받는다. 다른 사람들을 돕는 일도 마찬가지다. 그로 인해 좋은 감정이 생긴다는 것 외에 다른 이익이 없을지라도 그 자체로 우리에게 기쁨을 안겨 준다.

이러한 기쁨의 보상이 더 큰 경우가 흔히 있는데, 친절을 베푸는 행위야 말로 당사자의 행복감을 크게 높일 수 있다. 캐나다의 심리학자 엘리자베스 던Elisabeth Dunn은 실험 참가자들을 두 그룹으로 나누어 각각 50유로를 주면서, 한 그룹에게는 자신들이 원하는 대로 돈을 사용하도록 했고, 다른 그룹에게는 그 돈을 다른 이에게 선물하는 데 쓰도록 했다. 즉 좋은 목적에 기부해도 되고, 거지한테 적선을 해도 되며, 아이한테 장난감을 사줘도 되고, 친구에게 밥을 사줘도 된다. 50유로를 자신을 위해 쓰는 것이 더 행복할까, 아니면 남을 위해 쓰는 것이 더 행복할까? 대부분 자기 마음대로 쓰는 편이 더 행복할 것이라고 대답했다. 하지만 어떤 것이 그들의 기분을 더 좋게 해주었는가라고 묻자 거의 모든 실험 참가자들은 스스로에게 기쁨을 주는 편이 더 나았다고 대답했다. 따라서 던의 실험과 독일인들의 행복감에 대한 실태 조사는 동일한 결과에 도달한다. 즉 타인을 위해 봉사하는 일이 사람을 행복하게 만드는 것이다.

칼리프의 유언

행복은 나누면 커지지만, 돈은 나누면 줄어든다. 이 둘은 서로 반대로 움직인다. 이러한 모순을 알기라도 하는 듯이 여러분의 주변 사람들은 거의 모두가 행복은 돈으로 살 수 없다고 생각한다. 그런데 모든 사람이 항상 이러한 의견 일치를 보이는 것은 아니다. 중국에서 부와 행복에 대한 강연을 할 때였다. 청중들 다수가 이에 의문을 제기했다. 그래서 한번은 돈이 행복해지는 데 도움을 주는지의 여부를 놓고 투표를 했다. 그랬더니 두 사람 중 한 명꼴로 그렇다는 대답이 나왔다.

우리는 행복을 돈으로 살 수 없다고 생각하면서도 실제로는 이와 다르게 행동한다. 그렇지 않다면 매일 독일의 도로 위를 달리는 고급차들을 어떻게 이해해야 하는가? 기세등등한 차들이 근래에 더 기승을 부리고 있다. 독일의 자동차 등록 통계에 따르면 신규 등록 차량의 평균 마력은 130에서 134로 커지고 있다. 6실린더 차를 몰아도 교통 체증이 심한 도로에서 속도를 낼 수 없는 건 똑같은데, 그럼에도 왜 사람들이 비싼 기름 값을 뿌려 가며 고급차를 타는지에 대해서는 단 한 가지 설명밖에 할 수가 없다. 그들은 주변 사람들의 부러워하는 시선을 만끽하며 고급차를 몰 때 자부심을 느끼는 것이다.

독일인들이 돈에 대해 어떻게 생각하는지를 정확하게 알려면 '세계 가치관 조사World Values Survey'의 결과를 살펴보면 된다. 이 조사는 전 세계 사람들이 자신의 삶에서 어떤 가치를 중요하게 여기는지를 규칙적인 설문을 통해 연구한다. 당신은 부를 중요하게 여기는가? 독일인들의 56퍼센트가 이 질문에 긍정적으로 답했는데, 12퍼센트는 심지어 '전적으로' 동의한다고 대답했다. 물론 이 질문은 부가 삶의 목표인지의 여부를 묻는다. 하지만 그렇다고 부가 최고의 목표라거나 유일한 목표라는 말은 아니다. 이 질문에 긍정적인 답을 한 사람일지라도 가족이나 친구를 훨씬 더 중요하게 여길 수 있다.

어쨌거나 돈이 중요한 관심사인 것은 분명하다. 물론 문제는 여러 가지 목표를 조화롭게 추구하는 것이다.

여러 나라의 조사 결과에 견주면 독일인들의 돈에 대한 가치 평가는 두드러지게 높다. 예를 들어 프랑스와 노르웨이에서는 조사 참가자들 중 돈을 갈망하는 비율이 25퍼센트가 채 되지 않았다. 이들을 제외하면 소유를 삶의 목표로 생각하는 사람은 없었다. 네덜란드인들과 흔히 물질주의적이라고 비난받는 미국인들 중에서도 39퍼센트만이 부를 추구한다. 이에 반해 독일인들이 부에 대해 긍정적으로 답한 비율은 57퍼센트를 기록한 중국인들과 거의 같았다.

이는 도덕적으로 판단할 문제는 결코 아니다. 돈을 버는 것은 정당한 일이다. 타인들보다 더 많이 가지려고 하는 소망이 왜 비난받아야 한단 말인가? 남들이 사무실이나 공장에서 땀 흘리며 일한다고 해서 야자수가 늘어선 해변에서 산책하지 말라는 법은 없다. 돈은 삶을 좀 더 편안히 영위할 수 있게 만들어 준다.

하지만 돈이 우리에게 주는 독립성은 얼마나 우리를 행복하게 하는가?

이 장을 시작할 때 인용한 문구는 우리에게 생각할 거리를 안겨 준다. 압달라만 3세는 부와 권력을 누렸지만 행복했던 날이 14일뿐이었다고 고백한다. 이런 실망스런 통찰을 하게 되었을 때 그는 서방 세계에서 가장 부유한 사람이었다. 그가 누렸던 명예와 부에 견주면 황제 오토 1세와 심지어 교황도 소박한 삶을 살았다고 말할 정도이다. 코르도바의 칼리프였던 압달라만 3세는 자신의 부를 즐길 줄 알았다. 그는 자신의 궁전에 만족하지 않고 코르도바 인근에 새로운 도시를 조성해 자신의 취향대로 쾌락을 즐겼다. 그는 자신이 원하는 거의 모든 여자를 얻을 수 있었으므로 후궁을 거느리기 위한 궁전도 지었다.

압달라만 3세는 쾌락주의자였지만 비범한 능력을 지닌 지배자이기도 했다. 그는 페르시아의 관개 기술과 특히 양잠 기술을 도입해 자신이 다스리던 이베리아 반도의 경제를 부흥시켰다. 그는 조세 수입을 크게 늘려 문학과 예술 그리고 학문을 장려했다. 그가 961년에 사망했을 때 코르도바는 바그다드와 콘스탄티노플과 견줄 수 있는, 당시 세계에서 가장 화려한 도시 중 하나였다.

그의 유언은 천 년 이상의 세월이 지난 지금 타당성을 잃었는가? 부에서 행복을 찾기란 오히려 더 어려워졌다. 앞 장에서 살펴본 대로 돈이 많을 때 좋은 감정이 더 많이 생기는 것은 일정한 한계를 넘어설 때까지이다. 하지만 충분한 음식과 옷 그리고 안전한 주거는 이미 대부분의 선진국 국민들에게는 과거의 일이 되었다. 우리는 칼리프처럼은 살지 못하더라도 오래전에 이미 생활에 필요한 것 이상을 소유하고 있다. 하지만 부가 부여하는 자유의 행복은 별로 눈에 띄지 않는다. 오히려 그 반대이다. 경제는 수십 년 전부터 지속적으로 발전하고 있지만 사람들의 만족은 정체되고 과부하를 불평하는 사람들이 점점 늘어나고 있다. 이는 중대한 경고 신호이다. 왜냐하면 '번아웃'과 스트레스 그리고 이와 유사한 피로 현상 이면에는 명백한 우울증이 도사리고 있기 때문이다. 결국 부 자체가 우리를 절망으로 몰아가고 있는 것인가? 우리는 영국의 교육부 장관과 외교부 장관을 역임한 앤서니 크로스랜드Anthony Crossland가 1956년에 이미 다음과 같이 경고한 상태에 도달한 것인지도 모른다. "우리는 과잉의 시대에 접어들었다. 하지만 이제 부를 어떻게 즐겨야 할지를 알려 주는 기준을 잃어버린 것은 아닌가?"

타인에 대한 곁눈질 멈추기

선진국의 국민들과는 달리 라틴아메리카의 국민들은 훨씬 더 적은 수입으로도 선진국의 국민들과 거의 같은 수준으로, 심지어 더 잘 삶을 즐기고 있다. 선진국의 경제 발전은 얼마나 오래 지속될지 장담할 수 없다. 장차 선진국 국민들의 수입이 줄어들어 휴가도 여행도 소수만이 누릴 수 있고 자동차도 다시 사치품이 된다면 행복한 삶의 전망은 어떻게 될까?

20년 전만 해도 그 대답은 생각에 따라 달라질 수 있었다. 하지만 이제 연구가 많이 진행되어 우리는 돈이 정신생활에 어떤 영향을 미치는지에 대한 중요한 통찰을 얻게 되었다. 이러한 연구 결과는 부 그 자체를 전혀 추구할 만한 가치가 있는 것으로 여기지 않는 사람들에게조차도 생각할 거리를 안겨 준다. 왜냐하면 돈은 인간관계를 변화시키기 때문이다. 더 연구해야 하는 점은 한 사회가 얼마나 많은 탐욕을 감당할 수 있는가 뿐만 아니라 부를 얻고자 하는 욕망을 얼마나 많이 필요로 하는가이다.

우리는 이미 돈과 행복의 역설에 대해 알아보았다. 부가 늘어났을 때 우리에게 생기는 변화는 사과 대신 건포도를 제공했을 때 격렬한 반응을 보인 원숭이(142쪽)의 경우와 비슷하다. 즉 예기치 않은 놀라움이 원숭이에게 즐거운 흥분을 일으키지만 동일한 일이 반복되자 이 충격은 더 이상 효과를 내지 못한 것처럼 우리도 새로운 향락에 익숙해지면 즐거움은 사라진다. 잃어버린 행복을 되찾는 가장 빠른 길은 '더 많이!'이다. 뉴런의 작동 원리는 모든 중독에 원인이 되는 것과 동일하다. 이 때문에 마약 중독자가 마약에 매달리는 것처럼 우리도 돈에 매달리고 있다고 말하는 것은 결코 과장이 아니다.

수입이 증가할수록 우리의 감정과 분별력은 점점 더 혼란스러워진다. 예를 들어 부유한 사람들은 평균 정도 수입을 가진 사람들보다 자신의 삶에 전체적으로 더 만족한다. 차이는 특별히 크지 않지만 그래도 측정 가능하다. 하지만 이들에게 과거의 어느 때 좋은 (또는 부정적인) 감정을 느꼈는지 질문한다면 돈이 주는 기쁨의 효과는 미신으로 드러난다. 사람들이 얼마나 자주 그리고 강하게 기뻐하는지 혹은 분노하거나 슬퍼하는지는 그들의 수입과는 무관한 것으로 나타났기 때문이다.

부자들 중 다수가 이러한 모순을 잘 알고 있는 것처럼 보인다. 미국에서 백만장자들을 대상으로 인터뷰한 에드 다이너가 밝혀낸 바에 따르면, 삶에 대한 이들의 만족도는 일반인들의 평균 수준을 약간 웃도는 정도였다. 대부분의 백만장자들은 대체적으로 "돈은 행복하게 만들기도 하고 불행하게 만들기도 한다"는 명제에 동의한다.

하지만 부유한 사람들이 더 행복한 것은 아니더라도 삶에 더 만족해하는 것은 왜인가? 이미 설명했듯이 행복과 만족은 서로 성격이 다른 자매와도 같다. 행복은 우리가 즉흥적으로 느끼는 감정이지만, 만족은 판단이다. 이러한 판단은 다른 사람들에 비해 그리고 삶이 어떠해야 한다는 우리의 생각에 견주어 우리가 처한 상황이 좋을수록 더 긍정적으로 내려진다. 따라서 부는 참된 긍정적 감정 대신에 적어도 물질적으로는 우리의 처지가 더 낫다는 상대적 만족감만을 줄 뿐이다. 타인에 대한 이러한 곁눈질이 사실상 수입이 높은 사람들이 왜 자신의 삶에 더 만족하는지를 설명해 준다.

이 때문에 모두에게 더 많은 수입이 주어지면 모두가 더 행복해질 것이라는 초기 사회민주주의의 구호는 실패로 끝날 수밖에 없었다. 누구나 더 많이 받는 곳에서는 불평을 할 이유가 없다. (물론 독일의 60년에 걸친 경제 발전의 성과에 대한 비판의 목소리가 있지만, 그렇다고 부의 가능한 한 균등한 배분을 외치는 주장을 향한 것은 아니다. 노동의 성과가 소수의 주머니에만 들어갔다면 불만은 훨씬 더 컸을 것이다.) "여기서는 같은 곳에 있으려면 쉬지 않고 힘껏 달려야 해." 선진국의 정치가들조차도 루이스 캐럴의 소설 『이상한 나라의 앨리스』의 속편 『거울 나라의 앨리스』에 나오는 붉은 여왕의 말을 따르기나 한 것처럼 계속해서 경제 성장을 추구한다. 그러나 그 성취는 상대적인 것이 아니라 절대적인 만족을 가져오는 다른 목표를 향해야 한다. 가능한 한 온전히 보존되는 환경, 내외적 안전, 최상의 의료체계, 참여와 교육의 기회 균등 등은 그 가치를 잃어선 안 된다. 돈과는 달리 이러한 재화들은 우리에게 지속적으로 좋은 감정을 안겨 준다. 역으로 이런 재화들이 사라지면 거의 모든 사람들이 어려움을 겪는다. 하지만 이러한 무형의 자산들은 우리에게 어떤 가치를 지니는가? 정부는-유권자의 동의하에-더 높은 성장을 위해 이러한 참된 행복의 재화들을 위험에 빠뜨린다.

'겉보기 거인', 한계효용 체감의 법칙

주로 바나나를 수출하는 개발도상국인 코스타리카가 삶의 만족도 조사에서 세계 최고의 자리를 차지했다. 코스타리카는 군대를 폐지하고 그 예산을 학교와 병원에 투자하며 자연보호에 치중하고 있다. 평균 기대 수명은 78.5세로 1인당 소득이 4배나 많은 미국(77.9세)을 앞선다.

코스타리카는 아주 작은 나라에 불과하다고 이의를 제기하는 사람들이 있을지도 모른다. 하지만 멕시코와 브라질을 생각해 보면 이야기는 달라진다. 영토가 크고 인구도 많은 이 두 나라의 평균적인 삶의 만족도는 독일보다 훨씬 높다.

의식적으로든 그렇지 않든 당신은 동료나 이웃 그리고 친구들의 수입과 자신의 수입을 비교한다. 그러나 이미 말한 바 있듯이 수입이 가난의 문지방을 넘어서기만 하면 그다음부터 부유함은 행복감과 크게 관련되지 않는다. 더 높아진 수입에 대한 기쁨은 더 나아진 삶의 수준에 적응이 될 때까지만 지속될 뿐이다.

이 연구들은 한결같이 동일한 결과에 다다른다. 즉 돈은 만족을 가져다주지만 그 효과란 아주 미미하다는 것이다. 월급 액수가 몇 십만 원 더 올라가는 것은 일반 샴페인과 그해 최고의 샴페인을 마시는 것 정도의 차이에 지나지 않는다. 다시 말해 그 차이를 거의 느끼지 못한다.

기대와 현실 사이의 모순은 은행 잔고가 어느 정도 차 있는 사람들에게서 특히 크다. 당신의 재정 상태가 좋을수록 재산이 늘어나도 만족도는 떨어진다. 경제학자들은 이러한 연관 관계를 "한계효용 체감의 법칙"이라고 부른다. 농부들은 수백 년 전부터 이를 잘 알고 있다. 밭에 처음으로 비료를 주는 자는 이듬해에 훨씬 더 많은 수확을 거둘 수 있지만, 그렇지 않아도 비옥한 밭에 제아무리 많은 비료를 준다 해도 거의 항상 헛수고일 뿐이다. 이와 마찬가지로 소박하긴 하지만 처음으로 구입한 차는 우리에게 큰 기쁨을 주지만, 이후에 그 차보다 열 배나 더 비싼 고급차를 구입해도 기쁨은 그보다 크지 않다. 중소기업의 사무직원은 월급이 100유로가 오르면 며칠 동안 기뻐할지 모르지만, 투자은행 임원이라면 10만 유로의 보너스조차도 대수롭지 않게 여기고 다른 자리를 찾아 나설 수도 있는 것이다.

부가 늘어나도 만족도의 크기는 점점 줄어드는 이 현상은 수학 공식으로 표현되기도 하는데, 위로 점점 더 평평해지는 대수 곡선이 그것이다. 이는 놀랍게도 세계 모든 사회에서 유효한 것으로 입증되고 있다.

소설『모모』로 유명한 세계적인 동화 작가 미하일 엔데가 쓴 동화『짐 크노프 이야기』에는 투르투르 씨라는 '겉보기 거인'이 등장한다. 이 거인은 멀리 떨어져서 볼수록 몸집이 커 보이지만 가까이 다가가면 평범한 체구이다. 한 사회에서 부유한 사람들의 행복과 가난한 사람들의 불행도 이와 유사하다. 우리는 다른 사람들의 계좌에 있는 돈에 대해서는 마치 돈이 엄청난 효력을 지니기라도 한 것처럼 착각한다. 노벨상 수상자인 대니얼 카너먼의 연구는 이 점에 있어서도 중요한 통찰을 안겨 준다. 그는 방대한 설문 조사를 통해 사람들이 대개 부유한 사람들의 행복감뿐만 아니라 가난한 사람들의 불행도 실제보다 훨씬 더 과장한다는 사실을 밝혀냈다.

초점의 오류

이에 대한 카너먼의 해명은 흥미롭다. 그는 사람들이 부를 기쁨을 주는 것으로 확고하게 믿는 이유는 우리가 끊임없이 돈에 대해 생각하고 말하기 때문이라고 설명한다.

우리는 젊을 때는 사랑에만 목매다가도 나이가 더 들어 생계를 해결해야 할 때가 되면 온통 금전 문제에 몰두한다. 이렇게 한 가지 일에만 집중하는 사람은 자신의 삶에서 그 일이 차지하는 중요성을 과대평가하게 된다. 예를 들어 젊은 남녀에게 요즘 얼마나 행복한지와 얼마나 자주 데이트하는지에 대해 물으면 그들은 당혹감을 느낀다. 내적 만족감은 질문의 순서에 따라 달라질 수 있기 때문이다. 즉 질문자가 현재 기분과 상태에 대해 먼저 물으면 답은 이 두 질문의 순서와는 상관없이 도출된다. 이는 현실적인 것처럼 보인다. 그들은 근래에 데이트를 하지 않았어도 현재 행복감을 느낄 수 있을 뿐만 아니라 사랑의 실패로 불행에 빠져 있을 수도 있는 것이다.

하지만 질문자가 먼저 데이트 횟수에 대해 물은 다음 행복감에 대해 물으면 다른 양상이 벌어진다. 이제 젊은 남녀는 파트너와 데이트를 자주 할수록 그만큼 더 좋은 감정을 느낀다는 대답을 하게 된다. 카너먼은 이러한 모순을 초점의 오류라고 말한다. 사전 질문이 사람들로 하여금 잘못된 대답을 유도할 수 있는 것이다. 어떤 특정한 행복의 결정 변수를 염두에 두고 있는 사람은 그 변수의 영향력을 과도하게 높이 평가하기 때문이다.

이는 우리의 외적인 생활환경과 관련된 모든 소망에도 해당된다. 우리가 새로운 사랑이나 더 비싼 자동차, 다른 직장 혹은 한낱 날씨로부터 더 나은 기분을 기대한다고 할지라도 그 효과는 우리가 기대하는 정도로 생겨나지 않는다. 따라서 카너먼은 다음과 같이 말한다. "당신이 무언가를 생각하고 있는 동안에는 인생에서 그것만큼 중요한 일은 없다."

카너먼의 이 말은 이 책의 첫 두 장에서 다룬 내용의 멋진 요약과도 같다. 즉 모든 감정과 만찬가지로 행복은 바로 우리 안에서 그리고 우리 주변에서 일어나는 것에 대한 유기체의 즉각적인 응답인 것이다. 다시 말해 현재 집중하고 있는 삶의 어떤 단면이 종합 평가에서 매우 큰 자리를 차지할 때가 있다. 하지만 우리는 이러한 단면을 마음대로 선택할 수는 없다.

우리가 장만한 멋진 새 차가 일시적으로 우리에게 행복감을 줄 수 있다고 할지라도 우리의 의식은 이런 성취로 인한 기쁨에 오래 집중하지 못한다. 동료의 못마땅한 행동에 화가 나는 것만으로도 우리의 행복감은 싸늘하게 식을 수 있고, 회사 주차장에 세워져 있는 고급 세단은 우리의 현 위치를 초라하게 만들 수도 있다. 또 휴가를 떠난 사람이 편두통에 시달린다면 비싼 비용을 치른 스키 여행을 즐기지 못할 것이다. 행복은 현재의 산물이지 우리 꿈의 산물은 아닌 것이다.

행복의 영점 조준

부자들의 삶을 부러워하는 사람들이 많은 것도 초점의 오류 때문이다. 사람들은 외적인 화려함만을 본다. 호화 파티나 생모리츠에서 보내는 휴가는 그러한 특권층의 생활에서 극히 일부에 지나지 않는다는 사실, 그리고 좋은 컨디션을 유지하는 데에는 고급 빌라에 사는 것보다 수면의 질이 훨씬 더 큰 영향을 미친다는 사실도 잊어버린다. 또 많은 고소득자들이 자신들의 라이프스타일을 위해 지불하는 대가도 도외시한다. 이들이 사무실에서 끝없이 일하고 회의실이나 공항 라운지 그리고 비즈니스호텔을 전전하는 동안, 동료들은 이들에 대해 음모를 꾸미고 우정을 헌신짝처럼 내팽개치며 배신한다.

돈을 추구하는 자학적인 노력에서 벗어나는 데에는 놀라울 정도로 단순한 방법이 도움이 될 수 있다. 카너먼이 말하는 초점의 오류가 옳다면, 약간의 정신적인 절제만으로도 기분 전환이 가능하다. 새로 물건을 구입해야 할 경우, 그 물건 값과 은행 잔고를 생각해 보는 것이다. 실제로 여러 연구에 따르면 돈 그 자체가 아니라 돈을 더 많이 갖고 싶어 하는 욕구가 삶의 만족도를 낮춘다. 그중 거의 1만 명 이상을 대상으로 이러한 결론에 도달한, 가장 규모가 큰 연구가 바로 앞에서 소개한 '독일의 삶'이라는 슬로건을 건 '사회경제 패널 조사'이다. 이 연구 보고서는 다음과 같이 말한다. "자신의 사회생활 경력의 목표나 물질적인 성공에 우선순위를 두는 것은 삶의 만족도에 좋지 않은 결과를 초래하는 것처럼 보인다."

이는 좋은 보수가 대개 위자료의 성격을 띠는 경우가 많기 때문이다. 사람들은 더 많은 보상을 원할수록 만족스럽지 못하거나 심지어 불편한 일조차도 기꺼이 하려고 든다. '사회경제 패널 조사'에 따르면 본인이 원하는 것보다 더 많이-하지만 더 적게도-일하지 않을 때 만족스런 삶이 보장된다. 돈과 경력을 목표로 하는 자는 거의 항상 본인이 원하는 것보다 더 많이 일하고 그 대가로 중대한 결과를 초래하고 만다. 하루 평균 11시간 이상 사무실에서 일하는 사람들은 8시간 일하는 동료들보다 심한 우울증에 걸릴 확률이 2배에 달한다. 야심가들이 경력 사다리를 높이 올라갈수록 초과 근무는 우울증의 위험을 높인다. 장기간에 걸쳐 1500명 이상 남녀의 인생사와 병력사를 평가한 영국의 화이트홀 연구 2는 이러한 결과에 도달했다.

많은 사람들이 자신들의 과로를 더 나은 미래에 대한 희망 때문이라고 변명한다. 이러한 계산이 맞아 떨어지는가? 이미 살펴본 것처럼 미래의 풍요로부터 행복의 순간을 기대하는 것은 잘못이다. 하지만 수입과 더불어 조금씩 늘어나는 일반적인 만족도는 이와 다르다. 현명한 상인이라면 이익과 손실을 합산해 흑자가 될지 적자가 될지 가늠한다. 바로 이러한 결산을 카너먼과 그의 동료 연구원들이 내렸다. 이들이 발표한 연구 논문의 제목 "아메리칸드림의 어두운 면 영점 조준Zeroing in on the dark side of the American dream"이 모든 것을 말해 준다. 이 제목의 언어유희에는 '영점 조준'이라는 군사 용어의 의미뿐만 아니라 최상의 경우에 나오는 것, 즉 제로zero도 포함되어 있다.

야심가들은 모든 것이 잘 풀릴 때 바로 이것을 기대한다. 즉 궁핍한 시절의 분노와 성공을 거두었을 때의 만족이 균형을 이루는 상태이다. 하지만 은행이 수십 년이 지난 후에 예금액을 아무런 이자 없이 원금만 되돌려준다면 어떤 상인이 이런 거래를 하려 들겠는가?

불운이나 자신의 실수로 인해 발전이 가로막히면 결산은 적자가 된다. 오랫동안 헌신한 보답을 얻지 못하고 인정과 지위를 얻으려는 노력이 무위로 끝나 버리는 경우는 얼마나 흔한가.

여러 연구에서 드러나듯 큰 야망이 흔히 불안과 우울증을 초래하는 것은 놀라운 일이 아니다. 또 여러 연구들에 따르면 성공 추구가 불안정한 정신 상태의 원인인지 아니면 결과인지는 명확하지 않다. 아마도 둘 다 타당할 것이다. 출세는 자신의 능력에만 달려 있는 것이 아니라 우연과 다른 사람들의 기분에도 달려 있다. 이러한 불확실성은 체념과 무기력감을 불러일으키며 이는 불안과 우울증을 초래한다.

백화점이 우리를 슬프게 한다

탐욕이 해를 끼치는 또 다른 이유가 있다. 돈에 대한 단순한 욕구는 인간관계부터 변화시킨다. 그리고 이는 공공연한 방식으로만 생기지 않는다. 물론 하루 10시간 이상 일을 하게 되면 자녀들과 배우자 혹은 친구들과 더 가까워질 수 없다. 우리는 이들과 함께 지낼 시간이나 여유도 가지지 못한다.

그런데 정작 더 위험한 것은 자신도 모르게 생기는 변화이다. 이에 대해서는 미국의 심리학자 캐슬린 보스Kathleen Vohs가 연구한 바 있다. 보스는 실험 참가자들에게 단어 카드로 문장을 만들게 하는 실험을 진행했다. 한 그룹에게는 '월급' 또는 '재산' 등과 같이 돈과 관련된 단어가 적힌 카드를 나누어 주었고, 다른 그룹에게는 중립적인 단어가 적힌 카드를 나누어 주었다. 보스는 또 이들에게 도움이 필요하면 요청하라고 말했고 조교들을 시켜 일부러 필통을 쏟아 이들의 도움이 필요한 상황도 만들었다. 결과는 놀라웠다. 돈과 관련된 단어 카드로 문장을 만든 실험 참가자들은 중립적인 단어 카드를 받은 실험 참가자들에 비해 도움을 요청하는 일도 드물었고 또 본체만체 자신의 문제에만 열중하며 도움을 주려고도 하지 않았다. 보스는 돈에 대한 생각이 개인적인 독립성의 환상을 일깨운다고 추측했다. 즉 지갑이 두둑하면 다른 사람들이 필요 없다고 생각하고 또 역으로 그들이 자신들의 문제를 스스로 해결하기를 기대한다는 것이다.

두 번째 실험에서는 실험 참가자들이 앉은 자리 앞에 여러 종류의 지폐가 그려진 포스터를 걸어 놓거나 모노폴리 보드게임의 돈을 주변에 흩어 놓았다. 이번에도 역시 실험 참가자들은 협동할 의사를 별로 보이지 않았다. 게다가 이들은 여가 시간을 다른 사람들과 보내려고도 하지 않았으며 심지어 대화 상대방과 거리를 두기조차 했다. 보스는 돈이 사람을 악하게 만들지는 않지만 비사회적인 태도를 갖게 한다고 결론을 내렸다.

우리 주변에 전방위적으로 등장하는 광고도 이와 똑같은 영향을 미친다. 미국의 통계에 따르면 보통의 미국인은 하루 평균 250개의 광고 문구를 접한다. 아마 독일인도 이에 못지않은 광고에 노출될 것이다. 마가린이나 옷 그리고 최신 전자 제품과 자동차의 강렬한 광고 문구, 멋진 이미지는 원래 이것들을 갖고 싶어 하지도 않던 사람들에게조차 흔적을 남긴다. 기분도 바꾸고 다른 사람들에 대한 태도도 변화시켜 사실상 모든 사람들에게 영향을 미치는 것이다. 별 생각 없이 백화점을 둘러본 사람이라고 할지라도 의기소침해지지 않고 밖으로 나오는 사람이 얼마나 될까?

미국의 사회심리학자 갤런 보든하우즌Galen Bodenhausen이 임의로 선택한 실험 참가자들에게 20여 장의 사치품 사진을 보여 주자, 이들은 좌절감과 불안 그리고 자신에 대한 불만을 토로했다. 사진이 바로 마케팅 종사자들이 원하는 효과를 그대로 만들어 낸 것이다. 사진은 관찰자들로 하여금 자신들에게 부족한 것이 있다는 혼란스런 감정을 일깨웠다. 실험 참가자들은 실험이 끝난 직후에 자신의 수입과 지위 그리고 인기에 대한 걱정으로 고통을 받았다.

따라서 그들은 이제 자신의 주변 사람들을 적으로 여기게 된 것이다. 보든하우즌이 밝힌 것처럼 우리의 경쟁심을 일깨우는 데에는 단 한마디로도 충분하다. 그가 또 다른 실험에서 실험 참가자들에게 자신들이 "소비자들"의 태도에 대한 연구에 참여한다고 말했을 때, 이들은 같은 과제를 "개인" 또는 "미국인"의 태도에 대한 연구의 일환으로 처리해야 한다고 말했을 때보다 타인에 대한 관심이나 타인과의 협력에 대해 훨씬 더 소극적이었다.

보스와 보든하우즌의 연구는 돈과 소비 욕구가 우리에게 불러일으키는 효과에 대한 참담한 실상을 보여 준다. 돈과 소비 욕구는 우리에게서 만족감만을 빼앗아 가는 것이 아니다. 우리는 다른 사람들과 함께할 때 가장 좋은 감정을 더 자주 느낄 수 있기 때문에 돈과 소비 욕구는 바로 행복의 가장 중요한 원천 중의 하나를 빼앗아 가는 셈이다.

현명한 한스

 그림 동화집에 나오는 의미심장한 동화 중의 하나는 아주 유능한 일꾼이었음이 분명한 주인공 한스에 대해 이야기한다. 7년 동안 열심히 일한 한스가 자신의 고향으로 떠나려 하자 한스의 주인은 그동안 일한 품삯으로 "한스의 머리만큼 커다란" 금덩이를 준다. 금덩이를 어깨에 지고 어머니가 있는 고향으로 가는 길에 한스는 말 탄 사람을 만난다. 말을 타고 가면 힘들게 걷지 않아도 되고 금덩이도 무겁지 않을 것이라는 생각에 한스는 금덩이를 말과 바꾼다. 말을 타고 가다 말에서 떨어지는 곤경을 당한 한스는 소를 몰고 지나가는 농부를 만나자 우유를 마시고 싶은 욕구가 일었다. 그래서 이번에는 말을 소와 바꾼다. 그다음엔 소를 돼지와 바꾸고 이런 식으로 계속하다가 결국 마지막으로 바꾼 것이 칼 가는 돌이었고 이 돌마저 실수로 우물에 빠뜨린다. 그러자 한스는 기뻐서 어쩔 줄을 몰라 한다. "그는 눈물을 글썽이며 무거운 돌을 들지 않게 해 준 하느님께 감사하며 '나는 세상에서 가장 행복한 사람이다!'라고 외친다." 그러고는 더 없이 가벼운 마음으로 어머니가 있는 집으로 달려간다.
 이 이야기의 의미심장함은 제목인 "행복한 한스"에서 이미 드러난다. 이 제목에는 독일어 '행복Glück'이 지닌 두 가지 의미가 내포되어 있다. 분명 한스는 거래를 할 때마다 더 좋은 감정을 느꼈다는 점에서 '행복하다'. 하지만 그가 통상적으로 말하는 행운도 가졌는가? 그 스스로는 그렇다고 확신하는 것 같다. 물론 대부분의 독자들은 이 이야기를 주변 사람들로부터 지탄받는 어리석은 인물에 대한 익살극으로 이해한다.

그런데 한스는 정말 바보로 여길 수 있는 인물인가? 그는 현명한 인물일 수도 있다. 그를 7년 동안이나 고용했던 주인은 그를 아주 높이 평가했음이 분명하다. 그렇지 않다면 품삯으로 그렇게 엄청난 금덩이를 주지는 않았을 것이다. 무엇보다도 이 한스의 이야기는 - 물론 과장이 있긴 하지만 - 우리가 오늘날 돈과 행복의 연관 관계에 대해 알고 있는 것을 선취한다. 한스는 소유가 행복에 별로 도움이 되지 않는다는 사실을 깨닫고 있었음에 틀림없다. 자신의 소유물을 계속해서 가치가 더 떨어지는 것과 바꾸며 기뻐하는 행동은 오늘날 우리에게는 낯설고 기이하게 보이지만 중세 시대에는 흔한 모티브였다. 이를테면 부유한 직물장수의 아들로 태어난 아시시의 프란치스코는 자신의 아버지에게 화려한 옷을 돌려주고 누더기를 걸친다. 위대한 화가 조토 디 본도네Giotto di Bondone가 아시시의 성 프란치스코 대성당(상부 성당)에 그린 프레스코화는 프란치스코를 황홀경에 빠진 복된 모습으로 묘사한다. 독일의 여러 교회 제단에 그려진 엘리자베트 폰 튜링엔Elisabeth von Thüringen도 자신의 금실 수를 놓은 외투를 거지에게 나누어 주며 행복한 표정을 짓고 있다. 이러한 복된 기쁨은 단순히 이웃 사랑에서 나온 것은 아니다. 황홀경에 빠지는 기쁨은 더 깊은 곳에서 유래한다. 바로 해방의 행복이다. 이러한 행복을 우리의 한스도 누린 것이다.

그리고 바로 이러한 행복을 오늘날 점점 더 많은 사람들이 갈구한다. 일정에 쫓기고 스마트폰에서 헤어나지 못하며 일로 인해 중압감을 느끼는 자가 원하는 것은 바로 한스가 고향을 향해 가다가 끝내 체험한 안락함의 순간과 다를 바 없다. 하지만 이러한 자신의 소망을 실현하기를 바라는 사람은 극히 소수에 불과하다. 그들에게는 기껏해야 며칠에 불과하고 그 후에는 다시 일상이 반복되는 휴가가 모든 소망의 정점인 것처럼 보인다. 그 이유는 우리가 가진 것을 포기하지 않으려는 데 있다. 행복한 한스의 수많은 결정이 터무니없어 보일지라도 한스는 자신이 말을 다루지 못해 말을 타고 가는 편안함을 누릴 수 없다는 사실, 그리고 우유가 먹고 싶었지만 소가 늙어 젖을 짤 수 없으며 돼지를 통해서 고기와 소시지를 얻고자 했지만 그것도 여의치 않다는 사실을 깨달았다. 모든 것을 누릴 수 있는 세계에 사는 우리는 이러한 한스의 태도에 난감해 한다. 우리는 자극적인 것을 찾으면서도 안정을 꿈꾼다. 모험적인 여행을 하면서도 집에서는 안전하길 원한다. 가족과 친구 그리고 성공을 원하며 감각적인 쾌락과 편리함, 안락과 복지를 꿈꾼다.

궁극적으로 돈이 우리의 모든 소망을 대변한다. 이러한 소망이 성취될 때 우리가 좋은 감정을 가질 수 있는 것은 당연하다. 우리의 선조들은 진화를 이런 식으로 프로그래밍했다. 물론 그들은 척박한 환경에서 살았다. 굶주림이 다반사였고 이따금씩 주린 배를 채울 때가 축제였다. 이와 반대로 오늘날에는 포도가 아주 낮게 달려 있어서 너무도 쉽게 딸 수 있다. 그만큼 빠르게 우리의 위는 망가진다.

부유한 국민들은 새로운 도전에 직면해 있다. 우리는 이제 더 많이 갖고자 하는 타고난 욕구를 충족함으로써가 아니라 이 욕구를 절제함으로써 행복을 찾는다. 이러한 절제가 우리에게 익숙하지 않고 심지어 불가능하게 보이는 이유는 전래된 관점 때문이다. 즉 대부분의 사람들이 자기 통제가 칭찬할 만한 것이긴 하지만 쾌락에 적대적이라는 점을 내면화한 것이다. 하지만 그 반대가 옳다. 우리는 욕구를 다스릴 때에야 비로소 쾌락을 즐기며 살 수 있다. 욕구와 계획 그리고 의도는 우리를 진정한 삶과 격리시키는 장벽과도 같다. 좋은 감정은 우리가 어떤 것을 얻을 때가 아니라 다른 사람에 대한 애정과 관심을 가질 때 그리고 현재를 집중적으로 천착할 때 생겨난다. 우리가 포기하는 모든 욕구가 바로 그러한 여지를 만든다. '더 많이'가 아니라 '더 적게'가 바로 행복이다.

행복으로 가는 70억 개의 길

저마다 삶에서 쾌락을 느끼는 능력을 타고난다. 곧 다가올 일을 상상할 때의 그 간질이는 기쁨, 황홀한 음식의 맛을 느끼고 상대방에게 공감하는 것 등은 뇌의 기본 기능에 해당한다. 이러한 능력은 살아가는 데 있어서도 필수적이다.

인간은 거의 모든 상태에서 행복을 느낄 수 있다. 외부 환경은 우리가 일반적으로 생각하는 것처럼 그렇게 심리적 행복감에 큰 영향을 주지 않는다. 훌륭한 연구서들은 삶의 기쁨이 나이의 문제도 아니고, 성별의 문제도 아님을 보여 주었다. 또 삶의 기쁨은 지능지수와도 상관이 없다. 아이가 몇 명인지, 통장에 돈이 얼마만큼 있는지도 삶의 기쁨과는 무관하다. 방글라데시에서 일하는 수공업자가 기쁨을 느끼는 계기는 브레멘(독일 북부의 주요 공업도시)에서 일하는 공무원이 기쁨을 느끼는 계기와 다를 수 있다. 방글라데시의 수공업자나 브레멘의 공무원, 아니, 우리 모두에게 중요한 것은 기쁨을 느낄 수 있는 기회를 적절히 잘 이용하는 일이다.

"사람들은 마치 술 취한 사람이 자기 집을 찾듯이 행복을 찾는 다"고 프랑스의 철학자 볼테르Voltaire는 말한다. "사람들은 행복을 찾지 못한다. 그러나 행복이 존재한다는 사실은 알고 있다." 그러나 좋고 행복한 감정이 뇌의 문제이고 외부의 환경이 심리적 만족감에 미치는 영향도 매우 미미하다면(많은 연구서들은 외부 환경의 영향력을 10퍼센트 미만으로 잡고 있다) 볼테르가 말하는 저 모순을 해명할 수 있는 답은 하나뿐이리라. 즉 우리는 행복을 찾아가는 여정에서 바로 우리의 발부리에 걸려 비틀거린다는 사실이다.

이 책에서 나는 좀 더 많은 심리적 만족감을 얻을 수 있는 전략을 소개하고, 어떻게 그리고 왜 이런 전략이 가능한가를 설명하고자 했다. 일반적으로 사람들이 설명하는 것과는 달리 내가 자극을 받은 전략들은 경험이나 전수된 지혜가 아니다. 그것들은 오히려 지난 수년 간 탐색되어 온 뇌 연구의 결과들에 기대고 있다. 간단히 말하면 뇌는 유동적이어서 어른의 나이에 이르러서도 여전히 변화될 수 있다. 이러한 인식은 우리가 우리의 감정과 관계 맺는 방식을 훈련할 수 있다고 가르친다. 그뿐 아니라 뇌 연구는 행복이 단순히 불행의 부재가 아니라는 사실도 알려 준다. 우리는 뇌 속에 좋은 감정을 위한 고유의 회로를 지니고 있다. 이 회로를 통해 기쁨과 쾌락은 공포나 슬픔 같은 부정적인 느낌에 대항한다. 바람이 안개를 흩어 버리듯이 말이다.

우리는 바로 이 두 가지 기본 원칙에 입각해서 우리의 삶을 좀 더 즐겁게 만들 수 있다. 우리는 의식적인 연습을 통해 좋은 감정을 위한 회로를 강화시킬 수 있고 기쁨과 즐거움을 느낄 수 있는 상황을 만들 수 있다. 기억을 환기시키기 위해 몇 가지 예들을 나열해 보자.

● 신체와 정신의 만족감은 서로 떼려야 뗄 수 없이 연결되어 있다. 느낌이 깃드는 본래의 장소는 몸이다. 증명되었다시피 운동과 섹스는 기분을 고양시키는 가장 확실한 수단이다.

● 행동은 무위보다 사람을 즐겁게 만든다. 기분이 좋지 않을 때는 집에서 쉬라는, 자주 듣게 되는 충고는 맞지 않는 말이다. 뇌 속에서 생각과 의도 그리고 감정의 조정은 서로 밀접하게 연결되어 있다. 그렇기 때문에 만일 다른 할 일이 없을 경우 뇌는 손쉽게 걱정으로 기운다. 그런가 하면 뇌에 있는 기대 체계는 우리가 어떤 목표를 설정하자마자 벌써 그 전조로 기쁨을 느끼게 만든다. 그리고 우리가 그 목표를 달성할 경우 승리감을 맛보게 된다. 따라서 행동은 우리를 자동적으로 좋은 감정으로 이끈다.

● 깨어 있는 정신은 단순히 관찰만 해도 심리적 만족감을 상승시킨다. 종종 집중된 감각적 인지는 고양된 즐거운 감정을 선사한다. 이 부드러운 황홀감은 우리가 어떤 일을 앞두고 미리 느끼게 되는 기쁨의 감정과 비슷하다. 이 두 가지 감정 모두 뇌에 있는 기대 체계 덕분이다. 주의력을 통한 기쁨, 우리는 이것을 훈련할 수 있다.

● 분노나 슬픔 같은 부정적인 느낌은 우리가 그것을 한껏 밖으로 표출할 경우 사라지기보다는 오히려 강화된다. 내면의 부정적인 느낌은 분출해야 낫는다는 심리학 이론은 지난 오랜 연구에 의해 틀린 것으로 판명되었다. 그와는 반대로 그러한 느낌은 의식적으로 통제되어야 한다. 그것이 마음의 평정에도 훨씬 더 도움이 된다.

● 다양성이 요청된다. 기대 체계는 기분 좋은 자극에 빨리 둔감해진다. 이렇게 해서 욕망과 보상 사이의 헤어날 수 없는 악순환의 고리가 생겨난다. 물론 맛의 향연을 자주 바꾼다면 우리는 익숙해짐의 함정에서 벗어날 수 있다. 그러나 기대하지 않은 일에 숨겨져 있는 자극을 제대로 평가할 줄 알고 익숙한 것을 매번 새로운 시각에서 보는 법을 배운다면 우리는 삶의 즐거움을 유지할 수 있을 것이다.

● 결정 및 책임의 자유와, 원하는 것을 얻을 수 있는 선택 사이에서 고민을 해야 한다면 결정의 자유를 선택하는 편이 더 가치 있다. 대부분의 경우 자신의 운명에 대한 통제는 행복과 만족을 위해 필수불가결한 전제 조건이다. 자신의 삶이 누군가의 손에 달려 있다는 느낌은 매우 견딜 수 없는 상황 중 하나이다. 사람뿐 아니라 동물들조차 그러한 상황에 부딪히면 심한 정신적, 육체적 손상을 입는다. 원하는 무언가를 얻기 위해 종속을 그 대가로 치러야 한다면(예를 들어 빚 같은 것) 차라리 그것을 포기하고 자유를 선택하는 편이 대부분의 경우 더 나은 결과를 가져온다.

무엇보다 만족스러운 삶을 위해 가장 중요한 것은 타인과 맺는 관계이다. 우정과 사랑을 행복과 동일하게 간주하는 것은 결코 과장된 일이 아니다. 곁에 있는 사람들에게 선사하는 주의 깊은 관심은 우리 자신의 기분에 긍정적인 영향을 끼친다.

이러한 기본 원칙들은 모든 사람에게 해당된다. 왜냐하면 육체적 느낌이나 행동 방식 대부분은 진화의 결과이기 때문이다. 그렇지만 사람들은 제각기 다른 방식으로 이러한 틀을 구성해 나간다. 그리고 각자 고유한 욕구와 성향을 지니고 있다. 가장 현대적인 방법론으로 수천 명의 사람들에게 실험한 결과를 바탕으로 한다고 해도, 이 책이 제안하는 방법들은 일정한 자극에 지나지 않는다. 어떤 방식을 택할지는 독자들이 직접 정할 일이다.

행복을 찾아나서는 길에서 가장 중요한 연습은 바로 자기 자신이 누구인가를 아는 것이다. 그것을 위해 특별한 방법을 배워야 할 필요는 없다. 일상적으로 마주치는 자극들에 자신이 어떤 방식으로 반응을 보이는지 주의 깊게 살펴보기만 하면 된다. 그러면서 자신의 습관들로 조금씩 실험을 해 보자. 이러한 과정을 통해 우리는 점차 우리에게 좋은 영향을 끼치는 것이 무엇인지를 알게 된다. 자신에게 좋은 영향을 끼치는 반응이 무엇인지에 대한 이 질문에 모든 사람은 각자의 대답을 찾게 될 것이다. 이 지구상에는 70억의 인구가 살고 있다. 따라서 행복에 이르는 길 역시 70억 개가 된다.

감사의 말

나는 뇌와 육체적 느낌의 연구 영역에서 선도적인 역할을 하는 많은 학자들을 알게 되는 행운을 누릴 수 있었다. 그들은 내게 시간을 내주었고 자신들의 견해를 알려 주었다. 낸시 애들러, 랠프 애돌프스, 패트리샤 처칠랜드, 안토니오 다마시오, 리처드 데이비드슨, 레이먼드 돌런, 폴 에크먼, 크리스 프리스, 프리츠 헨, 스티븐 하이먼, 톰 인셀, 라비 카푸어, 찰스 오브라이언, 데틀레프 프로그, 자크 판크세프, 지그네 프로이쇼프트, 빌라야누르 라마찬드란, 캐럴 리프, 볼프람 슐츠, 테렌스 세즈노브스키, 알렉산더 슐긴, 프란스 드 발 그리고 발터 치글갠스베르거에게 감사한다.

특별히 감사를 해야 할 학자들이 있다. 그들은 내 질문에 대답해 주고 필요한 설명을 해 주었을 뿐 아니라, 자신들의 원고 전체 또는 부분을 아직 출판되기도 전에 읽을 수 있도록 허락해 주었다. 베를린 자유대학의 벤저민 프랭클린 심리치료 병원에서 일하는 우도 베커와 이자벨라 호이저, 베를린 훔볼트 대학 철학부의 폴커 게르하르트, 뮌헨의 막스 플랑크 심리치료 연구소에서 일하는 라이너 란트그라프, 미시간 대학의 노버트 슈워츠, 만하임 정신건강센터의 라이너 슈파나겔이 바로 그들이다. 그들은 우정 어린 비판을 통해 내가 나의 목표에, 즉 분명할 뿐 아니라 가능한 한 적확하게 쓰고자 하는 목표에 성큼 다가설 수 있도록 도와주었다. 그러므로 이 책에 혹시 있을 수도 있는 오류는 모두 나의 책임이다.

그리고 야나 빈더, 크리스토프 라이슈비츠, 마르티나 카노프는 그야말로 등이 무거울 정도로 많은 자료를 찾아 검토해 주었다. 그들이 아니었다면 비교적 짧은 시간에 사전 자료 검토를 끝내는 일은 불가능했을 것이다. 모니카 클라인은 나를 위해 인터넷과 도서관을 뒤졌을 뿐 아니라 교정을 봐 주었고, 각주를 정리하는 데 도움을 주었다.

외르크 알테크루제, 울리히 반젠, 슈테판 바우어, 힐데가르트 디일-보데, 폴커 푀르치, 마르기타 홀러, 볼프강 슈나이더, 이들 나의 친구들은 시간을 내서 책의 주제 구성과 원고를 새로 수정될 때마다 독자의 관점에서 읽고 판단해 주었다. 그들의 칭찬과 비난은 전적으로 도움과 자극을 주었으며, 나로 하여금 종종 탄식하게 하는 필자의 고독을 전혀 느끼지 못하게 해 주었다.

출판사의 우베 나우만은 초판을 위해, 니나 실렘은 개정판을 위해 언제나 귀를 열고 내가 원하는 것을 들어 주었으며, 의혹이 있을 경우 충고를 아끼지 않았다. 우어줄라 누스바움은 홍보를 담당해 주었다. 그녀는 매우 적극적으로 그리고 사려 깊게 책의 홍보를 위해 정성을 기울였다. 그리고 나의 에이전트인 마티아스 란트베어는 첫 순간부터 열정적으로 내 책의 프로젝트에 참여했으며, 능수능란하게 내 책을 대변해 주었다. 나의 아내 알렉산드라 리고스는 이 책이 탄생하기까지 모든 과정을 지켜보았다. 처음 단계의 희미한 구상에서부터 교정을 완료하기까지, 그녀가 보여 준 날카롭고도 섬세한 지적과 언어 감각은 아무리 감사해도 부족할 뿐이다. 행복에 대한 책을 그녀가 아니라면 누구에게 바치겠는가?

| 찾아보기 |